AF603715

PIETRO PARMEGGIANI

NERO MUOVE PER PRIMO

Nero muove per primo
Scienza e arte per una negoziazione di successo
Con prefazione di Santiago Lange

A cura di Agenzia Dedalo
Editing: David Fivoli
Correzione di bozze: Domenico Russo
Grafica e impaginazione: Giorgia Ragona
Design di copertina: Sabrina van Hoften
Foto in quarta di copertina: Roberto Baroncini

Negoziazione Academy
www.negoziazione.academy
Negoziazione Academy è un marchio registrato di Pietro Parmeggiani

Prima edizione novembre 2023

Per rispettare la privacy di alcune persone e aziende, potrebbe essere stato apportato un adattamento e una modifica ai nomi e alle caratteristiche identificative.
L'autore ha adottato un approccio sensibile e intercambiabile all'utilizzo dei pronomi di genere, utilizzando pronomi maschili e femminili, in modo indifferente e interscambiabile.

Questo libro può essere acquistato in grandi quantità per uso promozionale, educativo o aziendale.
Si prega di contattare **hello@negoziazione.academy**

In memoria del mio amato fratello Paolo

Indice

Prefazione

Quando Pietro mi ha chiesto di scrivere la prefazione del suo libro, ho accettato immediatamente: è un caro amico, e lo stimo moltissimo.

Tuttavia, quasi subito ho realizzato di avere un problema: il suo libro parla di negoziazione, e io non mi sento un negoziatore, né credo molto nella negoziazione come filosofia di vita.

Non mi piace imporre nulla a nessuno, e ho sempre avuto l'impressione che nelle negoziazioni si cerchi di convincere l'altra persona che le cose siano diverse da ciò che crede.

Poi, però, ho letto *Nero muove per primo*, e mi sono reso conto di alcune cose.

Innanzitutto, soffro di ciò che Pietro, nel primo capitolo del suo magnifico libro, identifica come paura, o addirittura avversione, per la negoziazione. A volte questo è un problema, lo ammetto. In questi giorni sto trattando con i miei vicini di casa a Cabrera de Mar, il bellissimo villaggio alla periferia di Barcellona, dove vivo. Vorrei acquistare la loro casa.

Sono una coppia di anziani spagnoli e con loro ho davvero un ottimo rapporto; si sono presi cura dei miei figli quando erano piccoli, e sono delle bravissime persone.

La casa in cui abitano non è più adatta alle loro esigenze, e per me sarebbe fantastico acquistarla, perché mi serve più spazio; il problema è che al momento la cifra che posso offrire loro è inferiore a quella che vorrebbero... e qui ci si blocca.

Non voglio offenderli: sono amici. E mai e poi mai vorrei dare anche solo l'impressione di volermi approfittare di loro.

Leggendo il libro di Pietro, ho capito che quello che dovrei fare è prepararmi, così da elaborare una strategia e iniziare una negoziazione rispettosa, in cui entrambe le parti "discutano con l'obiettivo di raggiungere un'intesa".

Ho capito che negoziare abilmente non significa fregare l'altro, o avvantaggiarsi su di esso. Significa trovare la soluzione migliore al problema (a qualunque problema); la soluzione che accontenti tutti.

Il punto è che io trovo difficile affrontare questa conversazione. Sono fatto così... si vede che ho ancora molto da imparare, in fatto di negoziazione!

Sono stato, e sono tuttora, a capo di molti team sportivi, di cui dirigo scelte e strategie.

Un esempio lampante è stato il periodo precedente ai Giochi Olimpici di Rio 2016, dove dovevo gareggiare nella classe mista Nacra 17 di vela assieme a Cecilia Carranza.

Meno di un anno prima dell'inizio dei Giochi sono stato operato per un tumore ai polmoni. Il mio recupero è stato lento e ci ha tenuti fuori dall'acqua per diversi mesi.

Ero consapevole che eravamo in ritardo rispetto ai nostri concorrenti, e così proposi un piano drastico: stabilirci a Rio de Janeiro nove mesi prima dell'inizio della competizione.

L'idea era audace, e comportava un grande impegno: dovevo convincere il resto del team, soprattutto Cecilia, la mia compagna sul catamarano olimpico con cui gareggiavamo. Ceci era titubante: avrebbe dovuto passare un lungo periodo lontana dalla sua famiglia, e la "convivenza forzata" avrebbe potuto logorarci.

Io, però, ho insistito; alla fine l'abbiamo fatto... e ha funzionato: abbiamo vinto un'incredibile medaglia d'oro!

Ricordo ancora i dettagli della riunione in cui ho proposto il piano. Non ho vissuto il processo come una negoziazione, ma leggendo il libro di Pietro ho capito che in realtà lo è stata. Mi sono reso conto che la riuscita di questa mia "negoziazione inconsapevole" è stata proprio la preparazione: la proposta era molto ben studiata, ed ero davvero convinto che fosse una buona proposta!

Sono fermamente convinto che in un team ad alte prestazioni ci sono valori imprescindibili, come la preparazione, il lavoro, la dedizione, l'impegno, l'onestà e il rispetto. Tutti noi che siamo lì abbiamo una visione e una metodologia che condividiamo, e che si basa su questi valori e questi principi.

Certo, leggendo il libro di Pietro ho capito che posso ancora migliorare, nelle mie "negoziazioni" (consapevoli o inconsapevoli che siano!).

Ripensando a quel processo decisionale (e a tanti altri ancora), mi rendo conto che spesso lascio poco spazio agli altri membri del team e alle loro idee: sono così convinto della mia visione che tendo a imporla, presumendo che sia condivisa da tutti, e così facendo non mi apro alla possibilità di arricchirla.

In questo senso, *Nero muove per primo* è stato una grande esperienza di apprendimento: mi ha insegnato un modo per cercare di generare un dialogo costruttivo e produttivo quando si persegue un obiettivo comune.

Non posso quindi che ringraziare Pietro, e confermare che il suo libro sulla negoziazione è sorprendentemente prezioso per tutti... dagli uomini d'affari agli olimpionici!

Santiago Lange

Introduzione

Questo libro si basa su tre grandi verità.

Innanzitutto, la negoziazione è un'arte (e anche una scienza, come vedremo) che ci è sempre utile. E non parlo solo di *affari:* si negozia ogni volta che si vuole ottenere qualcosa da qualcun altro, in ogni ambito. Il più delle volte questo avviene in modo inconsapevole... le trattative negoziali non sono prerogativa del mondo della finanza, degli affari o di certi film thriller in cui l'agente dell'FBI di turno deve liberare gli ostaggi in mano ai terroristi. La verità è che tutti negoziamo, ogni giorno, con modalità e obiettivi diversi.

In secondo luogo, ogni negoziazione è diversa per scopo e importanza, ma è identica nella sua essenza; quindi, è possibile imparare a riconoscere le situazioni e a gestire l'intero processo negoziale seguendo una metodologia precisa, capace di trasformare ogni trattativa in un successo.

Infine, la leadership spesso e volentieri richiede negoziazione: i buoni leader sono inevitabilmente dei negoziatori efficaci.

Eppure, la maggior parte delle persone non negozia quanto potrebbe e dovrebbe, e quando lo fa non si prepara a dovere, finendo per non ottenere quanto meriterebbe.

Negoziare rappresenta il modo per soddisfare un bisogno, per risolvere un problema ed evitare un conflitto.

Negoziare permette alle persone di raggiungere ciò che desiderano, lasciando agli altri la stessa opportunità.

Attenzione, però: questo non è un testo in cui un addetto ai lavori insegna dei *trucchi magici* per diventare negoziatori abili ed efficaci. Sarebbe impossibile, dato che ogni negoziazione è unica e non replicabile.

Questo testo cerca piuttosto di presentare un metodo e di insegnare una disciplina; attraverso la mia esperienza decennale e degli esempi concreti, affronto l'intero processo negoziale in modo approfondito, entrando in dettagli tecnici e psicologici.

Nelle prossime pagine non troverai scorciatoie facili, ma un metodo, a cui ho dato il nome di *Incontro*, che ti aiuterà a trasformare le tue negoziazioni in successi.

Un metodo che non è il risultato di un lavoro costruito a tavolino, ma è nato da una mia personalissima esigenza di crescita e di cambiamento, ed è un modello adatto a qualsiasi tipo di negoziazione.

Personalmente, sono certo che se non avessi preso la decisione di lavorare sulle mie abilità in ambito negoziale, la mia vita (professionale e personale) avrebbe avuto un corso diverso.

Seguire il mio metodo ti aiuterà a risparmiare denaro e a concludere affari importanti, a negoziare in contesti difficili, a migliorare i tuoi rapporti di lavoro, a rivendicare (e creare) più valore e a risolvere controversie apparentemente ingestibili.

Imparando a negoziare, sarai in grado di chiedere quello che desideri e di lavorare con gli altri per trovare un accordo vantaggioso per tutti.

Potrai costruire relazioni più forti: la negoziazione non riguarda solo la trattativa, ma anche la costruzione di relazioni durature.

Inoltre, acquisirai fiducia nella tua capacità di difendere te stesso e le tue idee.

A questo punto, non mi resta che augurarti buona lettura!

Non c'è niente di male nell'avere paura, va bene;
a volte la paura ci tiene al sicuro, a volte ci limita.

Kerry Washington

CAPITOLO 1

NEGOZIAZIONE: UNA COMPETENZA ESSENZIALE

"L'erba voglio" non esiste

Partiamo da questo assunto: la vita è negoziazione.

La maggior parte delle interazioni che abbiamo quotidianamente, sia sul lavoro sia in famiglia, si riducono all'espressione di un semplice impulso primario: *voglio*.

Ti farò alcuni esempi.

La settimana scorsa ho incontrato Giovanni Ramberti, un amico svizzero, agente immobiliare che vive e lavora a St. Moritz; scorrendo le sue magnifiche proposte ho visto un bell'attico in via Dimlej, per il quale il proprietario *vuole* 2 milioni di franchi svizzeri.

Mentre effettuavo una ricerca per il Direttore generale della nostra filiale americana ho incontrato un candidato di nome Jim Ward; Jim mi ha detto chiaramente che per cambiare e guidare il nostro gruppo *vuole* un miglioramento del suo pacchetto retributivo di almeno l'8%.

E ancora: la mia collega Kim Raguel *vuole* che sua figlia faccia tutti i compiti subito dopo pranzo, e comunque prima di uscire con gli amici.

Nella negoziazione, l'utilizzo improprio del termine *voglio* al posto del più consono *ho bisogno* è la fonte di molteplici problemi.

Per scoprire i reali bisogni del nostro partner negoziale, al di là dei suoi "desideri dichiarati", è utile considerare tutti gli aspetti che lo caratterizzano.

Di seguito, un suggerimento pratico e veloce per distinguere facilmente i *desideri* di un negoziatore dai suoi *bisogni*.

I desideri sono ciò che sta chiedendo, ovvero quelle richieste specifiche e misurabili che di solito sono abbastanza rigide ed espresse “in bianco e nero”. La richiesta di ottenere il tuo prodotto a un dato prezzo, o di poterne ordinare solo un certo numero di unità, ad esempio.

I bisogni del negoziatore, invece, sono più strettamente legati al motivo per cui chiede ciò che vuole; sono quindi più generici e soggettivi.

Dobbiamo sempre tenere a mente che negoziamo per soddisfare due esigenze diverse ed essenziali: raccogliere informazioni e condizionare il comportamento altrui. E dobbiamo essere consapevoli che nelle molteplici interazioni di una negoziazione, ognuna delle parti vuole qualcosa dall'altra.

Torniamo a Giovanni, Jim e Kim: la loro carriera, il loro benessere, la loro fama, i loro affetti e tanto altro... tutto dipende dalla loro capacità di negoziare.

E questo non vale solo per loro: vale per tutti.

Paura di negoziare

Il primo passo per arrivare a gestire bene le tante negoziazioni che si devono affrontare nel quotidiano è riconoscere e superare l'avversione alla negoziazione.

Molte persone non amano negoziare; altre ne hanno addirittura paura, perché non sono in grado di fare il grande passo e di trasformare l'ansia in sicurezza.

Sarei tentato di dire che tutti abbiamo timore, quando arriva il momento di negoziare.

Alcuni, anche se sono molto intelligenti, ritengono di non essere degli abili negoziatori, e così cercano risposte, metodi e trucchi preconfezionati sul "come negoziare", sperando che tali formule li possano aiutare.

Quando chiedo ai miei collaboratori o ai miei clienti di farmi capire le loro paure e le loro ansie, le risposte sono sempre molto interessanti, e mi offrono fertile materiale di studio, di analisi e di riflessione, oltre che spunti utili per approfondire l'argomento ed elaborare soluzioni possibili e brillanti.

Questo, negli anni, mi ha permesso di sviluppare un metodo che può essere applicato con successo anche alle tue negoziazioni. A *tutte* le tue negoziazioni, quali che siano.

Il metodo funziona perché è stato dipinto da un artista di strada nel mondo reale, dove avvengono tutte le negoziazioni. Non è il frutto di un lavoro accademico, non è nato in un'aula universitaria; al contrario, è il risultato della sedimentazione di anni di esperienza, riflessioni e studio, che l'hanno migliorato fino alla perfezione, o quasi.

Partiamo dall'ansia, dalla paura.

La paura ha molte sfaccettature. C'è il timore di non essere all'altezza della negoziazione e di uscirne con le ossa rotte; c'è l'apprensione di non arrivare a chiudere l'accordo, magari dicendo o facendo qualcosa di sbagliato; c'è l'angoscia che una trattativa trascenda in conflitto, la cui gestione sarebbe complessa durante e dopo l'accordo, danneggiando la relazione; c'è la preoccupazione di pagare un prezzo troppo alto pur di non farsi scappare l'affare; c'è il dubbio di non avere sufficiente coraggio di osare e di chiedere di più, di alzare la posta... e c'è tanto altro.

Ti farò un esempio.

È un periodo intenso, per Matteo, Sales area manager di una multinazionale leader nella lavorazione dei laminati in alluminio. Siamo a fine anno, il Natale è alle porte, ci sono mille cose da fare, tutte assieme.

Matteo è atterrato ieri sera tardi a Charlotte, in North Carolina, dopo aver perso la coincidenza a New York. Mentre fa colazione è un po' in ansia: questo è un giorno importante.

Matteo guida nel traffico intenso, diretto all'azienda dove avverrà il suo incontro di lavoro. Arriva, parcheggia ed entra nella grande sala riunioni. Caffè lungo, un muffin e un po' di chiacchere. È al tavolo con il suo cliente, un cliente che la sua azienda rifornisce da anni, con soddisfazione reciproca.

È tempo di definire il contratto per il prossimo anno. Il fatturato e la profittabilità del cliente sono rilevanti per l'azienda di Matteo, anche alla luce della partenza del nuovo impianto, che porterà un significativo incremento della capacità produttiva.

Il mercato è in leggera crescita, e Matteo non si può permettere di perdere questo treno, sarebbe una catastrofe. Anzi... anche un mantenimento dei volumi corrisponderebbe a una perdita di quota di mercato; una diminuzione del fatturato, poi (anche se fosse solo una minima parte), sarebbe grave, perché Matteo non riuscirebbe a vendere altrove le stesse quantità di prodotto a condizioni equivalenti.

Dall'altra parte del tavolo ci sono i responsabili delle varie funzioni aziendali a livello *corporate*: acquisti, supply chain, qualità e ricerca & sviluppo.

Anziché parlare subito del contratto per l'anno prossimo, vengono proiettate alcune slides che mostrano un peggioramento della qualità e della puntualità delle consegne. Non è una novità, è stato un anno molto critico, ma il cliente non è affatto contento.

Matteo cerca argomentazioni, improvvisa una difesa, si arrampica sugli specchi... ma i numeri sono numeri, e sono contro di lui.

Calcisticamente parlando potremmo dire che alla fine del primo tempo siamo 2-0 per il cliente.

Palla al centro. Si passa alla discussione del business dell'anno che verrà: le prospettive di crescita sono interessanti, e l'azienda sembra addirittura intenzionata a un aumento significativo dei volumi di acquisto.

Matteo è affascinato dalle opportunità che ha davanti agli occhi. Pensa già agli elogi che riceverà dal suo capo al rientro e al bonus che otterrà, con cui potrà pagare le spese extra della ristrutturazione della casa...

Insomma, è tentato di raccogliere la sfida.

Il cliente, però, gli fa notare che ha sul tavolo altre due proposte migliori della sua, e quindi gli viene chiesto uno sforzo sul prezzo: uno sconto.

I toni diventano accesi, Matteo non riesce a trovare una via di uscita.

Ci vorrebbe una reazione... una serie di reazioni, anzi: solo così Matteo potrebbe riportare la trattativa in carreggiata e chiudere l'accordo. Il problema è che il pensare alle probabilità di insuccesso gli fa nascere una grande incertezza e genera in lui un'ansia enorme.

Matteo prova a reagire, ma è in totale balia del cliente. Il cliente è molto preparato, affronta gli argomenti in ordine logico, avanza in rapida sequenza richieste a cui Matteo (per via delle sue ansie e delle sue paure) risponde con ripetute concessioni.

Trovarsi in preda alla paura quando si è seduti al tavolo della trattativa è qualcosa che può capitare non solo a chi è alle prime armi, ma anche ai professionisti esperti.

Poco importa che l'ansia sia dovuta alla mancanza di esperienza o che derivi dal quanto si ha da perdere se l'accordo fallisce: i negoziatori spesso lasciano che le emozioni prendano il sopravvento e che guidino le loro azioni e reazioni.

Molti hanno timore di negoziare per mancanza di preparazione, o perché non comprendono appieno il processo negoziale, o a causa della loro ignoranza riguardo alle strategie e alle tattiche che possono e debbono essere impiegate durante la negoziazione (o quando e perché utilizzarle).

In realtà, è tutto abbastanza semplice: il *processo negoziale* è l'itinerario che le parti seguono per arrivare dal punto A (dove sono) al punto B (dove vorrebbero arrivare). La *sostanza* è invece ciò che le parti vogliono ottenere negoziando. Inoltre, sono le stesse parti che stabilisco il chi, il dove, il come e il quando si dovrà negoziare.

Come vedi è tutto molto semplice; non c'è nulla di davvero complicato, e ancor meno c'è da temere.

Ciononostante, la negoziazione incute un grande timore. Potendo, sono in molti a evitarla, senza rendersi conto che negoziano regolarmente, ogni giorno.

La tua semiretta

La maggior parte di noi affronta trattative formali durante tutta la vita.

Si va da questioni personali (come decidere se andare in vacanza al mare o in montagna, le scelte scolastiche per i propri figli, il colore delle mattonelle del bagno) a questioni professionali (come i termini di un'offerta di lavoro, il prezzo d'acquisto di un impianto, la definizione di un contratto con un nuovo fornitore).

Ci sono però anche delle "trattative informali" e meno ovvie a cui prendiamo parte ogni giorno, a volte senza neanche rendercene conto.

Persuadere i propri figli a mangiare verdura e frutta può essere una sfida, ad esempio. Personalmente, ho tentato spesso, ottenendo risultati che variano da totale insuccesso a conquiste minori. Oppure, risolvere un conflitto con un collega, o convincere un cliente ad accettare una consegna che è in ritardo.

Il punto è che negoziamo continuamente, senza nemmeno rendercene conto. In effetti, iniziamo a negoziare sin da piccoli. Negoziamo con i nostri genitori quando vogliamo qualcosa che sappiamo non dovremmo avere, o con un amico o un fratello che ha un giocattolo che bramiamo.

Crescendo, ovviamente, questi negoziati diventano più complicati e sofisticati: le trattative avvengono con amici, familiari, compagni di scuola... e poi con i nostri colleghi, i superiori, i clienti, i fornitori, gli azionisti.

Sebbene queste situazioni varino notevolmente nel corso della nostra esistenza (e da persona a persona), le competenze e le abilità necessarie per una negoziazione di successo rimangono sempre le stesse.

Quando mi viene chiesto di dare una definizione di negoziazione, rispondo così: «La negoziazione è una discussione finalizzata al raggiungimento di un accordo».

La negoziazione, quindi, comprende l'ampia gamma di trattative che svolgiamo nella nostra vita (personale e lavorativa) con estranei e/o conoscenti.

Pensa a un film dell'orrore. Hai avuto paura, guardandolo? Sei saltato più volte sulla poltrona del cinema? Bene: la negoziazione non è così spaventosa.

Come all'accendersi delle luci in sala svanisce il terrore dei film dell'orrore, così devono svanire anche le paure che hai di rivendicare il tuo valore; devi essere in grado di negoziare ciò che vali o ciò che stai proponendo. E, credimi, se sei preparato è possibile.

Sotto la maschera della mancanza di abilità e del rifiuto di negoziare c'è semplicemente la mancanza di fiducia in sé stessi, ma ti assicuro che diventare un negoziatore migliore è possibile e non è affatto difficile. Innanzitutto, devi identificare le tue paure e i tuoi limiti, per poi approntare un piano per superarle.

«Pietro, ci aiuti in questa negoziazione?»

Questa è la frase che mi ripeteva spesso Marss Kuo (CEO di CPPC, divisione di *Charoen Pokphand Group*, conglomerato tailandese dove ho lavorato per otto anni) quando si trovava a pianificare una trattativa diversa dalle solite.

Marss era un vero leader, con abilità non comuni; aveva una profonda comprensione della realtà e una visione del futuro che lo guidavano nel prendere decisioni volte a promuovere il benessere collettivo; le sue scelte e le sue azioni sono state per me una continua fonte di ispirazione e motivazione.

Nelle sue richieste trovavo stimoli e sfide nuove, ma non era scontato che avremmo portato a casa il risultato sperato e un accordo, specialmente quando dovevamo relazionarci con persone di culture che non conoscevo.

Quell'esperienza mi ha aiutato a esprimere me stesso al meglio in un contesto diverso, a sviluppare le qualità che possedevo e ad acquisirne di nuove.

Marss non mi ha mai mostrato la strada, però mi ha sempre suggerito il modo per trovarla. Il mio capo aveva uno spirito critico che mi portava a mettermi in discussione e a uscire dalla mia comfort zone. Abbiamo fatto molte negoziazioni insieme;

apprezzava il mio contributo e il mio approccio nell'affrontare le situazioni in modo atipico.

Non era scontato, perché nessuno nasce "negoziatore", e questa non è una buona notizia. Io, però, sono abituato a vedere il bicchiere mezzo pieno, e sempre un po' più pieno della metà; quindi, ho anche la buona notizia.

Negli anni, osservando e studiando i miei collaboratori, i miei clienti e le tantissime persone con cui ho negoziato, mi sono reso conto (ottenendo molteplici e ripetute conferme in merito) che la maggior parte delle persone può migliorare significativamente le proprie capacità di negoziazione attraverso lo studio, la preparazione e la pratica.

Anche io, negli anni, ho seguito questo percorso, costellato di apprendimento e ricerca, di organizzazione progettazione e preparazione, di uso ed esercizio. E in questi anni ho elaborato un metodo che non ho mai smesso di raffinare, ridefinire e ottimizzare, fino ad arrivare alla quasi perfezione.

Non smetterò mai di lavorare su questi tre elementi, perché sono convinto che, anche se oggi il metodo funziona alla grande e io me la cavo decisamente bene, si possa fare ancora meglio.

Non è mai troppo tardi

Ho un unico rammarico: l'aver intrapreso tardi questo percorso. O meglio: ho realizzato tardi quanto fosse importante nella vita essere un abile negoziatore.

Quante opportunità ho lasciato sul tavolo, quante occasioni non ho colto durante una trattativa, quanta fatica in più ho fatto per arrivare allo stesso risultato? E quante volte mi sono reso conto che avrei potuto ottenere di più, se solo avessi padroneggiato la scienza e l'arte della negoziazione prima…

Fin da piccolo sono stato un bambino molto curioso: facevo tante domande e osservavo con interesse il comportamento delle persone più grandi di me.

Crescendo, la mia curiosità si è trasformata in "curiosità professionale".

Ho cominciato a studiare e ad approfondire l'argomento, cercando di comprendere le tecniche e le strategie vincenti per ottenere il massimo da ogni negoziazione.

All'inizio pensavo di essere un negoziatore esperto; poi però ho capito che il modo in cui gestivo le trattative dalla A alla Z non era coerente e non mi permetteva di raggiungere sempre i risultati sperati. E allora mi sono messo in discussione, migliorando le mie abilità di negoziazione e la mia capacità di ascolto attivo, di comprensione delle esigenze dell'interlocutore e di individuazione dei punti di accordo.

Il metodo che ho messo a punto è valido ed efficace; ho ottenuto grandi risultati, imparando a negoziare in modo costruttivo.

Sono convinto che anche tu possa beneficiare di queste tecniche e raggiungere i tuoi obiettivi, sia nella vita privata che professionale. Imparare a negoziare è infatti una competenza fondamentale per chiunque voglia avere successo: sapere come e quando negoziare può fare la differenza tra il successo e il fallimento.

Quindi, non esitare a investire del tempo e dell'energia per migliorare le tue abilità di negoziazione.

Anche la tua vita sarà migliore, sapendo come e quando negoziare.

Meglio non sedersi al tavolo

Anche se arriverai ad amare immensamente la negoziazione e sarai sempre più tentato di negoziare alla prima occasione utile, ricorda che a volte è preferibile "abbandonare la trattativa" e accettare di buon grado quanto ti viene proposto piuttosto che dedicare troppo tempo e troppa fatica nel tentativo di ottenere il miglior affare possibile.

Sapere quando e come negoziare è una cosa. Sapere quando *non negoziare affatto* è una questione completamente diversa. Per non dimenticarmelo e non cadere nella tentazione di negoziare, io valorizzo il mio tempo, gli associo una tariffa oraria.

Lo studio di avvocati di Milano di cui mi avvalgo applica tariffe orarie di novecento euro per il *managing partner* e tariffe inferiori per *partner*, *legal director* e così via. Sono molto bravi, professionali e vincenti. A mio avviso sono i più bravi, tra gli italiani con cui ho avuto a che fare.

Quando arrivano le parcelle, prima di passarle in contabilità per il pagamento ho qualche minuto di smarrimento, qualche perplessità. Ma, anche se sono molto onerose, non ho mai neanche pensato o tentato di negoziarle.

Io applico la stessa logica: se il costo totale (tempo da dedicare alla negoziazione moltiplicato per la tariffa oraria) è maggiore del beneficio atteso, non negozio affatto.

Ovviamente non mi riferisco ai mercatini delle pulci, ai negozi di souvenir turistici e ai venditori ambulanti, dove invece il primo prezzo è lì per essere negoziato, dove la contrattazione è il "metodo accettato", addirittura previsto e atteso per trovare un compromesso tra il desiderio del commerciante e quello del turista, che negoziando e trovando così soddisfazione pensa di aver fatto un affare.

Nel mondo reale, se pensiamo ai negozi moderni, magari quelli di un centro commerciale, non è prevista alcuna negoziazione.

Io non negozio neppure quando la mia *leva negoziale* è debole, o super debole. La leva è "il potere" a disposizione di una delle parti impegnate in una negoziazione, e serve per influenzare l'altra parte, per convincerla ad avvicinarsi alla propria posizione.

Ti farò un esempio.

Nel 1990 avevo da poco iniziato a lavorare presso la Proxima, una società di consulenza informatica.

Era la vigilia della discussione della tesi all'Università di Bologna ed ero in trasferta presso un importante cliente nella periferia di Lione.

La mia auto mi lasciò a piedi. Chiamai il soccorso stradale, che mi rimorchiò fino al centro assistenza più vicino, dove un burbero meccanico disse che la mia *bécane* (la traduzione in italiano sarebbe trabiccolo) era messa male, che l'intervento era complesso e che ci sarebbero voluti almeno due giorni, per ripararla.

Io supplicai il meccanico e gli spiegai la circostanza, ma non ci fu nulla da fare: avrei dovuto trovare un'alternativa. Mi trovai in una situazione davvero difficile: l'indomani avrei dovuto assolutamente trovarmi a Bologna per laurearmi… ed ero a piedi. L'officina si offrì di chiamarmi un taxi, che mi chiese l'equivalente di duecentocinquanta euro di oggi per portarmi al più vicino aeroporto; un furto, ma non avevo scelta.

In quel caso, accettai. La mia leva era molto debole: avevo davvero bisogno di tornare in Italia e dovevo farlo al più presto; non avevo nessuna alternativa per far riparare la macchina e il tassista sapeva che ero disperato. Insomma: la mia leva era nulla.

Ricorda poi che non vale mai la pena di negoziare quando la negoziazione manda un segnale sbagliato: sei in carriera e il tuo capo, che ha una grande stima di te, ti chiede di lavorare su una presentazione molto importante durante il fine settimana.

Se tu volessi qualcosa in cambio perché ti sta chiedendo di lavorare nel fine settimana, faresti la figura dell'ingrato.

Esiste anche il caso in cui negoziare è culturalmente inappropriato. Da noi vale l'esempio fatto prima: non si negozia il prezzo nel negozio di un centro commerciale, ad esempio. E ciò potrebbe valere anche quando si ha a che fare con persone di altri Paesi, di altre culture: per questo è importante scoprire in anticipo *se* e *in quali circostanze* è opportuno negoziare.

Ricorda sempre che a volte le norme negoziali di altri Paesi e altre culture saranno simili alle nostre, altre volte no, e negoziando potresti metterti (e metterli) in imbarazzo.

Un'altra situazione in cui è inutile negoziare è quando la tua migliore alternativa a un accordo negoziato supera di gran lunga la tua necessità di negoziare; essendo quest'alternativa superiore al miglior risultato possibile che potrebbe scaturire dallo scenario negoziale, negoziare diventa semplicemente una perdita di tempo.

Tecnologia di negoziazione

La negoziazione è spesso vista come una partita dove si scontrano due giocatori. Nei corsi di formazione sulla negoziazione, i partecipanti sono molto interessati al "trucco vincente" che mette al tappeto l'interlocutore negoziale, trucco con cui chiudere una trattativa e portare a casa l'accordo.

Mi dispiace deluderti: non ci sono trucchi, ma solo abilità. È meglio essere chiaro: il mio è un approccio metodico, strutturato e preciso, un sistema per negoziare con successo.

L'ho chiamato *Incontro,* e prevede sette fasi per arrivare a una negoziazione di successo. Si compone di eventi correlati uno in successione all'altro; in alcuni casi la distanza temporale tra un evento e l'altro è minima, in altri passa più tempo.

Ho messo insieme questo sistema in modo che anche persone molto occupate possano fruirne agevolmente. È frutto di studio, umiltà ed etica, e richiede costante motivazione nel volersi migliorare e crescere. Far proprio questo sistema implica divenire consapevoli delle proprie debolezze, senza però svalutarsi.

Incontro, come ho detto, si compone di sette fasi, ognuna delle quali è importante. Il fatto che le fasi siano sette forse non è un caso: in molte culture il numero sette indica completezza. Nel mondo dei sogni, il sette rappresenta spesso la riuscita, l'arricchimento interiore, la crescita personale, la saggezza e il raggiungimento di un obiettivo.

Incontro funziona sempre? Sì. Funziona sempre se viene seguito nel dettaglio, altrimenti il processo non dà il risultato atteso. Funziona perché è ben articolato e comprende principi, strumenti e raccomandazioni per ogni fase.

Seguendo questo metodo, anche tu potrai ottenere i risultati migliori attraverso il potere dei negoziati.

Incontro è passione, perché richiede da parte di chi vuole applicarlo almeno la dedizione che ci ho messo io nel costruirlo, modificarlo, testarlo e perfezionarlo.

Puoi utilizzarlo e sfruttarlo pienamente, mettendoci questo stesso impegno.

Le sette fasi di *Incontro* sono:

1. Negoziare o non negoziare
2. Preparazione e pianificazione
3. Discussione, proposta, trattativa
4. Accordo
5. Debrief
6. Follow-up
7. Archiviazione

Le attività della prima fase del processo sembrano banali o ovvie, però è molto importante averle chiare, non fosse altro per evitare tutte quelle situazioni in cui è meglio non negoziare. Sicuramente ti saranno capitate, e se così non è stato, credimi se ti dico che ti potrebbe succedere, con conseguenze anche dolorose.

La valutazione se negoziare o meno può essere connessa in qualche modo anche alla seconda fase. Mi spiego meglio: se non hai dedicato il tempo necessario per prepararti e pianificare, o non sei contento del livello di preparazione che hai, è meglio valutare la situazione e considerare l'opportunità di non negoziare.

Inoltre, io mi rifiuto di negoziare quando la persona seduta al tavolo non ha il potere di concludere un affare, o quando l'altra parte sta negoziando in malafede, o usando tattiche non etiche; infine, mi rifiuto di negoziare quando ho raggiunto il mio limite inferiore su uno o più punti, e un ulteriore "movimento al ribasso" metterebbe me o la mia azienda in una posizione di difficoltà.

Secondo la mia esperienza, dalla seconda fase (Preparazione e pianificazione) dipende l'80% del successo di una trattativa. E più la trattativa è difficile, più approfondita dovrebbe essere questa fase.

Sono stato uno sportivo, e un grande sostenitore dell'allenamento: ci si allena prima della partita, non durante. Un buon piano di negoziazione si basa su strategie preparate, studiate, selezionate e scelte con cura. Si basa sull'adattamento delle nostre tattiche alle nuove sfide che dobbiamo affrontare e gestire.

La preparazione si basa sulla ricerca e sull'intelligenza, non su congetture o ipotesi. Ad esempio, prepararsi a una negoziazione con dei connazionali è una cosa, mentre può essere completamente diverso quando dobbiamo chiudere un accordo commerciale con partner che provengono da altre culture, nazioni o continenti. Se non ci prepariamo bene in anticipo, è molto probabile che ci troveremo in difficoltà.

Ricorda, quindi: più ti prepari prima, più è probabile che tu sia in grado di anticipare i problemi che potrebbero ostacolare una negoziazione di successo.

La terza fase (Discussione, proposta, trattativa) è quella di "negoziazione pura". Nella discussione entrambe le parti possono presentare la propria situazione specifica, il proprio caso. Le domande, quelle giuste, sono fondamentali per comprendere i reali interessi della controparte, così come è importantissimo ascoltare quelle che ci vengono fatte.

Seguono le presentazioni di offerte e proposte per un possibile accordo, che vengono esaminate e modificate alla ricerca della proposta più efficace, che deve comprendere vantaggi reciproci, nell'interesse comune delle parti.

La fase successiva (Accordo) avviene quando le parti raggiungono un'intesa.

Questa fase non va sottovalutata, perché spesso è fonte di malintesi. È essenziale adottare una comunicazione aperta e chiara tra le parti coinvolte. Questo implica ascoltare attivamente, fare domande per chiarire dubbi e documentare accuratamente tutti gli accordi raggiunti. Le differenze culturali dovrebbero essere comprese e rispettate, mentre la definizione chiara di responsabilità, tempi e dettagli contrattuali è fondamentale. La consulenza di esperti in negoziazione può essere preziosa per situazioni complesse. Un feedback costante durante il processo aiuta a confermare la comprensione reciproca, creando una base solida per accordi senza ambiguità. Io suggerisco sempre di riassumere gli elementi essenziali dell'accordo raggiunto entrando, se necessario, molto nel dettaglio; questo per evitare futuri contenziosi, che a volte nascono già all'indomani dell'incontro.

La quinta fase (Debrief) consiste in una valutazione post-negoziazione, ed è una pratica vitale da svolgere indipendentemente dall'esito del negoziato, positivo o negativo che sia stato, e indipendentemente dal fatto che tu lo abbia portato avanti da solo o in squadra.

Questa fase permette di rivivere i momenti salienti del processo, di analizzarli da prospettive diverse, di cogliere le sfumature di ciò che è avvenuto e di fornire una comprensione profonda di ciò che è andato in modo diverso dal previsto, e le motivazioni per cui è successo.

La penultima fase (Follow-up) è forse la più sottovalutata a causa della focalizzazione eccessiva sul raggiungimento dell'accordo. Spesso influiscono la consapevolezza dei benefici, la scarsità di tempo e di risorse, la mancanza di competenze comunicative, di motivazione e l'assenza di procedure standardizzate. Educazione, formazione e procedure organizzative possono contribuire a superare queste sfide. Anche quando hai completato la trattativa (che pur è la parte centrale e tra le più importanti del processo), non lo hai ancora ultimato. Devi occuparti di eseguire sempre le attività successive, altrimenti tutti i tuoi sforzi di negoziazione potrebbero andare sprecati.

Oltre a creare un elenco approfondito di queste attività, è utile compilare una lista di chi dovrà svolgerle, assegnandole a delle persone responsabili e definendo scadenze precise.

La settima e ultima fase (Archiviazione) consiste nella creazione di un archivio in cui registrare con metodo le tue negoziazioni.

Ti consiglio di usare parole chiave e dividere l'archivio in sezioni, dettagliando le tattiche usate e inserendo commenti alle negoziazioni. Questo archivio ti sarà utilissimo per l'estrazione di idee rapide, e fungerà da risorsa per le negoziazioni future.

Errori minimi, successo massimo

Gli errori di negoziazione possono costare molto caro; possono compromettere l'esito di un affare, impattare sulla carriera professionale, rovinare delle relazioni consolidate.

Prima di affinare il mio metodo, la mia *routine negoziale*, quante volte ho evitato un negoziato? Quante volte ho lasciato sul tavolo più del dovuto? Quante volte mi sono sentito costretto a cedere?

Prima che negoziare per me diventasse un'abitudine, anch'io pensavo che la negoziazione fosse una gara con vinti e vincitori. Avevo idee sbagliate, ero convinto che negoziare fosse altro.

Sebbene io sia sempre stato assai metodico, non mi preparavo adeguatamente, non dedicavo abbastanza tempo a chiarirmi l'obiettivo che volevo raggiungere. Anche se conoscevo bene l'argomento della trattativa e della discussione che ci sarebbe stata in merito, la mia competenza non veniva fuori. A volte conducevo la negoziazione talmente male che il partner negoziale non mi prendeva sul serio e si approfittava di me.

Ricordo di essere stato spesso troppo avido; volevo strafare… un po' come se, giocando a scopa, volessi sempre per me i punti fissi come le carte, i denari, il settebello, il re bello e la primiera. Non avevo ancora compreso che raggiungere un buon risultato significa trovare un accordo con una piccola disparità che ci garantisca un piccolo vantaggio, e che troppa differenza non porta mai ad accordi duraturi e soddisfacenti per tutti i partner negoziali.

A volte non trattavo abbastanza, perché non dichiaravo sufficientemente bene i miei bisogni, i miei interessi e le mie aspettative, e di conseguenza non ascoltavo con attenzione i bisogni del partner negoziale.

Mi concentravo quasi esclusivamente sul prezzo; un elemento importante, certo, ma che molto spesso è solo uno degli elementi che devono essere presi in considerazione. Io, invece, mi focalizzavo solo su questa variabile, discutendo a lungo solo del prezzo, senza pensare alla possibilità di far leva anche su altri elementi, specialmente quando non riuscivo a raggiungere quello che era il giusto valore monetario per un servizio o per un prodotto.

Ero rigido. Ero poco flessibile. Ero poco creativo.

A volte non prendevo in considerazione tutti gli elementi possibili, altre volte consideravo alcuni punti come imprescindibili, anche se non lo erano.

Questa rigidità mi ha bloccato in tante situazioni difficili. Ricordo spesso di aver usato la frase: «Questo punto è fuori discussione, non se parla neanche» quando invece avrei dovuto utilizzare un approccio totalmente diverso, perché nella realtà tutto è negoziabile.

Tante volte sono stato aggressivo e prepotente, arrivando a pronunciare classiche frasi come: «Questa è la mia migliore e ultima offerta!», ponendo così le basi per un'interruzione immediata della discussione e della trattativa... per poi magari smentirmi di lì a poco con un ulteriore ribasso di prezzo, o con un'altra concessione.

Se fossi stato un negoziatore di ostaggi, oggi avrei sulla coscienza la loro morte: mi spazientivo e non facevo nulla per nasconderlo.

Ero solito fissare scadenze quando il partner negoziale temporeggiava e prendeva tempo, e mi accontentavo di raggiungere un qualunque accordo, anche se magari poco favorevole per me o per la mia azienda.

A volte avevo timore di dire la cosa sbagliata, altre volte mi sentivo a disagio nel dover chiedere qualcosa, nel dover contrattare, nel dover rifiutare delle offerte, o rilanciare.

Questo perché temevo che la discussione potesse trasformarsi in un litigio, o che si creassero situazioni imbarazzanti.

Insomma: avevo paura di negoziare e temevo di arrivare a litigare a causa della mia incapacità di creare le migliori condizioni per una discussione aperta, nella quale avrei potuto dichiarare in modo chiaro e sereno i confini dove ero disposto ad arrivare e i limiti che non ero disposto a superare.

Oggi mi rendo conto che spesso mi avvicinavo al tavolo con la sola idea fissa di raggiungere i miei obiettivi, senza considerare un piano alternativo, nel caso le cose non fossero andate come previsto.

Raramente mi chiedevo se esisteva un risultato ragionevole da accettare nel caso in cui non fossi riuscito a conseguire i miei obiettivi iniziali, e quale fosse: quali opportunità avrei potuto cogliere, se non avessi raggiunto il mio obiettivo principale? Non me lo chiedevo. Semplicemente, ero troppo chiuso e rigido nella mia visione, e non consideravo alternative valide.

Guardando a questo passato, che ormai è un lontano ricordo, mi rendo conto di non aver mai dedicato abbastanza tempo alla creazione di una relazione con i miei partner negoziali. Ero troppo concentrato sull'obiettivo finale, e non mi preoccupavo di conoscere meglio le persone con cui dovevo trattare.

Se avessi dedicato più tempo a conversare con loro avrei potuto capirne meglio gli obiettivi, le aspettative e le preoccupazioni, in modo da costruire un clima di fiducia e rispetto reciproco.

Mi sono reso conto che non davo sufficiente importanza a quello che è l'elemento fondamentale per una negoziazione di successo: la comunicazione.

Pensavo, erroneamente, che comunicare significasse principalmente "parlare", mentre in realtà avrei dovuto concentrarmi di più su elementi come "ascolto" ed "empatia", fondamentali per capire i veri interessi e le motivazioni della controparte.

Ho sempre negoziato, sia nella mia esperienza professionale sia nella vita quotidiana; durante le trattative sindacali, in azienda, con i miei soci, i collaboratori, i clienti, i fornitori...

Tuttavia, i risultati ottenuti non erano soddisfacenti: sentivo di faticare molto. Sentivo che mancava qualcosa.

Prepararsi per obiettivi ambiziosi

Mancava un progetto.

Nello sport, soprattutto in discipline che implicano rischi fisici elevati o condizioni estreme, è fondamentale avere il senso dei propri limiti; possiamo addirittura considerarlo salutare. Implica un costante impegno nel superare questi limiti, una promessa che deve essere seguita attraverso progetti ambiziosi, vittorie e, naturalmente, sconfitte. Questo impegno diventa ancora più significativo quando accompagnato dalla consapevolezza delle sfide e dai rischi che ogni sport comporta.

A volte si confonde l'attività agonistica con l'allenamento, ma da sportivo ho sempre cercato proprio quest'ultimo.

Mi sono così reso conto che dovevo applicare lo stesso approccio alla negoziazione, e ho quindi deciso di studiare, di prepararmi e di fare pratica. Sono andato a scuola dai migliori insegnanti e, pezzo dopo pezzo, con modestia, umiltà e costanza, sono arrivato a negoziare divertendomi.

Ora mi preparo accuratamente per le trattative: raccolgo tutte le informazioni utili, stabilisco un'agenda condivisa e scelgo con cura il luogo dell'incontro. Cerco di instaurare una relazione positiva con il partner negoziale, basata su un rapporto di fiducia e rispetto reciproco, voglio comprendere i suoi interessi e le sue necessità.

Durante la trattativa, mi concentro sia sugli elementi materiali sia su quelli immateriali, utilizzando la mia creatività senza essere rigido e senza porre ultimatum. Grazie a questa preparazione, non ho più paura che una trattativa possa sfociare in un conflitto, anche quando le mie aspettative sono ambiziose.

Adesso sono in grado di affrontare serenamente qualsiasi trattativa, tanto nella vita personale quanto in quella professionale.

Ogni giorno ci sono innumerevoli negoziazioni da affrontare: cosa comprare, quanto pagare, dove andare, cosa fare, come risolvere i problemi, concordare i requisiti, ottenere le giuste risorse…

e nella mia cassetta degli attrezzi ho tutti gli strumenti per ottenere i migliori risultati possibili da queste negoziazioni, sviluppando al contempo le mie capacità di trattare e di raccogliere i frutti sperati.

Grazie a una sempre maggiore capacità di negoziazione ho migliorato la mia efficienza e la mia efficacia. Oggi sono in grado di riconoscere le situazioni e di definire chiaramente le modalità per raggiungere il successo, ottenendo risultati vantaggiosi per tutti; sono in grado di farlo sia in accordi informali tra pari sia in trattative più formali.

Sono appagato dal fatto di sapere che in ogni preparazione per una negoziazione so di lavorare per il successo, anziché per il fallimento. Metto impegno e passione nell'applicazione del mio metodo, consapevole che questo può cambiare la mia vita in meglio.

Sono spesso arrivato a pensare: "Vorrei migliorare le mie capacità di negoziazione".

So che questa è una sensazione comune; molte persone condividono con me la frustrazione di non sentirsi abbastanza abili e il desiderio di migliorare, senza sapere esattamente da dove cominciare.

Molti credono che la negoziazione sia un'abilità innata e che richieda grandi cambiamenti per diventare bravi, ma la realtà è decisamente diversa.

Se vuoi diventare un negoziatore esperto, sappi che c'è un rapporto lineare tra le *tue azioni* e i *risultati che ottieni*.

Ti consiglio di seguire il mio metodo, anche se all'inizio potrebbe risultare un po' difficile. Con il tempo, tuttavia, sarai in grado di portare le tue negoziazioni a un livello più avanzato.

Fondamentalmente, dovrai lavorare su te stesso e imparare a osservare gli altri. Questo richiederà un certo impegno, ma i risultati saranno molto redditizi e saranno tuoi per tutta la vita.

Ciò che diventi è molto più importante di ciò che ottieni, perché ciò che diventi sarà tuo per sempre e nessuno potrà mai toglierlo.

Personalmente, mi chiedo spesso: «Cosa sto diventando?», piuttosto che: «Cosa sto ottenendo?».

Ci sono giorni in cui i cambiamenti sono piccoli, ma la loro dimensione non è importante: l'importante è che ci siano, ogni giorno.

Ogni piccolo cambiamento si basa sul precedente, e rende più facile quello successivo. Più cambiamenti fai, più sicurezza acquisisci e più ti avvicini a diventare un negoziatore migliore. A ogni passo che compi, hai una maggiore fiducia nelle tue capacità di negoziare con successo e di raggiungere i tuoi obiettivi.

Potresti essere preoccupato di non essere abbastanza bravo, soprattutto se hai provato in passato, senza successo, ma non devi temere; c'è una ragione semplice, per questo: probabilmente non eri abbastanza allenato.

Hai bisogno di sperimentare i miglioramenti ottenuti in modo autonomo per capire che il successo e la consapevolezza sono solo uno stato mentale. E quando lo capirai, ti renderai conto che se deciderai di intraprendere una strada, sarai in grado di percorrerla fino in fondo, pur di raggiungere il tuo obiettivo.

Quante volte hai pensato di dover migliorare, senza poi fare nulla? In realtà, questo atteggiamento ti porta a credere di non essere in grado di farcela, ti fa sentire impotente.

Se dici a te stesso che vuoi qualcosa ma non ti impegni a fondo per ottenerla, finisci per mettere il tuo obiettivo su un piedistallo, rendendolo inavvicinabile.

Ma quando decidi di cambiare, di migliorare e di agire attivamente per raggiungere i tuoi obiettivi, ti stai allenando ad avere fiducia in te stesso. Anche il raggiungimento di piccoli traguardi può essere la scintilla che accende il motore del cambiamento.

Percorrere una strada nuova può risultare difficile, almeno all'inizio, ma diventa sempre più facile una volta superato lo scoglio iniziale.

Il miglior modo per fare una cosa è farla! La vita è una continua negoziazione con sé stessi e con gli altri, e siamo costantemente esposti a un mondo che negozia sempre e ovunque, tutto intorno a noi.

Possiamo imparare molto dalle nostre osservazioni. Quindi, invece di rimanere fermo, mettiti in gioco e fai il primo passo verso il cambiamento che desideri.

Se sei disposto ad ascoltare senza pregiudizi e a osservare senza giudicare, aprendo la tua mente e cogliendo i segnali, alla fine imparerai sempre qualcosa.

Personalmente, ho adottato questa mentalità e continuo a farlo: osservo sempre ciò che mi circonda, ovunque mi trovi e con chiunque mi trovi. Non esistono momenti, compagnie o luoghi migliori di altri per osservare e imparare, crescere e migliorare: fallo sempre e comunque.

A me capita di analizzare con lo stesso interesse due persone che parlano di affari nella lounge Lufthansa di Francoforte quanto la Responsabile delle risorse umane della mia azienda durante un colloquio con un potenziale candidato o il mio architetto, mentre visitiamo il cantiere di un immobile che sto ristrutturando.

È la stessa vita quotidiana che ci può insegnare. È la vita stessa che ci fornisce le istruzioni; sta a noi non rimandare la lettura.

Ho imparato molto dagli altri. Le persone non vanno solo osservate e ammirate, ma anche imitate, poiché anche il più esperto era un principiante, una volta.

Il fatto che tu stia leggendo questo libro dimostra che hai la volontà di cambiare e migliorare; insieme, passeremo dalle parole ai fatti. Non ci saranno più rimorsi, rimpianti, paure, difficoltà o insuccessi.

Tu, come molti altri, vuoi imparare a negoziare perché pensi di meritare di più, o perché vuoi rendere ogni trattativa una trattativa di successo.

Forse non te ne sei ancora reso conto, ma il tuo percorso di apprendimento è già iniziato. Tuttavia, per migliorare davvero dovrai seguire il mio metodo e farlo diventare una routine, una sana abitudine.

Quando mi chiedono quale sia la cosa più importante per una negoziazione di successo, rispondo senza esitazione: «Avere un metodo». E, attenzione, l'età non ha importanza: puoi diventare un abile negoziatore a qualsiasi età!

Perché aspettare quando, una volta appreso il metodo, potrai sfruttare queste competenze per il resto della tua vita? Iniziando subito, avrai modo di migliorare costantemente. Coloro che hanno intrapreso questo percorso hanno ottenuto risultati sorprendenti, basta fare il primo passo.

Metti da parte la paura di non essere all'altezza; la mancanza di coraggio è la scusa più comune, per chi non riesce a dare una svolta alla propria vita. Ma non puoi giustificare le opportunità perse, ora come in futuro, solo con la mancanza di coraggio.

Io posso aiutarti perché non è la paura a bloccarti, ma la tua ambizione di avere successo.

Quando non si riesce a fare qualcosa che è nelle proprie possibilità, di norma si pensa che il motivo risieda nel fatto che non lo si vuole abbastanza, o che non si stia seguendo il metodo giusto. Personalmente, ritengo che la motivazione sia un falso problema: nella maggior parte dei casi è un problema di conoscenza, se conosci il metodo giusto sarai in grado di agire, sempre e comunque.

Fidati di me, perché questo è l'unico strumento che funziona veramente, e che si basa su di te e sulle capacità che hai di portare un cambiamento nella tua vita. Il nostro obiettivo è raggiungere il successo nella negoziazione, e io ti aiuterò a farlo con il metodo giusto, a facilitare il processo.

La forza dell'abitudine

Nel corso degli anni, ho collaborato con molte persone e con molte aziende, aiutandole nelle loro negoziazioni.

Nonostante non siano personaggi famosi come Roger Federer, Tim Cook o Elon Musk, ho avuto il privilegio di lavorare con persone altrettanto straordinarie.

Non importa la fama o la grandezza dell'azienda: ho sempre dato tutto me stesso per aiutare i miei clienti a ottenere il massimo dai loro affari, e le persone e le aziende con cui ho lavorato sono state altrettanto meritevoli di successo. Ho collaborato con loro attraverso le vittorie e le sconfitte, costruendo relazioni di fiducia che sono cresciute nel tempo.

Credo che il merito maggiore delle vittorie debba essere attribuito principalmente ai miei clienti, che hanno applicato con successo il metodo di negoziazione che ho condiviso con loro, adattandolo alle loro esigenze specifiche.

Nel fare ciò, sono stati in grado di affrontare situazioni imprevedibili, durante le negoziazioni, e di raggiungere i risultati desiderati. Hanno applicato un metodo, hanno seguito una routine, una procedura che si adatta bene a ogni singola situazione, anche quando in una negoziazione avviene ciò che non è prevedibile durante il lavoro di preparazione.

Il mio metodo prevede che ci si prepari, e che ci si prepari tanto. Ed è proprio quando si devono affrontare situazioni impreviste che il metodo fa la differenza.

Durante le mie conversazioni, uno degli argomenti più frequenti riguarda la carriera e le negoziazioni salariali.

Con oltre vent'anni di esperienza in colloqui di lavoro in tre continenti diversi, ho notato che, normalmente, solo tre persone su cinque negoziano il proprio stipendio; due su cinque lo fanno solo a volte e una su cinque sorprendentemente non lo fa mai.

Inoltre, quasi la metà degli individui non discute nemmeno la possibilità di un aumento, durante le valutazioni delle prestazioni.

Questi numeri sono ancora più preoccupanti in ambito femminile, se pensiamo che solo l'8% delle donne tenta di negoziare il proprio stipendio iniziale, rispetto al 57% degli uomini.

Coloro che hanno negoziato sono stati in grado di aumentare il loro stipendio con una media del 7%, un valore che non dovrebbe essere sottovalutato, come suggerito dalla professoressa di negoziazione di Stanford, Margaret A. Neale.

Sebbene possa sembrare poco, un aumento del 7% a inizio carriera può fare una grande differenza, al momento di andare in pensione.

Facciamo un esempio. Tu e un tuo collega guadagnate 100.000 euro all'anno, ma il tuo collega negozia un aumento del 7%, arrivando così a 107.000 euro annui.

Considerando per entrambi le stesse opportunità di promozione e di aumento, per raggiungere lo stesso livello di ricchezza del tuo collega al momento della pensione, tu dovresti lavorare otto anni in più! E se otto anni in più a inizio carriera sembrano niente, ti assicuro che poi diventano un'enormità; lo so per esperienza personale, essendo io stesso, a 57 anni, nel pieno della mia carriera lavorativa.

In sintesi, la negoziazione dello stipendio è un aspetto importante della carriera professionale; un aspetto che non dovrebbe essere trascurato, specialmente dalle donne. Anche un piccolo aumento può avere un grande impatto, soprattutto nel lungo termine, quando potrebbe garantire una maggiore sicurezza finanziaria per il futuro.

Di recente ho riscontrato che le cose si stanno modificando, e c'è maggiore consapevolezza da parte della popolazione femminile: oggi le donne osano di più; purtroppo, gli aumenti si concedono ancora di più agli uomini.

Indipendentemente dal fatto che tu sia un uomo o una donna e che tu sia al tuo primo o al tuo quinto impiego, imparare a negoziare è importante.

Sono qui per aiutarti, offrendoti una serie di consigli per prepararti adeguatamente: il mio metodo *Incontro* si applica a qualsiasi trattativa, inclusi i colloqui di lavoro e le revisioni periodiche.

La paura spesso impedisce alle persone di chiedere di più, soprattutto quando si tratta di negoziare il proprio stipendio. Tuttavia, io non ritengo che la negoziazione del salario debba essere così spaventosa; i miei clienti la pensano allo stesso modo, e credono anzi che a essere veramente spaventoso sia il non provare a negoziarlo!

Ho notato che molti giovani, quando devono affrontare il loro primo colloquio di lavoro, sono preoccupati per lo stipendio. In questo caso, la preparazione è fondamentale.

Anche le persone che hanno già lavorato per anni e che hanno cambiato più aziende possono sentirsi ansiose, quando devono affrontare la negoziazione del loro salario.

Quando parlo di trattative salariali, suggerisco sempre di avere una cifra in testa, altrimenti si rischia di essere alla mercé di un esperto Responsabile delle risorse umane che può facilmente controllare la conversazione.

In questo contesto, trovo adatta la parola "tara". Se prima del colloquio hai fatto qualche ricerca, potresti già avere un'idea dell'intervallo di retribuzione che rappresenta il tuo valore di mercato. Per posizionarsi è fondamentale disporre di un benchmark di mercato in funzione del ruolo e della seniority.

Il mio consiglio è di posizionarti sempre all'estremo superiore del range, o addirittura oltre l'estremo superiore, ma senza essere eccessivo, altrimenti l'interlocutore potrebbe pensare che non conosci il mercato: che la richiesta è "fuori" mercato, appunto. Questo per due validi motivi: in primo luogo, non c'è niente di sbagliato nel chiedere una retribuzione superiore; in secondo luogo, il tuo datore di lavoro quasi certamente negozierà al ribasso (farà la tara).

Quindi, tu hai bisogno di uno spazio di manovra per finire comunque con uno stipendio soddisfacente.

Ricorda che ogni numero ha un preciso significato psicologico (e non intendo solo il numero 8, che in Cina, Taiwan, Hong Kong e Singapore è considerato favorevole, o il 9, che in Giappone invece porta sfortuna, ed equivale al nostro 17); alcuni numeri appaiono meno negoziabili di altri. Ad esempio, quelli che terminano con uno zero vengono inevitabilmente interpretati come segnaposto temporanei; come stime, approssimazioni che possono essere negoziate.

Quando si tratta di negoziare uno stipendio, è importante avere una strategia ben definita. Io consiglio sempre ai miei clienti di avere una cifra specifica in mente e di evitare numeri arrotondati: anziché chiedere 55.000 euro, propongo di chiedere 56.000 euro, non 55.400 euro in quanto quei 400 euro in più sembrerebbero un po' bizzarri e la richiesta verrebbe comunque registrata come 55.000 euro.

In questo modo si trasmettono serietà e determinazione, e si ottiene un'offerta finale più vicina alle proprie aspettative.

Ma non basta avere un numero preciso in mente. È fondamentale anche presentarsi in modo convincente e dimostrare il proprio valore come dipendente. Per negoziare un aumento di stipendio, è quindi fondamentale prepararsi adeguatamente al colloquio.

Suggerisco di creare una lista di meriti e di risultati, mettendo in evidenza le proprie competenze e il valore aggiunto che si porta all'azienda. Presentare delle testimonianze di clienti o colleghi, e in generale delle buone referenze, può essere utile per sostenere il proprio valore.

Per aumentare le possibilità di successo, è meglio negoziare il giovedì. Infatti, all'inizio della settimana le persone tendono a essere più rigide e meno accomodanti, ma diventano più flessibili e aperte alla fine della settimana. Inoltre, il giovedì e il venerdì (meglio il mattino, il pomeriggio si è già mentalmente nel weekend) sono particolarmente favorevoli alla negoziazione, poiché la maggior parte delle persone desidera concludere il lavoro prima della pausa.

Quando si negozia lo stipendio di un nuovo lavoro, potrebbe capitare che l'azienda o il reclutatore chieda lo stipendio attuale, ed eventualmente anche copia della busta paga, per verifica. Anche in questo caso non è mai una buona idea mentire: è importante fornire il proprio stipendio reale, inclusi benefit e bonus, per poi spostare rapidamente la conversazione sulla propria esperienza, sulle proprie abilità e sul valore di mercato che si ritiene di avere. In questo modo, si possono evidenziare abilità e potenzialità, unitamente al desiderio di crescere professionalmente.

Il primo numero messo sul tavolo, nel gergo negoziale detto anche *ancora*, nella negoziazione è il più importante, poiché è su di esso che si basa il resto della conversazione. Se è troppo basso, ad esempio, ti ritroverai con un'offerta finale inferiore a quella che probabilmente desideri.

Ricorda quindi che dovresti sempre essere tu la prima persona a menzionare un numero; così facendo sarai tu, e non il tuo partner negoziale, a controllare l'ancora.

Inoltre, dovresti sempre chiedere più di quanto desideri. La psicologia ci dimostra che il tuo partner negoziale riterrà di ottenere un accordo migliore, se negozia rispetto alla tua richiesta originale.

E non temere di chiedere troppo! La cosa peggiore che può succedere se parti con un numero alto è che l'altra parte farà una controfferta; la cosa peggiore che può succedere se non negozi è che non otterrai nulla.

La prima offerta è connessa a due aspetti psicologici fondamentali: *il principio del raffronto* e *la reciprocità*.

Quando viene fatta un'offerta ottimistica il partner negoziale si sente sollevato e soddisfatto, più incline a negoziare e ad accettarla, se la prospettiva di accordo è realistica.

In questi casi, la prima offerta è ambiziosa e un po' eccessiva, ma pienamente giustificabile; nel momento in cui la modifico concedendo qualcosa, il partner negoziale la giudicherà ragionevole, se messa a confronto con l'offerta iniziale. E si sentirà soddisfatto, perché, dal suo punto di vista, riterrà di aver negoziato un accordo migliore per lui (principio del raffronto).

Se fai un'offerta ambiziosa puoi sempre fare leva sulla reciprocità. Offri 100, ma il tuo partner negoziale rifiuta; a quel punto moderi la tua richiesta con una concessione significativa a 90, e il tuo partner negoziale si sente obbligato a darti qualcosa in cambio, se non addirittura ad accettare (reciprocità).

Ricorda poi di non dire mai: «Vorrei uno stipendio tra 45.000 e 50.000 euro».

Stai dichiarando che sei aperto a concessioni, e la persona con cui stai negoziando non ti offrirà più del limite inferiore. Inoltre, suggerisco sempre di evitare discussioni in base a ciò che guadagni ora, spostando la discussione su ciò che il mercato sta pagando per persone come te, ovvero sul tuo *valore di mercato*.

In una negoziazione può essere un errore condividere le tue esigenze personali, come l'aumento della retta dell'asilo dei tuoi figli o la perdita del lavoro del tuo partner, perché queste informazioni potrebbero essere utilizzate contro di te: se l'altra parte conosce i tuoi bisogni personali, può approfittare di questa informazione per ottenere un vantaggio.

Ad esempio, se l'altra parte sa che hai bisogno disperato di un lavoro, potrebbe offrirti un salario più basso di quello che potresti negoziare se non avesse questa informazione.

Oppure, se l'altra parte sa che stai affrontando difficoltà finanziarie, potrebbe offrirti un accordo che ti costringa a scendere a compromessi su altri aspetti importanti.

Non esiste la taglia unica

In generale, è importante che tu riesca a mantenere le tue esigenze personali e le tue emozioni fuori dalla negoziazione; concentra invece la tua attenzione sugli interessi e sugli obiettivi concreti che vuoi raggiungere con l'accordo.

In questo modo, sarai in grado di prendere decisioni più razionali e di ottenere un accordo vantaggioso senza esporre la tua vita privata.

Quando riceviamo un'offerta siamo spinti ad agire, ci sentiamo obbligati a rispondere. Io, invece, suggerisco di prendere tempo e di non dire nulla; nei secondi di silenzio è molto probabile che il partner negoziale migliori la sua offerta. Tutto ciò può sembrare molto complesso, perché effettivamente implica il comportarsi in modo diverso da come il "puro istinto" ci porterebbe a fare.

La negoziazione è un processo complicato, ma io ho cercato di renderlo più semplice. E siccome le buone notizie non arrivano mai da sole, sappi che più lo fai, più diventa facile. Ho anche una terza buona notizia: applicando il mio metodo migliorerai la tua situazione.

Esistono diversi ambiti della negoziazione dove sono stato particolarmente attivo, e che mi hanno sempre dato grandi soddisfazioni.

Il primo, forse il più rilevante, riguarda i momenti in cui viviamo un conflitto familiare; sono quotidiani, inevitabili, e tutti li abbiamo vissuti, almeno una volta!

È necessario riconoscere i conflitti, saperli gestire e avere la capacità di risolverli in modo positivo. Questi conflitti vanno visti con una prospettiva diversa: non solo come scontri o controversie, ma anche come possibilità di crescita, confronto, opportunità e collaborazione.

La famiglia è spesso la migliore palestra che abbiamo a disposizione, perché è il luogo deputato dei conflitti: conflitti nelle relazioni, conflitti tra generi e generazioni, conflitti tra la famiglia e il mondo esterno. È in famiglia che si impara sin da piccoli a gestire la conflittualità, ad apprezzare le differenze e a costruire relazioni con gli altri, arricchendo quel patrimonio fisico e psicologico che poi ci porteremo ovunque, compreso l'ambito lavorativo.

Al lavoro ho sempre utilizzato e suggerito il mio metodo, in cui la creatività gioca un ruolo di differenziazione, ad esempio per raggiungere accordi commerciali che non siano necessariamente di grande valore economico.

La creatività è, per me, la ricerca delle opportunità nascoste presentate dalle sfide.

Abbiamo una tendenza naturale a elaborare posizioni: troviamo la soluzione migliore per un dato set di bisogni, e di norma ci concentriamo sui nostri bisogni senza preoccuparci di soddisfare i bisogni del partner negoziale.

In realtà, se ci focalizzassimo anche sui bisogni dell'altro aumenteremmo le possibilità che i nostri bisogni vengano automaticamente soddisfatti.

A complicare la situazione subentrano le nostre emozioni, e la creatività viene soffocata dalla rabbia molto più che dall'orgoglio, dall'imbarazzo, dall'invidia, dall'avidità o da altre emozioni negative.

La rabbia è spesso espressione di paura, o di mancanza di fiducia nella capacità di ottenere ciò che pensiamo di volere. La rabbia è egocentrica. Gli scoppi emotivi tendono ad autoalimentarsi e a intensificarsi, e piuttosto che risolvere un conflitto, lo complicano.

Ricorda, quindi: se riesci a migliorare la tua capacità di gestire le emozioni negative (soprattutto la rabbia) e a rispondere senza metterti sulla difensiva, avrai fatto un passo decisivo verso una negoziazione creativa.

Un altro limite che impedisce di andare oltre la soluzione apparentemente ovvia è la carenza di capacità, di perspicacia e di lungimiranza nel valutare i fatti nella loro attuale realtà e nei loro possibili sviluppi.

Man mano che praticherai la negoziazione aumenterà la fiducia nelle tue capacità di trasformare le sfide in opportunità. Questa fiducia ti permetterà di concentrarti sulla risoluzione dei problemi e ridurrà le possibilità di ripiegare su dispute, emozioni negative o negoziazione competitiva.

La prossima volta che le emozioni tentano di avere la meglio su di te, cerca di essere creativo; la creatività ti aiuterà a soddisfare i tuoi bisogni assieme a quelli del tuo partner negoziale!

Negli ultimi venticinque anni mi sono trovato regolarmente a trattare con grandi gruppi e multinazionali. Ricordo che Jacques Lalauze, di Gemplus (multinazionale francese, specializzata nella produzione di carte con chip per carte di credito, documenti di identità e accesso a reti sicure), quando andò in pensione mi confidò di aver sempre apprezzato la mia capacità nel trovare nuove idee e la mia creatività per arrivare a un accordo apparentemente complesso.

Un ulteriore ambito dove sono stato coinvolto sono le fusioni e le acquisizioni (in inglese M&A: *Mergers and Acquisitions*), ovvero tutte quelle operazioni societarie e di finanza straordinaria che portano alla fusione di due o più società o all'acquisizione di una società da parte di un'altra.

Ho iniziato giocoforza ad addentrarmi in questo settore nel 2003, quando l'azienda di cui ero Direttore generale fu acquisita da un gruppo francese.

Alcune volte ho gestito le acquisizioni in modo diretto, molte altre sono stato al fianco del management della parte acquirente o di quella venditrice, supportandolo nelle fasi di preparazione, precedenti alla negoziazione.

La maggior parte delle persone pensa che le operazioni di fusione e acquisizione siano particolarmente complesse, e questa idea forse deriva da un'erronea percezione della realtà. In effetti, sebbene i valori in gioco siano molto alti, si tratta di negoziazioni come tante altre, dove è il metodo a fare la differenza: è il metodo che spesso distingue un accordo di successo da un accordo meno brillante.

Voglio svelarti un segreto: è più complesso negoziare l'orario di rientro di un figlio il sabato sera che un'acquisizione!

Il processo di negoziazione di fusioni e acquisizioni è spesso erroneamente percepito come un semplice processo di raggiungimento di un accordo sul prezzo di acquisto, dimenticando l'altrettanto importante esercizio di ripartizione del rischio, che avviene solo nella negoziazione di contratti definitivi.

Essendo operazioni complesse, suggerisco di costruire l'accordo stilando i termini chiave, partendo da: lo scopo dell'accordo, la durata, le prestazioni, il prezzo, le modalità di pagamento e ogni altro termine saliente.

Questo metodo serve anche come mezzo per confermare la comprensione, esprimere l'impegno per la transazione e stabilire le regole di base per i negoziati futuri.

Sebbene in alcuni casi i professionisti scelgano di saltare questa fase e passare direttamente alla fase successiva, ti assicuro che questo approccio consente di risparmiare tempo e denaro.

Raccomando sempre di dedicare tempo e sforzi per redigere una proposta negoziale che garantisca l'accordo sui principali termini, prima di tuffarsi nel lungo e costoso processo di *due diligence* e negoziazione di contratti definitivi.

Io lo faccio sempre; da quando ho visto praticare questo approccio in una negoziazione in Giappone con Dai Nippon, non l'ho più abbandonato.

Il modo in cui vengono negoziati i termini chiave ha conseguenze significative tanto per il venditore quanto per l'acquirente. Da una parte, il venditore rischia di lasciare sul tavolo un valore economico sostanziale, e di compromettere i termini dell'accordo strategico; dall'altra, l'acquirente può rimanere bloccato in situazioni che dovranno essere riviste nella stesura del contratto definitivo, ed esporsi a vincoli che gli impediscono di abbandonare l'accordo.

L'uso della leva negoziale in diverse fasi dell'accordo per aumentare la propria forza negoziale è un esempio perfetto di come l'impiego di un metodo efficace possa fare la differenza.

Un punto fondamentale nella negoziazione dei termini chiave è capire come la leva negoziale si sposta man mano che il ciclo dell'accordo avanza: il venditore ottiene il massimo proprio quando vengono negoziati i termini cardine, poiché può sfruttare la tensione competitiva creata dall'interesse di molti acquirenti. Da quel momento in poi, la leva del venditore diminuisce, mentre la leva dell'acquirente aumenta.

Dopo che i termini centrali sono stati concordati, in genere il venditore sarà in trattative esclusive con un acquirente (o al massimo con due), il che diminuisce la tensione competitiva sopra menzionata.

Andare oltre l'ovvio

Esiste un modo per ottimizzare un accordo già stipulato? C'è ancora tempo per migliorare una negoziazione conclusa? Posso ancora migliorare un accordo firmato?

La tendenza comune è quella di rispondere negativamente a queste domande.

Anche io la pensavo così alcuni anni fa, fino a quando ho appreso cose nuove. In realtà, si tende a considerare la negoziazione come una contrattazione o un mercanteggiare, quando invece è un processo creativo di risoluzione dei problemi.

Non mi stancherò mai di dirlo: l'obiettivo non è solo quello di raggiungere un accordo, ma di raggiungere quell'intesa che soddisfi nel miglior modo possibile tanto le tue esigenze quanto le esigenze del tuo partner negoziale.

Nel 2014 ho aiutato un mio cliente nella trattativa per l'acquisto di un immobile industriale di oltre 100.000 metri quadri; dopo una lunga ed estenuante disputa legale, acquirente e venditore sono riusciti a "trovare la quadra tra imprenditori testardi", mettendo per un attimo da parte legali, periti e tribunale.

Ho incontrato Amministratore delegato e Direttore finanziario di venerdì mattina. Li ho trovati particolarmente eccitati: avevano appena scritto la parola fine a un lungo contenzioso e avevano raggiunto un accordo che permetteva loro di acquistare a un buon prezzo l'immobile dal proprietario (nonché confinante), ottenendo anche uno sconto su alcuni servizi che il proprietario forniva all'azienda.

Tutto ciò che le parti dovevano fare era firmare una scrittura privata e dare corso alle pattuizioni; la vicenda era formalmente chiusa.

Dopo essermi congratulato con entrambi, ho chiesto loro se avessero esplorato la possibilità di migliorare l'accordo.

Rimasero entrambi sbigottiti dalla mia domanda. Erano più che contenti del risultato ottenuto, quindi non comprendevano il motivo di quella domanda, la necessità di imbarcarsi ad apportare modifiche, di negoziare ulteriormente.

Li ho quindi provocati con alcune domande aperte, quelle a cui non si può rispondere con un sì o con un no.

«Quali sono gli argomenti di cui non si è mai parlato? Quanto valore saremmo in grado di generare, se li aggiungessimo? Di quando aumenterebbe il valore dell'operazione se trovassimo un accordo migliore, con vantaggio per entrambi?»

Le mie domande erano arrivate a segno: avevano aperto il rubinetto della fantasia e della creatività. Ho capito dai loro occhi che qualcosa avrebbero trovato e, intenzionalmente, non ho fornito loro soluzioni.

Il lunedì successivo mi hanno chiamato chiedendomi un incontro; ci avevano pensato tutto il fine settimana e avevano maturato qualche idea. Durante l'incontro mi hanno presentato tutte le opzioni e il risultato del loro brainstorming; altre idee le abbiamo trovate insieme. In tre, abbiamo affinato ulteriormente le proposte, per incrementare il valore dell'operazione; l'Amministratore e il Direttore erano davvero molto soddisfatti.

Hanno contattato subito il partner negoziale, e sono riusciti a chiudere a un nuovo contratto che prevedeva un primo pagamento più cospicuo (il venditore aveva manifestato la necessità di migliorare la propria tesoreria), un miglioramento dei confini tra le proprietà e una diversa allocazione dell'utilizzo dell'energia in funzione delle fasce orarie, con un vantaggio notevole per entrambe le società.

In pratica, sono arrivati a massimizzare il valore dell'operazione. Ero riuscito a far comprendere al mio cliente l'essenza della negoziazione, il cui scopo è massimizzare il valore. Eppure, spesso non ci si pensa. Per questo motivo le persone perdono la possibilità di trasformare un *buon accordo* in un *grande accordo*.

Ogni volta che propongo ai miei interlocutori di rinegoziare ciò che è già stato raggiunto mi trovo a dover gestire scetticismo e diffidenza: molti pensano che sia estremamente complesso.

In realtà non lo è affatto, perché lo sforzo più oneroso è già stato fatto raggiungendo l'intesa; a questo punto la pressione si è già allentata, e possono essere accese nuove lampadine.

Qual è il segreto? Quello che suggerisco è porsi domande semplici per sbloccare problemi complessi.

Qual è il rischio? Non c'è rischio: se non trovi nulla poco male, perché hai già un impegno reciproco che può essere eseguito.

Ogni volta che suggerisco ai miei clienti di rinegoziare un patto, ripeto loro di chiarire al partner negoziale che non stanno tentando di venir meno agli accordi presi; semmai, è esattamente il contrario: vogliono migliorare quegli accordi a beneficio di entrambi.

Bisogna rassicurare la controparte che l'accordo raggiunto è di grande soddisfazione sia nella forma sia nella sostanza, e che si stanno ponendo nuove domande per vedere se è possibile creare più valore per entrambe le parti.

È importante far passare il messaggio che il nuovo accordo sarà valido solo e solamente se è migliorativo per entrambi, non solo per te.

Anche in questo caso, la preparazione è fondamentale. Io suggerisco sempre di arrivare con alcune idee, di osare. Non importa se quelle prime idee non funzionano: sicuramente le tue idee saranno da stimolo per generarne di migliori, trasformando la negoziazione in un ping-pong di problem solving.

Devi solo convincere gli attori in gioco a pensare in modo diverso, perché molti non sanno che esiste un altro modo per negoziare, un modo più creativo e soddisfacente per tutti!

Il tuo potere di scegliere

Mia madre ha avuto la fortuna e il privilegio di conoscere l'affascinante donna di affari americana Mary Kay Ash, della quale mi ripeteva sempre una frase: «In questo mondo ci sono tre tipi di persone: quelli che fanno succedere le cose, quelli che guardano le cose accadere e quelli che si chiedono che cosa è successo. Noi tutti abbiamo una scelta. Tu puoi decidere quale tipo vuoi essere».

Io, come Mary Kay Ash, ho sempre scelto di far parte del primo gruppo.

Desidero invitarti a farne parte, e di provare lo stesso cruccio che ho provato io, ovvero di essermi avvicinato alla negoziazione tardi. O meglio... di aver compreso tardi quanto fosse importante diventare un negoziatore esperto nella vita di tutti i giorni, tanto in ambito familiare che lavorativo.

Quante opportunità mi sono lasciato sfuggire, quante opportunità non ho sfruttato al meglio durante una trattativa, quante energie ho sprecato per arrivare allo stesso risultato? E quante volte?

È successo a me, e molto probabilmente anche a te.

Ed è proprio in quel momento di non decisione e di impasse che decidi di rimanere lì dove sei, rimandando l'azione a quello che io chiamo "un infinito domani".

Accade a tutti, e accade tutte le volte in cui stiamo per prendere una decisione davvero importante, una di quelle da cui sarà difficile o impossibile tornare indietro.

E quando accade, in quel preciso momento, cosa stai considerando, esattamente? A cosa presti maggiore attenzione, cosa stai calcolando? Sei focalizzato sul possibile guadagno o sulla possibile perdita?

Non è tutta colpa tua, perché la mente umana (che conosciamo ancora poco), è molto sensibile alla perdita. La nostra mente si concentra automaticamente su ciò che possiamo perdere, anziché valutare le opportunità di guadagno.

È una distorsione percettiva comune agli uomini, nota con il nome di *avversione alle perdite*; una distorsione che, se non conosciamo e sappiamo gestire bene, può condizionare notevolmente e inconsapevolmente le nostre scelte.

Quando ti trovi in una negoziazione e ti focalizzi su ciò che puoi perdere, continui a vivere in un presente che è già passato, e non fai nulla per creare il tuo futuro.

Oggettivamente, il rischio ci espone alla paura e attiva un'onda emotiva che facilita esponenzialmente l'apprendimento. Mettersi in gioco rende le cose molto meno noiose, e il rischio è una fonte incredibile di apprendimento e di crescita.

Ricorda che siamo geneticamente nati per rischiare, apprendere ed evolvere. Pensa a quanto hai imparato tutte le volte in cui hai fatto una scelta e hai rischiato di perdere qualcosa. L'emozione provata ha impresso dentro di te un insegnamento che nessuno potrà portarti via.

Questo non significa che devi proporre ogni idea folle che ti passa per la mente, se non hai sufficienti informazioni e non sai a cosa andrai incontro, altrimenti la tua paura sarà quella di tornare in ufficio, dove ad aspettarti ci sarà il tuo capo con una bella lettera di licenziamento!

Non pensi sia venuto il momento di imparare a riconoscere e gestire rischi, paure ed emozioni?

Sì, certo, puoi rimandare il momento di affrontare il problema, ma se ti ritrovi in questo, implicitamente riconosci di avere una difficoltà. Quindi, sei un procrastinatore preoccupato che non agisce, ma prima o poi dovrai affrontarlo.

In un mondo in rapido movimento e costante cambiamento, un assonnato appagamento per lo status quo può solo crearti dei danni.

E non importa quello che dici o ti racconti: in questo, e solo in questo contesto, non mi focalizzo su quello che le persone dicono; guardo quello che fanno, come si comportano. E mi è chiaro che la maggior parte di esse sono soddisfatte dello status quo, e non prestano sufficiente attenzione a nuove, meravigliose opportunità.

Quando ho realizzato quanto fosse importante nella mia vita essere un abile negoziatore, ho assegnato a questo obiettivo il codice *urgenza*; il "Livello 2", seguendo la logica del triage del Pronto Soccorso.

Adoro chiamare ed etichettare tutto correttamente.

Non si trattava di *emergenza*, il "Livello 1", che corrisponde all'interruzione o alla compromissione di una o più funzioni vitali.

Non era neanche un "Livello 3", ovvero un'emergenza differibile, in quanto più grave di una condizione stabile, ma senza rischio evolutivo con sofferenza e ricaduta sullo stato generale, che solitamente richiede prestazioni complesse.

Era proprio un'urgenza.

Il dizionario definisce "urgenza" in questo modo: *di urgente importanza.*

Normalmente, quando le persone hanno un vero "senso di urgenza" pensano che sia necessaria un'azione immediata, un intervento repentino, non un'azione da mettere in atto poi, quando è possibile, quando c'è disponibilità nel calendario. Avere un senso di urgenza significa agire e fare veri progressi, ogni giorno.

Trovarsi di fronte a sfide importanti significa gestire sfide che sono fondamentali per il successo o la sopravvivenza, per vincere o perdere.

Il senso di urgenza è l'atteggiamento che ha il team di un progetto che si riunisce oggi d'urgenza, percepibile già dalla sua convocazione improvvisa: l'incontro deve realizzare qualcosa di importante.

I comportamenti conseguenti non sono guidati dalla convinzione che tutto vada bene o che, al contrario, tutto sia un pasticcio, ma che il lavoro che si è chiamati a svolgere sia foriero di grandi opportunità… e di grandi rischi.

L'azione urgente non scaturisce da un sentimento di appagamento, di ansia, di frustrazione o di rabbia, ma da una determinazione viscerale a muoversi, e a farlo ora.

Signori, in carrozza... si parte!

Una volta che avrai preso la saggia decisione di muoverti, allora sarai pronto a seguire il mio metodo; un metodo da applicare a qualsiasi negoziazione e in qualsiasi situazione. Un metodo grazie al quale due o più partner negoziali con motivazioni e obiettivi potenzialmente in competizione si incontrano, per arrivare a una soluzione che soddisfi tutti.

Ti aiuterò a migliorare le tue abilità nel gestire tutte le possibili situazioni. Ti aiuterò ad affinare abilità come la gestione dei conflitti e il pensiero creativo, entrambi elementi fondamentali per raggiungere decisioni reciprocamente vantaggiose.

In sintesi, ti insegnerò un metodo che ti permetterà di negoziare con successo.

Ricorda che incontrarsi a metà strada non significa aver operato una negoziazione di successo, così come non lo significa aver raggiunto un compromesso. Neppure aver evitato il confronto o una situazione scomoda significa aver operato una negoziazione di successo, così come non lo significa aver ottenuto più concessioni di quelle che noi abbiamo concesso al nostro partner negoziale.

Una negoziazione di successo è quella in cui vengono soddisfatti gli interessi di tutte le parti in causa, e grazie al mio metodo le tue saranno sempre negoziazioni di successo, perché riuscirai nell'intento.

Per "interessi" intendo le necessità, i bisogni, gli obiettivi, le paure e le preoccupazioni che modellano ciò che si desidera ottenere.

Spesso confondiamo le nostre richieste con le affermazioni che meglio spiegano perché vogliamo quello che vogliamo.

Ti farò un esempio: stai negoziando un contratto di affitto per un esercizio commerciale, e magari la tua richiesta è di una durata di 6+6 anni. Una richiesta legittimata dal fatto che hai intenzione di ammodernare il locale sostenendo spese importanti, il cui costo può essere ammortizzato solo nel tempo, in più esercizi.

Applicando il mio metodo, sarai in grado di inventarti molteplici opzioni e di scegliere la migliore, che darà piena soddisfazione ai tuoi interessi e a quelli del tuo partner negoziale.

Anche se la discussione sarà complessa, difficile, lunga ed estenuante, alla fine sarai soddisfatto, perché avrai compreso che dal momento in cui vi siete seduti al momento in cui vi siete alzati con un accordo, avete creato valore reale.

Comprenderai l'importanza di dover arrivare preparato, di avere elaborato sempre e comunque un ventaglio di opzioni e di aver scelto la migliore alternativa all'accordo negoziato, quella per cui opterai nel caso non riuscissi ad arrivare a una stretta di mano.

È questo l'evento che ti consente di ottenere risultati più soddisfacenti del patto stesso.

Io ti auguro di raggiungere sempre risultati in cui gli interessi di tutte le parti collimano, ma se questo non dovesse succedere devi avere sempre un'ottima alternativa: ricorda che se l'opzione migliore che prende in considerazione il tuo partner negoziale vale meno della tua migliore alternativa, allora è preferibile ricorrere a quell'alternativa e alzarti dal tavolo.

Ma tu arriverai ad alzarti da quel tavolo consapevole di aver fatto la cosa giusta, perché l'alternativa si rivelerà più soddisfacente della migliore opzione sul tavolo.

Inoltre, imparerai a capire con chi negoziare, perché non c'è nulla di più frustrante del negoziare a lungo con qualcuno che non ha l'autorità per chiudere l'accordo.

Diventerai abile a strutturare accordi realistici, perché un buon accordo è quello in cui ogni parte si impegna a fare (o a non fare) determinate cose, e a farle in un certo modo, entro una certa data e così via.

Questi impegni, queste promesse (di fornire un servizio, di pagare un compenso, di consegnare un prodotto, eccetera) devono essere "operative": sufficientemente dettagliate e realistiche.

Eviterai di cadere nella tentazione di stringere accordi apparentemente vantaggiosi ma sbilanciati perché non realistici, ad esempio con un fornitore che dopo una settimana, un mese o un anno si rivela incapace di produrre i pezzi di cui necessiti, facendoti desiderare di non aver mai negoziato quell'accordo in quei termini.

Starai lontano da accordi di questo tipo, perché avrai interiorizzato che un accordo di successo è sempre e solo quello in cui ciascuna parte può mantenere gli impegni presi.

Non commetterai errori di comunicazione. Se migliori il tuo modo di comunicare, migliorerai anche la negoziazione.

Discutere non significa litigare e gridare, ma semplicemente scambiarsi idee, pensieri e opinioni. La comunicazione è un'arte che anche tu puoi tranquillamente padroneggiare per eccellere in tutti i tipi di negoziazione.

Il tuo partner negoziale non verrà mai a conoscenza dei tuoi pensieri e delle tue idee, a meno che non sia tu a volerle condividere con lui.

Sarai in grado di gestire al meglio le relazioni, elemento questo essenziale, vero e proprio fattore critico di successo della negoziazione, ma anche capace di farti sviluppare nuovi rapporti positivi, tanto da riuscire addirittura a recuperare e riparare quelli incrinati. Tutto grazie all'uso appropriato di rispetto, trasparenza e fiducia, le "armi" che userai insieme alla leva per giungere a una risoluzione congiunta dei problemi.

E, *last but not least*, ben presto arriverai a negoziare divertendoti, e a divertirti negoziando!

- La negoziazione è parte integrante della tua vita, non riguarda solo il mondo degli affari di Wall Street.
- I bisogni sono essenziali, i desideri sono opzionali: distinguere tra i due aiuta, nella negoziazione.
- La negoziazione è un'abilità acquisita: ognuno può diventare un negoziatore migliore.
- Nella negoziazione la preparazione e il metodo superano la paura, garantendo una gestione efficace delle situazioni.
- Seguendo un metodo facile e universale per ogni negoziazione, si ottengono risultati migliori.
- Non vivere con rimpianti: agisci ora per migliorare nella negoziazione e non perdere altre opportunità.
- Esiste un metodo, peraltro facile da seguire, valido per ogni negoziazione.
- Negoziazione è divertimento e apprendimento continuo, non finirai mai di imparare.
- Costruisci buone abitudini per migliorare il tuo approccio in modo costante, ogni giorno.
- Seguendo i miei consigli diventerai abile a strutturare con successo ogni tipo di negoziazione.

Naturalmente tutto quello che ho raccontato a Rustichello non è neanche la metà di quanto ho visto e mi è accaduto.

Marco Polo

CAPITOLO 2

LA MIA STORIA

Una nuova avventura

«Signor Pietro Parmeggiani, la commissione, considerato il curriculum degli studi da lei compiuti e valutata la sua tesi di laurea, attribuisce alla prova finale la votazione di 100 su 110. Per l'autorità conferitami dal Magnifico Rettore, la proclamo Dottore in Economia e Commercio.»

Il Presidente di commissione mi stringe la mano, mentre i membri della commissione si alzano in piedi. Io mi congedo frettolosamente, partendo con i saluti di rito dalle signore, per passare al correlatore.

Con i sette punti che mi sono stati assegnati per la tesi sono arrivato a quello che era il mio obiettivo di votazione finale.

Infine, saluto il professor Sandro Sandri, il docente di finanza aziendale che ha creduto in me e nella tesi sfidante e impegnativa che ho proposto.

Ricordo il rumore dei miei passi sugli scalini di legno, mentre uscivo dall'aula 5 di via Zamboni; poi il nulla, perché non successe niente: nessuna festa, nessuna cena, nessuna bottiglia. Nulla. Tornai a casa a piedi; il calore del risultato ottenuto mi scaldava dal gelido vento di dicembre, che fischiava sotto i portici di Via Belle Arti.

Tornai subito nella sede della Proxima, dove al momento dell'assunzione, qualche mese prima, mi ero spacciato per già laureato. Dovevo svolgere alcune attività prima della pausa natalizia: in quel periodo gestivo dei progetti molto stimolanti per alcune aziende grafiche ed editoriali, e le scadenze erano ormai prossime.

I progetti di riorganizzazione mi permettevano di immergermi in tante realtà diverse tra loro: dalla piccola azienda familiare a gruppi con più siti produttivi e centinaia di milioni di fatturato.

Nelle fasi iniziali i miei interlocutori erano gli sponsor dell'intervento organizzativo, come i proprietari e i Direttori Generali.

Poter lavorare con loro era una grande opportunità di apprendimento e crescita: avevo accesso a numeri, analisi di mercato, strategie, modelli organizzativi, layout, organigrammi, mansionari, budget, costi, procedure e istruzioni. Bastava che chiedessi e subito mi fornivano numeri, dettagli e spiegazioni... ero io a decidere quando far cessare quel torrente di informazioni che alimentava la mia curiosità e la mia voglia di crescere, di fare meglio e di sapere. Mi sentivo molto importante, anche se in realtà non lo ero.

I mesi passavano velocemente; alcuni progetti venivano chiusi, altri arrivavano. In azienda mi trovavo bene: ero stimato, le mie attività mi divertivano. Potevo viaggiare, acquistare le novità tecnologiche che mi interessavano, cenare con gli amici in qualche buon ristorante.

Le società che seguivo riuscivano a implementare le soluzioni che proponevo, e così facendo miglioravano competitività e margini. Lavoravo tanto, e quando mi assegnarono nuove risorse per la gestione dei progetti migliorarono anche le mie condizioni economiche.

Durante la settimana, nelle lunghe ore al volante della mia Volvo 240 SW bianca, di terza mano e con evidenti segni del tempo, avevo un solo pensiero fisso: frequentare le migliori aziende italiane operanti nel settore delle arti grafiche. Trovarmi ogni giorno a stretto contatto con imprenditori e dirigenti di successo accresceva in me il desiderio e la determinazione di diventare uno di loro.

«Entro i quarant'anni vorrei essere a capo di una bella azienda» mi ripetevo. «Ho studiato quello che serve per gestire un'azienda, mi sono specializzato in finanza aziendale, parlo e scrivo correttamente tre lingue, e anche con l'inglese non me la cavo male, sono ambizioso e tanto altro! Cosa mi manca?»

Mi facevo la stessa domanda ogni mattina, davanti allo specchio, e ogni giorno mi davo sempre la stessa risposta: «Nulla. Non mi manca nulla».

Mentivo.

In realtà, sapevo bene che qualcosa mi mancava. Ed ero cosciente di ciò che ero e di ciò che non avrei voluto essere.

Avevo una grandissima "coscienza di me", e un'eccessiva tendenza a focalizzare l'attenzione sul mio mondo interiore fatto di pensieri, emozioni e comportamenti, a cui associavo una grande autostima.

Parlavo poco, perché mi limitavo ad ascoltare; certo, stupivo i miei interlocutori, perché quando esprimevo il mio parere dimostravo doti e sensibilità superiori alla media. Ma quando venivo stimolato a proseguire ero imbarazzato, mi chiudevo a riccio.

Questa mia caratteristica a volte mi generava disagio: percepivo che stare con una persona che parla poco non è piacevole per chi, al contrario, ama conversare.

Trascorrevo le mie giornate sull'onda della mia vita, in un continuo dialogo interiore con me stesso, concedendo il minimo indispensabile al rapporto con gli altri.

Parlare di me stesso, dei miei sentimenti e dei miei fatti personali, poi, era fuori discussione. Potevo definirmi come una persona schiva, assorta nell'ascolto di sé stesso e del mondo. In effetti, preferivo starmene in compagnia della natura, soprattutto del mare; non amavo la folla e il troppo rumore (cose che anche oggi mi infastidiscono), e non amavo le troppe parole di chi non riesce a rimanere in silenzio.

Pensavo di non avere alcuna difficoltà nel relazionarmi con gli altri, ma di essere semplicemente un individuo sensibile che non riusciva a costruire conversazioni solo per "scambiare parole". Preferivo rimanere al centro della mia pace e far entrare in quel mio mondo solo chi riusciva a rispettarlo, solo chi era in grado di vederne la meraviglia e non aveva la pretesa di volerlo cambiare.

Mi rendevo però conto che dovevo migliorare la "parte mancante", e pensai che la strada migliore per riuscirci fosse abbandonare il mondo dorato della consulenza, dove lo stipendio alto e la sicurezza di lavorare in un'azienda ben strutturata non mi davano l'adrenalina di un'esperienza di prima linea e di vendere un prodotto, magari complesso, a clienti diversi da me, se non addirittura in Paesi stranieri!

Fortuna volle che Sergio, un amico della mia fidanzata di allora, in quel periodo stesse cercando un Export area manager per sviluppare la divisione degli strumenti musicali digitali. Era il lavoro che stavo cercando!

Per la seconda volta nella mia carriera (e, ahimè, non ultima) accettai il lavoro senza negoziare lo stipendio e incominciai la mia avventura nel mondo del pentagramma.

Non me ne vogliano gli amanti della musica, i musicisti e i negozianti di strumenti, ma il mio rapporto con la musica "attiva" (il *fare* musica, non l'ascoltarla) è sempre stato pessimo; potrei anzi definirlo un rapporto d'odio fin dalle scuole medie, quando mi misero in mano un flauto dolce: suonare proprio non mi piaceva! Poco male: con gli strumenti non dovevo esibirmi, dovevo venderli.

Non eravamo competitivi rispetto a Yamaha o Roland, ma non eravamo neppure contro marche inferiori, come Casio o Kawai.

I nostri pianoforti erano belli; uno dei miei cavalli di battaglia era l'estetica dell'oggetto, molto apprezzata da chi lo acquistava come elemento di arredamento. I nostri clienti, però, non erano architetti o consulenti di arredamento: per la maggior parte si trattava di distributori di strumenti musicali, catene di negozi (italiane ed estere) o privati. Io gestivo i mercati di Francia, Regno Unito, Benelux, Paesi iberici, e viaggiavo tanto. Arrivammo a consegnare in Giappone un gran coda da concerto di 2.75 metri di lunghezza, nero, con le gambe e la pedaliera bianca.

Per quanto l'estetica dei piani fosse eccellente, la qualità del prodotto lasciava un po' a desiderare; neanche il famoso funambolo Philipp Petite sarebbe stato in grado di gestire efficacemente i numerosi reclami che arrivavano.

I mesi trascorsi in azienda furono il migliore MBA gratuito a cui potessi iscrivermi, perché imparai rapidamente tutto quello che non si dovrebbe fare. Me ne andai due anni dopo, spontaneamente, e me ne andai soddisfatto, perché avevo avuto conferma delle mie intuizioni: investire del tempo in un'attività di vendita si era rivelata un'ottima decisione.

Le vendite sono effettivamente un ambiente spietato, dove solo persone dotate di abilità diverse riescono a stare al passo.

Io divenni un abile venditore; ai clienti facevo apparire il nostro pianoforte come la scelta giusta, quella in grado di soddisfare al meglio le esigenze dei loro potenziali clienti. Creavo valore per la soluzione che proponevo, e vendevo grazie al rapporto di fiducia che instauravo con il cliente.

A quel punto ero pronto per cambiare azienda e occuparmi di qualcosa di più importante e di più impegnativo, magari in un contesto più strutturato e competitivo.

Tiziano Terzani, che ho avuto l'onore e il privilegio di incontrare, diceva che nella vita una buona occasione si presenta sempre, e che il problema è, semmai, saperla riconoscere. A volte non è facile, ma in quel periodo di buone occasioni se ne presentarono ben due, per me.

Nel 1995 partecipai alla selezione per una posizione di Sales area manager presso la Technogym, un'azienda italiana leader mondiale nella produzione di attrezzatura per lo sport e il tempo libero, e una posizione identica presso la Lucchesi, azienda familiare, leader in Europa nella produzione di film plastici per l'imballaggio, carte di credito e arti grafiche.

La Technogym mi fece una proposta molto interessante, sia per il pacchetto retributivo sia per gli elementi immateriali. La rifiutai, perché durante i vari incontri di selezione non mi convinse il feeling con il contesto aziendale: mi sembrava un ambiente altamente competitivo, permeato di una rivalità fine a sé stessa, poco utile per l'impresa.

A me piaceva correre più forte degli altri; mi trovavo a mio agio tanto nella staffetta quanto nei 400 metri ostacoli, e non disdegnavo correre la maratona, all'occorrenza.

Trovai queste caratteristiche nella Lucchesi. Gli uffici erano in una villa di inizio Novecento dai colori pastello, nella prima periferia di Bologna; pavimenti di marmo tirati a lucido come fossero specchi, travi a vista, giardino con querce secolari e una stupenda magnolia. Lo stabilimento, assai moderno, si trovava nella bassa bolognese, a Minerbio. Mi piaceva tutto: lo stile aziendale, il calore della famiglia Lucchesi, la qualità della vita di Bologna.

L'azienda era nata nel 1977 da un'intuizione dell'imprenditore, e negli anni era cresciuta fino a saturare gli impianti; così, la famiglia Lucchesi aveva deciso di cavalcare la crescita del mercato con ulteriori investimenti.

Il fatturato del 1994 era stato di 56 miliardi di lire, e la proprietà aveva investito 48 miliardi in nuovi impianti, che sarebbero partiti a giugno dell'anno successivo, nel 1996. Il mercato europeo era ben presidiato; l'aumento della capacità produttiva era quindi destinato all'espansione nei paesi extraeuropei... espansione che avrei dovuto sviluppare io, assistito da due ragazze del customer service e dal Direttore commerciale. Questa era la struttura export dell'azienda.

La sfida consisteva nell'aggredire il mercato in mano a concorrenti come Ineos, VKW-Staufen e Klöckner Pentaplast; si trattava di colossi industriali, leader consolidati, in quelle aree geografiche.

Durante il quinto colloquio, il proprietario mi chiese dove mi vedessi da lì a dieci anni; non riuscii a mascherare l'ambizione, e gli risposi che il mio obiettivo era la sua poltrona. Alla mia risposta seguì uno scambio di occhiate tra i presenti e un silenzio che sembrò eterno. Per un attimo pensai di aver esagerato, poi Franco Lucchesi mi tranquillizzò: «Bene, Pietro. Ci vediamo lunedì 4 settembre, alle otto».

Mi ero venduto bene. Ero però cosciente che la mia esperienza pregressa non era sufficiente, per quell'incarico, così come non lo era la mia dimestichezza con la lingua inglese. Per migliorare la lingua passai il mese di agosto a Freshwater, sull'isola di Wight, nella residenza estiva della famiglia George, che ospitava ragazzi stranieri per soggiorni di studio. Il francese e lo spagnolo non necessitavano di miglioramenti: ero già perfettamente in grado di sostenere conversazioni e corrispondenza commerciale in quelle lingue.

Il 4 di settembre mi presentai carico ed emozionato come fosse il mio primo giorno di scuola, e fui subito destinato a un programma di addestramento:

Lunedì: processo di produzione
Martedì: catalogo prodotti
Mercoledì: applicazioni
Giovedì: costi industriali, trasporti, prezzi e strategia
Venerdì: mercati, clienti e gruppi internazionali

Arrivavo alle otto del mattino e andavo a casa dopo dieci ore filate di aula, durante le quali il Direttore commerciale mi spiegava nel dettaglio tutto ciò che era necessario conoscere per lavorare con loro. Avevo la sensazione mi volesse come suo back-up, che il suo sapere diventasse anche il mio, in modo istantaneo.

In quella prima settimana incrociai una sola volta i signori Lucchesi; li vidi insieme al Direttore di stabilimento, ma non ebbi la possibilità di parlare con loro.

Il lunedì e il martedì della settimana successiva il mio responsabile mi spiegò come affrontare i mercati stranieri, e da mercoledì iniziai il mio lavoro di ricerca di clienti e agenti in tutti i paesi extra-europei. Due settimane dopo venne nel mio ufficio chiedendomi di preparare un'offerta per il budget di un cliente francese che aveva due stabilimenti ad Angoulême. Si trattava di un'offerta molto articolata e complessa, e ci misi tutto il mio impegno; mi consultai anche con altri colleghi. Quando gliela presentai, con mio grande stupore il Direttore commerciale mi disse che era perfetta, e che la potevo inviare io stesso al cliente.

Verso le ore 19 dello stesso giorno passò nel mio ufficio, chiedendomi di elaborare, per le 12 del giorno successivo, la nostra proposta al tender annuale per Datacard, il cliente più importante dell'azienda, con cinque stabilimenti nei vari continenti. E, dopo avermi chiesto anche di preparare un'offerta spot per l'inglese Thames, si chiuse la porta del mio ufficio alle spalle e se ne andò a casa. Chiamai gli amici, dicendo loro che non sarei riuscito a raggiungerli per l'abituale partita di calcetto di metà settimana.

Guidando nel traffico dei Viali bolognesi mi chiedevo cosa mai stesse succedendo, e se fosse normale passare in meno di dieci giorni da semplice venditore di belli ma mediocri pianoforti digitali a esperto venditore di PVC. Mi chiedevo anche quale fosse il motivo di tanta urgenza.

In breve iniziai a viaggiare in tutto il mondo, almeno due settimane al mese, portando a casa i risultati attesi. Il lavoro non era tanto diverso dal precedente, ma lo era il prodotto, decisamente migliore, e la tipologia di clientela, più affine alla mia preparazione e alla mia cultura.

A novembre, oltre al mercato relativo ai paesi extraeuropei, mi venne assegnata la responsabilità della Francia... e poi anche quella del Regno Unito!

Perché? Non riuscivo a capirlo, e nel frattempo il mio carico di lavoro cresceva.

La mia attività al di fuori dell'Europa iniziava a dare i suoi frutti, e sebbene la capacità produttiva disponibile fosse limitata (il nuovo impianto doveva ancora partire), riuscivamo a evadere piccoli ordini di prova, così che i prodotti potessero essere intanto valutati, testati e qualificati dai nuovi clienti. Molti di costoro volevano visitare lo stabilimento, toccare con mano quanto io gli raccontavo, vedere con i loro occhi la nuova fabbrica che stava nascendo.

L'azienda era molto ospitale e generosa. Andavamo spesso a cena nel ghetto ebraico, da Benso, in un vicolo dietro la galleria Acquaderni, sotto le due torri; a pranzo, invece, meta fissa era Dandy, a Tintoria... un ristorante top.

Ricordo ancora la prima volta che ci andai con Andrea (ora mi permetto di chiamare il mio capo per nome... all'epoca esigeva il *lei*). Avevamo come nostri ospiti una delegazione di Singapore, più un francese che non parlava inglese.

«Dottore... traduca lei il menù ai nostri ospiti!» mi disse.

Quel giorno Daniele, il patron di casa, oltre alle proposte della carta suggeriva un timballo di faraona con crema alla curcuma, tartare di chianina con pera angys, pecorino e uova di quaglia, crostata di cioccolato fondente, carota, olivello spinoso e arancia.

Arancia? Vabbè, facile: *orange*. Ma... l'olivello spinoso?

Da quel giorno fui obbligato a imparare la traduzione di tutti gli ingredienti (oltre che le relative preparazioni) nelle tre lingue che conoscevo, e quando sul menù alla carta del Dandy apparvero i "salmerini alpini alla brace su vellutata di pastinaca", feci un figurone: «The chef suggestion is grilled arctic char on parsnip cream!».

Profumo di promozione

Arrivò il Natale del 1995; ero in Lucchesi da soli quattro mesi e ne mancavano sei alla partenza del nuovo impianto. Ci stavo mettendo l'anima, e iniziavo a essere stanco.

Al pranzo aziendale c'erano quasi centocinquanta ospiti; io ero seduto accanto a Margherita, della contabilità. L'avevo incontrata solo qualche volta, in occasione delle riunioni mensili del credito, durante le quali analizzavamo le posizioni debitorie dei vari clienti e i plafond.

«Pietro, tu sei molto fortunato» mi fece, alla fine del pranzo. «E non lo dico perché hai passato tutta la serata accanto a me… non sei neanche il mio tipo.»

Sorrisi alla battuta, e le chiesi di spiegarsi meglio.

«È bene che tu sappia alcune cose» continuò lei. «Alla fine della selezione tu eri il candidato preferito dei signori Lucchesi e del Direttore generale, mentre per Andrea eri in seconda posizione… e siccome il candidato doveva lavorare con lui, gli doveva piacere. Purtroppo, o per fortuna per te… e questo sarà il tempo a dirlo, il candidato prescelto non ha accettato la proposta perché lo stipendio era troppo basso e la sfida troppo impegnativa, per lui. Insomma, sei stato ripescato.

«A fine luglio il Direttore generale e Andrea hanno litigato furiosamente, e hanno rassegnato entrambi le dimissioni. Il primo se n'è già andato, mentre Andrea se ne andrà a breve, e molto probabilmente tu prenderai il suo posto. Stanno cercando un nuovo Direttore generale, sai, qui le poltrone scottano, e c'è un alto turnover di manager e dirigenti. Se le cose non vanno, o sbagli… sei fuori. Tu piaci ai Lucchesi, ma stai attento: a breve avrai in mano le sorti commerciali dell'azienda, che si è indebitata in modo esagerato. Serve il fatturato, ma soprattutto servono utili e flussi di cassa.»

Ricordo di aver dormito male, quella notte, e non passai delle buone feste natalizie. Quantomeno, avevo compreso i motivi di tutta quella fretta nel farmi crescere e nel trasferirmi clienti e mercati, come pure quella punta di freddezza che Andrea aveva nei miei confronti.

Il break di fine anno mi permise di staccare un po' e di riflettere sulla crescita professionale che avevo fatto in quegli ultimi mesi. Avevo acquisito una conoscenza approfondita del prodotto, ero in grado di confezionare proposte di vendita efficaci, di fornire le risposte giuste alle domande del cliente, di inserire nuove opzioni durante la costruzione delle proposte.

La mia precedente esperienza da consulente mi aveva insegnato a gestire le tempistiche di pianificazione di progetti anche complessi, e il relativo controllo delle scadenze amministrative.

Ero diventato abile nella gestione del tempo e nella massimizzazione delle attività; ero in grado di generare fatturato e utili, definendo le priorità e delegando alcune piccole attività, automatizzandone altre.

Riuscivo poi a convincere i clienti della bontà dei nostri prodotti, e a presentarli in modo che fosse evidente come venivano soddisfatte al meglio le loro esigenze; questo era simile a quanto avevo imparato a fare nel mondo degli strumenti musicali.

Si arrivò alla primavera del 1996, e di conseguenza al mio trentesimo compleanno; nulla di quanto Margherita mi aveva rivelato alla Vigilia di Natale si era avverato, o si stava avverando. La cosa, lo ammetto, non mi dispiaceva: avevo già abbastanza pressione psicologica per dover "conquistare e colonizzare il mondo", sottraendo volumi di vendita ai concorrenti.

D'altro canto, ero anche ambizioso. Così, i miei sentimenti erano contrastanti: non sapevo se essere contento del fatto che Andrea fosse ancora in azienda o se invece dovevo sperare nella sua uscita.

Intanto, passavo dalle due alle tre settimane all'estero. Incontrando le persone più diverse, mi divenne sempre più chiaro che la negoziazione non fa parte di ogni vendita. Misi a fuoco che ci sono due momenti distinti: nella vendita devono essere correttamente stabilite le reali priorità e i bisogni del cliente, e come venditore dovevo aiutarlo a raggiungere i risultati, per evitare di dover poi negoziare sul prezzo, o sul valore.

I miei interlocutori erano più anziani ed esperti di me, e da ognuno di essi cercavo di imparare qualcosa, mentre piazzavo volumi importanti della nuova linea. Ogni incontro era diverso dal precedente, e oltre a svolgere il mio lavoro, coglievo sempre l'occasione per analizzare le diverse situazioni e definire delle nuove modalità comportamentali.

A Sydney, ad esempio, incontrai Ian Neville, proprietario della Cardcorp, un'azienda pioniera nel settore. Tra le altre cose, cercava un film da 680 micron che avesse certe proprietà fisiche e meccaniche diverse da quelle disponibili presso i concorrenti. Ian mi spiegò i suoi bisogni e le sue necessità, e io fui abile a vendergli le soluzioni della mia azienda, affrontando e soddisfacendo le sue esigenze grazie ai reattivi colleghi dello Sviluppo nuovi prodotti.

Ricordo come fosse ieri l'incontro in un ristorante di Red Bank, in New Jersey, con Juan Mejia della Protec, che poi divenne uno dei miei migliori amici. Mi sollevò tante di quelle obiezioni che stavo quasi per soccombere, ma io riuscii a vendergli del materiale chiarendo tutti i suoi dubbi, fornendogli evidenze di quanto argomentavo a parole.

Insomma: in tutte le occasioni in cui i clienti esprimevano interesse diretto per i nostri prodotti, riuscivo a chiudere la vendita e a portare a casa l'ordine.

La strada era più in salita con i clienti asiatici, specialmente con quelli cinesi. Costoro rifiutavano la proposta a priori, e rilanciavano con richieste difficili; ecco, qui era richiesto di negoziare, prendendo tempo, se necessario. Dovevo analizzare la possibile offerta dal punto di vista del cliente e della concorrenza, in base ai miei obiettivi, ai punti negoziabili e a quelli non negoziabili, al valore aggiunto o a quello equivalente.

Mi andò decisamente meglio nelle Filippine, dove Evelyn Tan, affascinante moglie del magnate locale Lucio, esaminò seriamente la mia proposta insieme ai suoi collaboratori. Qui stette a me negoziare, presentando le migliori opzioni e posizionando correttamente la mia offerta da una prospettiva di valore e funzionalità.

Ci furono poi molti casi che giudicherei fortunati, dove il cliente accettò subito la migliore opzione proposta; lì dovevo solo vendere e chiudere la partita. Ma non sempre andava così bene, perché spesso il cliente rifiutava la proposta migliore e io dovevo negoziare presentandone una seconda, per vendere una volta che fosse stata accettata.

Nei miei vari viaggi in giro per il mondo ho incontrato clienti assai diversi tra loro sotto ogni aspetto. Dovendo passare molte ore in volo, anziché guardare dei film utilizzavo un po' del mio tempo per riflettere sugli incontri avuti. Le ore di sonno perso sono state un investimento prezioso, perché fu allora che riuscii a identificare per bene la differenza tra vendere e negoziare.

Il mio lavoro era quello che oggi si chiamerebbe B2B, *business to business*. A differenza della mia attività precedente, prevedeva anche un bel po' di negoziazione, e mi resi conto ben presto di non essere un negoziatore nato.

In effetti, ci sono evidenti differenze tra le competenze richieste per essere un eccezionale influencer, un partner commerciale e un ambasciatore del marchio e quelle necessarie per diventare un negoziatore di prim'ordine.

Ero capace di vendere, ed ero in grado di abbinare una soluzione a un problema; mi rendevo conto, però, che riuscire a elaborare una proposta risolutiva non significava *negoziare*.

Ero abile nello spiegare e presentare il valore del mio prodotto o dei servizi offerti, ero assai convincente nell'illustrare i vantaggi per il cliente, se ci avesse scelto come fornitore in alternativa alla concorrenza. Ma anche questo non significava *negoziare*.

Mi divenne chiaro che la negoziazione implicava elementi quali il baratto, la discussione, il fine mercanteggiare o la dura contrattazione, la trattativa, il gioco delle concessioni e la difesa della propria posizione.

Siccome ero più abile a vendere che a negoziare, i miei sforzi e la mia concentrazione erano volti esclusivamente al tentativo di vendere prima di iniziare a negoziare, in modo da massimizzare il massimo valore possibile.

Mi rendevo conto che, spesso, continuavo a vendere anche durante la negoziazione, mandando segnali di debolezza chiari e inequivocabili al partner negoziale; altre volte iniziavo a negoziare prima di aver finito di vendere, indebolendo così la massimizzazione del valore.

In quel periodo arrivai alla conclusione che una negoziazione davvero produttiva può iniziare solo quando la fase della vendita si è completata, quando le parti sono pronte e motivate a raggiungere un accordo interessante per entrambe.

Quando rientravo in azienda dopo un viaggio, la prima cosa che verificavo era la presenza di Andrea. Cercavo la sua auto, cercavo di cogliere ogni indizio, ogni segnale; stando a quanto mi aveva confidato Margherita, se ne sarebbe potuto andare da un momento all'altro, e io ero combattuto tra il chiedere spiegazioni a riguardo o starmene in silenzio.

Alla fine, optavo sempre per il silenzio.

Se fossi diventato Direttore commerciale non avrei dovuto negoziare solo con i clienti. Milena del customer service, ad esempio… lei aveva una grande passione per il teatro e per lo yoga, le piaceva portare i turisti alla scoperta di Bologna, e quindi necessitava di orari di lavoro più flessibili.

E ancora: mi sarei inevitabilmente trovato a dover gestire dei conflitti con la produzione, in caso di problemi di qualità, o di ritardi nelle consegne. E sarebbe stata una mia precisa responsabilità definire il budget annuale con i vertici aziendali, che avrebbero senza dubbio messo in discussione l'attendibilità dei volumi, dei prezzi e dei margini presentati.

Insomma, avrei dovuto negoziare su tanto altro, e quel tanto altro era talmente *tanto* che non avevo neanche un'idea precisa di quanto fosse!

Avrei dovuto rafforzare le mie capacità di negoziazione per comunicare efficacemente con i membri della mia squadra, oltre che per definire chiaramente i miei obiettivi con la direzione.

Mi sarei trovato davanti all'opportunità di negoziare lo stipendio per la mia nuova mansione, il pacchetto dei benefit o altri dettagli, e mi ero ripromesso che non mi sarei fatto trovare impreparato, visto che già per tre volte avevo accettato l'offerta del datore di lavoro senza neanche discuterla.

Dovevo imparare a contrattare sul posto di lavoro, a comprendere le diverse tipologie di persone con cui mi rapportavo, ma anche i passaggi e le tecniche più efficaci da utilizzare, così da ottenere il miglior risultato possibile.

Con l'uscita di scena di Andrea avrei avuto molte più interazioni con colleghi e collaboratori; in particolare, avrei avuto la necessità di delegare compiti specifici a vari individui, di creare programmi di lavoro, di concordare scadenze di progetto e di risolvere conflitti interpersonali.

Avrei dovuto sviluppare il mio carisma, migliorare ulteriormente le mie doti comunicative e le mie capacità organizzative. Ne ero consapevole.

Non avevo ancora affinato il senso degli affari, perché non ero ancora in grado di modellare la mia strategia di vendita in modo da allinearla al cliente.

Intendiamoci: ero comunque in grado di fornire consigli e soluzioni valide, arrivando anche a costruire relazioni solide e a intrattenere conversazioni pertinenti e perspicaci. Non interrompevo più senza motivazione, sebbene avessi ancora delle lacune, riguardo le mie capacità di ascolto. Prestavo maggiore attenzione ai problemi, ai punti deboli e alle idee del cliente. E rispondevo in modo ponderato.

Ma sentivo che dovevo stabilire delle connessioni e ispirare una fiducia più profonda. Era necessario che diventassi più disciplinato.

A volte mancavo di concentrazione, e non prestavo attenzione ai segnali verbali e non verbali del mio interlocutore. Certo, arrivavo a comprendere i sentimenti e le emozioni di un cliente; capivo i suoi interessi, le sue preoccupazioni e i suoi desideri, ma capivo che cogliendo certi segnali avrei potuto fare ancora di più, che avrei potuto comprendere certe cose al volo, anche quando non venivano esplicitate chiaramente.

Era fondamentale trovare interessi comuni, argomenti di dialogo non legati al lavoro. Così, iniziai a memorizzare dettagli personali sui miei clienti, il che mi permetteva di costruire con loro una forte relazione: invece di consultare un concorrente si rivolgevano a me, per un consiglio!

Mi resi conto che stabilire relazioni più genuine e vere migliorava la mia credibilità, e che le connessioni a livello umano, così come il rapporto e la fiducia reciproca trasformavano delle semplici conversazioni in relazioni d'affari.

C'erano ancora margini di miglioramento: la mia modalità di comunicazione poteva essere più coinvolgente, autentica e narrativa.

Affrontavo i punti critici e le esigenze del cliente cercando di far leva sulle mie emozioni e di comprendere quelle degli altri.

Lavoravo duramente ogni giorno con il solo obiettivo di portare a casa i volumi che servivano all'azienda a riempire gli impianti, ripagare l'ingente debito che era stato sottoscritto e dare soddisfazione a un imprenditore visionario. E mentre lo facevo, cercavo di colmare le mie mancanze.

I viaggi all'estero proseguivano a ritmo incessante; un buon 40% della capacità produttiva addizionale era stata allocata principalmente in Asia, Medio Oriente, Africa, Australia e Nuova Zelanda.

Grazie alle buone e consolidate relazioni con i clienti globali eravamo riusciti ad aumentare i volumi in Canada, Stati Uniti e Messico, ma questo non era certo merito mio: si trattava della preziosa eredità del lavoro svolto da Andrea in quegli ultimi anni.

Il rapporto con le due ragazze del customer service era ottimo. Ogni volta che rientravo da un viaggio mi riservavano un'accoglienza calorosa, neanche fossi un esploratore o un navigatore di ritorno da una grande avventura. Vero è che mi facevo ben volere, e non solo per i piccoli souvenir che portavo (non i soliti cioccolatini presi all'ultimo momento al Duty free dell'aeroporto, prima dell'imbarco del volo).

Arrivò la fine di maggio, quando andai cinque giorni in Francia.

Ormai le parole di Margherita al pranzo aziendale le avevo messe da parte, ed ero concentrato sull'entusiasmante e ormai prossimo evento: la partenza della nuova calandra e la messa in opera di tutti gli impianti accessori.

Stavo anche perdendo l'abitudine di verificare se l'auto di Andrea fosse ancora al suo posto, quando rientravo in sede. Non mi interessava quasi più: ormai ero entrato a pieno nel ruolo di Area manager, e la cosa mi appagava. Appena arrivato, semmai, mi soffermavo ad ammirare l'imponente chioma tondeggiante della magnolia cosparsa di fiori; in quelle foglie ovali, di colore verde scuro, trovavo conforto e serenità.

Al ritorno dalla mia trasferta francese, però, non potei fare meno di notare che nel posto dove normalmente Andrea (e solo Andrea) parcheggiava la sua Alfa Romeo c'era una Mercedes luccicante. In una frazione di secondo, alla velocità degna di un supercomputer, la mia mente analizzò tutte le possibilità.

Entrai. Andrea era seduto alla sua lunga scrivania, sulla quale notai anche un portachiavi con la classica stella a tre punte circondata da una corona d'alloro della Mercedes.

Tirai un lungo sospiro di sollievo: anche se ambivo a una carriera folgorante, e di bruciare tempi e tappe, in fondo non mi sentivo ancora pronto a prendere il suo posto; non lo potevo essere.

Mi sarei trovato a gestire un fatturato di oltre 60 miliardi di lire, una squadra commerciale, una serie di agenti sparsi per il mondo... per portare l'azienda alla completa saturazione dei nuovi impianti avrei dovuto assumere dei collaboratori a cui delegare alcuni mercati e determinati clienti.

In realtà, a essere onesto, non erano queste le mie remore... non era questa la fonte della mia esitazione e della mia insicurezza al pensiero di dover raccogliere il suo testimone. Se riflettevo sulle responsabilità che avrei dovuto assumermi, mi era chiaro che ero ancora deficitario in alcune abilità, la più importante delle quali era la disciplina di pianificare e prepararmi adeguatamente per le negoziazioni.

Ammetto che non avevo sufficiente intelligenza emotiva per gestire molti aspetti della mia vita, e nelle negoziazioni questo trapelava. Inoltre, sottovalutavo un aspetto assai importante: una volta terminate le trattative e raggiunto un accordo, con la controparte avrei mantenuto una relazione continuativa. Infine, lasciavo troppo, sul tavolo; lasciavo troppo perché pensavo in modo poco creativo, quando cercavo delle soluzioni.

Oggi so che, anche quando non si vede una soluzione, non significa che non ci sia un percorso per una risoluzione reciprocamente vantaggiosa. All'epoca ancora non lo sapevo: avevo bisogno di sviluppare maggiore creatività per risolvere i problemi.

Passai la settimana successiva nel mio ufficio, presso la sede bolognese della Lucchesi. Sebbene nella nostra azienda non ci fosse l'abitudine di parlare alle spalle dei colleghi, di condividere notizie riservate e di spettegolare sulle altrui vicende private, ebbi comunque la conferma che la Mercedes era la nuova auto aziendale di Andrea.

Era il segno evidente che le dimissioni (fino a sei mesi prima date come cosa fatta, almeno a sentire Margherita) non ci sarebbero state: Andrea aveva addirittura ricevuto un premio.

La mia carriera, quindi, non sarebbe decollata: nessuna promozione lampo.

Nonostante tutti i dubbi che avevo avuto fino ad allora e all'iniziale sollievo provato nel rivedere Andrea al suo posto, mi resi conto di esserne profondamente deluso; mi sentivo addirittura meno sereno di prima, sensazione dovuta anche alla consapevolezza di aver profuso un grande impegno in vista di una promozione che, consciamente o inconsciamente che fosse, sentivo già mia.

Per me, quindi, era davvero complicato gestire le aspettative sul lavoro, e prendere coscienza di questa difficoltà lo fu altrettanto. Dovetti gestire un momento difficile della mia vita: un mix di frustrazione e delusione. Rischiavo che la motivazione e la voglia di fare venissero meno in una situazione già complessa.

Ebbi anche la tentazione di rinunciare alle mie aspettative e alle mie ambizioni, e di vivere una vita lavorativa senza particolari emozioni, ma dopo qualche giorno mi resi conto che sarebbe stato un atteggiamento sbagliato, e cercai di analizzare i traguardi professionali che avevo raggiunto.

Cercai di reagire e di utilizzare altri schemi mentali, quelli che prevedono un'approvazione sociale dei successi; volevo acquisire una maggiore conoscenza e consapevolezza di me stesso.

Il primo passo fu ancora una volta quello di imparare a individuare i miei talenti, il mio potenziale e i miei valori; una volta identificati, avrei aggiunto i miei veri bisogni.

Non fu un momento facile, né divertente; fu però la strada che mi permise di definire ancora meglio aspirazioni e obiettivi. Vennero fuori le mie capacità di adattamento e cambiamento nei momenti di crisi, e imparai a gestire efficacemente la delusione lavorativa.

In fondo, ero alla Lucchesi da neanche un anno, e avevo fatto un ottimo lavoro; ero cresciuto, ero maturato… e le prospettive erano ottime.

Il morale tornò presto a salire, anche grazie alla partenza della nuova calandra e alla possibilità di partecipare sia alla Giraglia che alla Coppa del Rey, a Palma di Maiorca, ovvero due delle più belle regate che si tenevano nel Mediterraneo: potei così soddisfare una delle mie grandi passioni, la vela agonistica.

Passò l'estate e con l'arrivo dell'autunno anche il clima in azienda sembrò seguire gli stessi cicli delle variazioni meteorologiche. Il comportamento di Andrea non era cambiato: era sempre spigoloso e pungente, nei miei confronti.

Il mentore

Avevo comunque un ottimo rapporto con Gianfranco, il Direttore tecnico, che seguiva anche gli acquisti. Da sempre con i Lucchesi, era un uomo competitivo e anche un gran sportivo: praticava equitazione, vela, immersioni e sci.

Sul lavoro era disciplinato e molto metodico. Era un piacere ascoltarlo. Un giorno mi trovavo in fabbrica e gli chiesi se potessi partecipare, come spettatore, a un incontro con il fornitore Kronos; quell'azienda era il nostro fornitore di biossido di titanio, una materia prima critica, nella produzione dei materiali che producevamo.

Gianfranco doveva discutere i volumi e i prezzi per il secondo semestre, e porre le basi dell'accordo per l'anno successivo.

Accettò di buon grado, e mentre camminavamo verso il suo ufficio mi disse: «Pietro, la preparazione è la prima e forse più cruciale attività, in una negoziazione. Non importa cosa stai negoziando... può essere un contratto o solo una fornitura spot di materiali o servizi, ma la ricerca e la preparazione sono essenziali. La conoscenza può aiutarti a prendere decisioni e procedere al meglio. Ma non basta. Una delle cose più importanti, durante la negoziazione, è saper ascoltare. È facile per i negoziatori concentrarsi su ciò che vogliono ottenere durante il processo di acquisto; tuttavia, dimenticare di dare spazio all'altro può rivelarsi controproducente per il risultato finale. Ricorda questo: affinché una negoziazione abbia un esito positivo, è fondamentale che entrambe le parti si sentano ascoltate».

Finita la sua "lezione", Gianfranco mi fornì diversi dettagli riguardo al fornitore che avremmo incontrato, poi mi spiegò a grandi linee come avrebbe gestito l'incontro e quelli che erano i suoi obiettivi negoziali, ovvero ciò che avrebbe voluto ottenere.

A quel punto, curioso e ammirato dalla sua preparazione, gli chiesi come facesse a non perdere le staffe in determinate situazioni.

«Beh, nella negoziazione ci vuole molta pazienza. Una negoziazione può richiedere molto tempo, quindi è fondamentale affrontarla con la consapevolezza che le cose potrebbero non andare come avevi previsto. Negoziare può essere stressante, ma è essenziale rimanere calmo e concentrato anche quando sei frustrato o ansioso. Il tuo partner negoziale potrebbe percepire la tua tensione, e questo renderebbe la negoziazione più difficile.

«Tieni a mente che la perdita di controllo emotivo può essere percepita come un segno di debolezza, e questo fattore permette a chi hai di fronte di approfittarsi di te. Inoltre, rimanere intrappolato nella rete delle proprie emozioni può interferire con la capacità di ascolto.

«E, ancora, devi essere integro, sempre! È fondamentale costruirsi una reputazione come negoziatore equo, onesto e affidabile: le aziende con cui ti rapporti ti vedranno come una persona affidabile e coerente, e di conseguenza verrà concessa fiducia anche alla società di cui sei rappresentante. Insomma: la tua integrità accresce la reputazione dell'azienda per cui lavori, e facilita la negoziazione di contratti e accordi futuri.»

L'incontro con il fornitore fu interessante e costruttivo. Quando terminò ringraziai Gianfranco per avermi dato la possibilità di assistervi, sottolineando che mi era piaciuto molto quando il fornitore aveva cercato e proposto soluzioni ai problemi, e la passione con cui entrambi avevano negoziato.

Sorridendo, Gianfranco mi rispose: «Devi sviluppare le tue capacità di *problem solving*, il saper risolvere i problemi: è relativamente facile per le parti mettersi d'accordo sugli elementi che hanno in comune, ed è sempre un ottimo punto di partenza per il processo di negoziazione. Tuttavia, per risolvere tutti i punti dove ci sono divergenze è vitale la capacità di pensare in modo creativo e di trovare soluzioni diverse ai problemi.

«Infine, ci devi mettere passione, e devi avere fiducia. La passione in ciò che stai negoziando è la chiave per chiudere il migliore affare possibile. Se credi sinceramente nella tua organizzazione, nei prodotti e nei servizi che offri, sarai poi in grado di trasmettere le informazioni in modo positivo e sicuro. La tua passione sincera instilla un senso di fiducia nel tuo interlocutore, e questo può portare a negoziazioni di successo e a nuove opportunità di business.

«Capisco che, all'inizio, la negoziazione possa sembrare una delle parti più scoraggianti del lavoro che svolgi; tuttavia, non deve essere così. Con dedizione, tempo e pazienza, ogni persona può padroneggiare quest'arte.»

Rientrando in auto da Minerbio a Bologna, mi misi a riflettere sull'incontro e conclusi che ci sono persone che sono più brave a negoziare di altre, quasi che fossero geneticamente predisposte alla negoziazione! E Gianfranco era una di queste.

Io non ero certo al suo livello, ma non per questo pensavo di arrendermi e lasciare la negoziazione ai più bravi, quelli con una sviluppata abilità a negoziare.

Mi dissi che la negoziazione, oltre a essere un'arte, era un'abilità, una scienza! E come tale poteva essere appresa. C'erano persone dotate di un'attitudine naturale, certo... ma chiunque poteva diventare un negoziatore migliore, più abile. Io per primo.

Nel mio percorso universitario avevo sostenuto venticinque esami, ma della negoziazione non c'era traccia; all'atto dell'assunzione come Area manager non avevo ricevuto una formazione, a riguardo, in nessuna delle due aziende. E non valeva solo per me: nessuno dei miei amici e conoscenti aveva seguito corsi specifici sulla negoziazione. Eppure, migliorare questa specifica abilità poteva fare la differenza... e avrebbe di sicuro fatto la differenza, nel mio programma di crescita professionale.

Al termine di quel mio ragionamento solitario, ero sempre più convinto che la negoziazione non fosse un'arte misteriosa, ma un'abilità pratica che tutti potevano imparare e migliorare.

Sebbene quel pomeriggio mi avesse aperto gli occhi e la mente sulla possibilità di acquisire e rafforzare in modo significativo competenze e abilità sull'arte di negoziare, passarono alcuni mesi prima di decidere cosa fare e come farlo.

Ogni volta che tentavo di mettere a fuoco un programma di formazione in merito, le pressanti incombenze quotidiane mi impedivano di perseguire il mio intento. Sebbene migliorare questo aspetto fosse molto importante, per me, lo sviluppo dei mercati e il fatturato erano prioritari.

Il programma dei miei viaggi era sempre intenso: il nuovo impianto produceva bene, ma non lavorava a ciclo continuo; una situazione non ottimale per una calandra che, al pari dei macchinari di una cartiera o di un altoforno, deve lavorare tutti giorni, sette giorni su sette, ventiquattro ore su ventiquattro.

I clienti di Cina, Hong Kong, Corea, Giappone, Thailandia, Singapore, Filippine, Malesia, USA, Canada, Messico, Australia e Nuova Zelanda attendevano i loro ordini... e c'erano da evadere anche quelli dei Paesi europei.

Era importante arrivare al ciclo continuo, sia per dare continuità ai processi produttivi che per ottimizzare i costi fissi.

Dovevamo spingere ulteriormente sulle vendite. Per aumentare la nostra forza sui mercati venne assunto Massimo, che si sarebbe occupato dei Paesi di lingua tedesca (gestiti fino a quel momento da Andrea) e di alcuni Paesi asiatici in cui ero già riuscito a ottenere dei buoni contratti, e nei quali bastava solo consolidare i risultati. Io mi sarei concentrato sullo sviluppo dei mercati del Nord e del Sud America.

Il primo anno, con tre calandre a regime, si chiuse molto bene; il fatturato aveva portato una buona redditività, la proprietà era soddisfatta dei risultati; sembrava che tutto procedesse per il meglio.

Il clima in azienda era molto buono, ed ero davvero soddisfatto di lavorare per una società che mi dava la possibilità di imparare molto dagli altri, di viaggiare in tutto il mondo, di migliorare le mie conoscenze e di allargare il mio network.

Non ero una persona che amava il lavoro d'ufficio, quindi viaggiare un paio di settimane al mese per me era più che piacevole. Certo, sul lavoro mi trovavo costantemente sotto pressione, e dovevo gestire importanti carichi di stress, tanto a livello mentale che fisico, ma avevo notato che viaggiare, prendermi del tempo per visitare i clienti e allontanarmi dalla sede mi faceva sentire più produttivo e concentrato, quando tornavo.

Percepivo un aumento della mia creatività. L'esposizione a nuove culture, il confronto con persone di altre nazioni, provare nuovi tipi di cibo, ascoltare musica internazionale... tutto questo mi faceva bene e mi allontanava da una vita potenzialmente piatta e priva di stimoli. Viaggiare mi aiutava a vedere il mondo da una nuova prospettiva e mi resi conto di quanto fosse effettivamente variegato.

Se ne accorse anche la Responsabile delle risorse umane: mi disse che aveva riscontrato un miglioramento delle mie capacità di risoluzione dei problemi.

All'inizio del 1997 ci furono altri due miglioramenti organizzativi, volti a strutturare ulteriormente l'ufficio commerciale estero: al customer service venne assunta Alessandra. Andò a rimpiazzare Fabrizia, a cui venne affidato tutto il mercato europeo del packaging.

La nuova struttura portò a un alleggerimento del mio carico di lavoro (e conseguentemente del mio stress), il che mi permise, finalmente, di strutturare un programma volto ad affinare le mie abilità negoziali con i principali interlocutori interni ed esterni all'azienda.

Volevo essere in grado di poter gestire serenamente e lealmente una negoziazione commerciale anche in situazioni complesse, volevo acquisire le tecniche e gli strumenti necessari per trasformare i conflitti in intese, volevo conoscere i diversi stili negoziali, per poi essere in grado di scegliere quello più idoneo alla situazione contingente.

Pensai che iniziare a leggere libri e frequentare corsi specifici fosse un buon punto di partenza.

Il mio percorso di apprendimento iniziò con *Getting Past No: Negotiating in Difficult Situations*, di William Ury, a cui seguì *Getting To Yes: Negotiating Agreement Without Giving*, scritto sempre dallo stesso Ury insieme a Roger Fisher, e infine *Influence: The Psychology of Persuasion*, di Robert Cialdini.

A quei primi testi ne seguirono molti altri.

Partecipai anche a qualche buon corso, a Bologna e a Milano. Ero soddisfatto, perché ero passato dalla progettazione all'azione, ma non era sufficiente; anche se riscontravo un miglioramento nelle mie abilità di negoziazione, sentivo di dover dedicare molto più tempo al mio progetto di accrescimento personale.

Era il momento giusto per fare il salto di qualità, visto che le cose in azienda andavano sempre meglio: l'ufficio era ben strutturato, il fatturato era in crescita e gli ordini arrivavano con un flusso continuo. Potevo dedicarmi un po' a me, e lo feci impegnandomi sempre di più nello studio della negoziazione. L'argomento mi appassionava molto e cercavo di approfondirlo leggendo il più possibile.

Portavo i libri con me anche nei fine settimana, e fu proprio durante la lettura di uno di quei libri (mentre mi trovavo in montagna, all'Hotel Ansitz Rungghof di Corniano) che, un sabato, la mia tranquillità e le mie letture vennero interrotte dallo squillo del telefono. Era il signor Lucchesi. Non mi aveva mai chiamato, durante il weekend.

«Buon pomeriggio, Pietro. Come va? Ho bisogno di vederti.»

«Buon pomeriggio, signor Lucchesi. Sto bene, grazie, mi sto rilassando un po'» risposi, prontamente. «Sono in Trentino; rientro domani sera, e se vuole lunedì mattina possiamo vederci alle otto, sarò in ufficio per quell'ora e...»

«Pietro, ti aspetto domani mattina in villa» mi interruppe lui, senza neanche darmi il tempo di finire la frase. «Preferisci alle dieci o alle undici?»

Mi resi subito conto che non c'era margine di negoziazione; ero diventato un po' più abile, certo... ma forse non abbastanza!

Chiamai subito la cantina di Franz Haas, per disdire la degustazione che avevo prenotato. Ci passai comunque, anche se per poco tempo: visitare la sua cantina per me era come andare a scuola, perché vinicoltura è ricerca continua della perfezione. Per ottenere vini superbi servono sì scienza e calcolo, ma sono l'amore, la passione e la determinazione che ne definiscono carattere e profondità.

Anche in quel rapido incontro respirai l'arte che Franz aveva nel sangue, e pensai che, forse, stare a contatto per un po' con Franz avrebbe avuto un'influenza positiva il giorno successivo, durante il mio incontro con il signor Lucchesi.

Non avevo la minima idea del motivo di tanta urgenza, e non sapevo cosa aspettarmi. Durante le tre ore di viaggio lungo l'autostrada del Brennero ne pensai tante, partendo dalle ipotesi più negative e arrivando a quelle positive. Avevo forse fatto (o non fatto) e detto (o non detto) qualcosa che non era piaciuto al boss? O che, al contrario, gli era piaciuto molto? Ipotizzavo tutto e il suo contrario.

Arrivai a Bologna per l'ora di cena e decisi di rilassarmi andando a mangiare al Battibecco, dove Nico Costa e sua figlia Erica mi accoglievano sempre con gioia, facendomi sentire a casa; avevo veramente bisogno di coccole e affetto.

Ero teso, perché in testa mi rimbombavano le parole di Margherita: «Se le cose non vanno, o sbagli... sei fuori». In ogni caso, nonostante fossi preoccupato e stanco per il viaggio, riuscii comunque ad addormentarmi velocemente e a riposarmi.

Alle dieci in punto ero in azienda; la BMW 750 grigia del boss era parcheggiata nel posto a lui riservato. Salii fino alla mansarda e trovai il signor Lucchesi seduto alla sua grande scrivania. Notai subito che era da solo; di norma la moglie, la signora Domenica, lo accompagnava sempre.

«Ciao, Pietro. Grazie di essere venuto oggi. Te la senti di fare il Direttore commerciale?» esordì, andando subito al sodo. Era andato diretto come un treno al motivo della convocazione d'urgenza, senza tanti preamboli o giri di parole.

«Certamente» risposi, dopo un paio di secondi di silenzio dovuti più allo stupore per quella domanda a bruciapelo che a dubbi in merito alla posizione offerta.

«Perfetto. Allora ci vediamo domani, e buona domenica» disse. Poi mi congedò, alzandosi in piedi e stringendomi la mano tra le sue.

La riunione durò meno di trenta secondi.

Passai il resto della giornata pensando alla migliore struttura organizzativa interna per l'azienda, a come riorganizzare i flussi di lavoro e a passare in rassegna ciascun membro del gruppo, decidendo a chi assegnare le varie attività di vendita.

Non tutte le strutture funzionano allo stesso modo, e volevo evitare di passare attraverso tentativi a vuoto ed errori, prima di trovare la soluzione giusta. Ero indeciso tra un sistema accentrato e un modello che prevedesse una comunicazione e un'esecuzione delle decisioni più rapide.

Il primo sistema, in cui si affidano a un unico referente le decisioni importanti per la squadra, aveva il vantaggio di mantenere tutti i livelli dell'organizzazione focalizzati su una visione o uno scopo comuni.

Il mio stile di gestione, però, era più orientato a una struttura decentralizzata, a un sistema che prevedesse una maggiore possibilità di delega ai miei collaboratori, lasciando loro la responsabilità di prendere decisioni, con relativi oneri e onori.

Un sistema di questo tipo avrebbe permesso all'azienda di aumentare l'impatto sul campo, tenendo conto anche dei programmi di crescita ambiziosi che ci eravamo prefissi, e avrebbe conferito ai miei collaboratori una maggiore libertà: potevano essere creativi, nell'elaborazione delle loro tattiche.

Il mio nuovo ruolo non era quello del Direttore commerciale "puro", visto che mantenni tutte le responsabilità di Area manager. La cosa non mi dispiaceva: così riuscivo a mantenere un canale diretto con il mercato, senza la mediazione di agenti o di altri Area manager. Inoltre, avere la responsabilità dei mercati principali e dei due più grandi produttori di carte di credito al mondo, Gemplus e Schulmberger, mi consentiva di avere sempre un punto di osservazione privilegiato sulla situazione.

In una tale posizione, proprio come Bernardo di Chartres, mi sentivo come un nano sulle spalle dei giganti: ero in grado di vedere un maggior numero di cose e più lontano di loro, non per l'acutezza della mia vista o per la mia perspicacia, ma semplicemente perché sedevo più in alto; mi elevavo proprio grazie alla grandezza dei clienti della Lucchesi!

L'esercizio 1997 si chiuse bene, con un fatturato che aveva oltrepassato i 68 miliardi di lire (corrispondenti a circa 35 milioni di euro); i volumi erano cresciuti proporzionalmente, arrivando a oltre 16.000 tonnellate.

Per poter gestire questi importanti programmi di crescita di volume e fatturato (rispettivamente del 17% e del 13%) aumentarono anche i dipendenti, che passarono da 170 a 188. Furono assunte anche tre figure importanti, con cui avrei avuto molti contatti: l'ennesimo Direttore generale, un Direttore di stabilimento molto valido e di grande esperienza, Michele, e un Direttore della logistica integrata.

Ero davvero contento, perché l'azienda si stava strutturando per gestire bene l'espansione geografica, la crescita di fatturato e i processi di innovazione del prodotto e dei processi.

Sebbene ci fosse un nuovo Direttore generale, il signor Lucchesi faceva spesso riferimento a me anche per temi e attività non strettamente collegate alla mia funzione di Direttore commerciale. Questo suo comportamento da un lato mi faceva piacere, non lo nego, e mi permetteva anche di allargare i miei orizzonti; dall'altro, però, mi creava diversi problemi di relazione all'interno dell'organizzazione, anche se io non facevo nulla per oltrepassare i confini e i compiti che mi erano stati assegnati.

Interpretavo il comportamento di Lucchesi con il fatto che, a eccezione del Direttore finanziario e di quello tecnico, nella prima linea di riporto molti manager erano di recente assunzione, e la situazione era aggravata anche dall'alto turnover dei dipendenti.

Opera di persuasione

La situazione divenne esplosiva quando venni a sapere da Lucchesi che il Direttore di stabilimento aveva rassegnato le dimissioni dopo una violenta discussione con il Direttore generale, e che il motivo del conflitto era una divergenza su come affrontare alcuni problemi di natura sindacale.

«Pietro» mi disse il boss, «devi convincere Michele a restare, non possiamo perderlo! Tu sei l'unico che può convincerlo. Fai quello che serve, ma fallo in fretta. Se ti servono delle informazioni sul suo inquadramento, sullo stipendio e i benefit che ha, recuperale in amministrazione.»

«Signor Lucchesi, mi conceda un po' tempo» risposi.

Le sue dimissioni avrebbero avuto un effetto dannoso sul gruppo di produzione, e di conseguenza sull'intera azienda; ci sarebbe stata una flessione delle prestazioni, in termini di volumi, qualità, servizio e resa: il carisma di Michele era importante, e un abbassamento del morale e della produttività dei dipendenti era più che prevedibile.

Passai tutta la mattina a raccogliere più informazioni possibili su Michele, sulla sua posizione, sulla sua carriera, sulla sua famiglia e sulle sue passioni.

Cercai di capire quali fossero le motivazioni che lo avevano spinto a trasferirsi dall'Umbria e a venire da noi, dopo un'importante carriera in diverse multinazionali.

La buona notizia era che non aveva dato le dimissioni perché gli si era presentata un'opportunità migliore: non aveva deciso di lasciare la nostra azienda per un'altra, ma aveva deciso di andarsene a seguito di un feroce scambio di opinioni con il Direttore generale. Da quello che ero riuscito a sapere i toni erano stati accessi, al punto tale che Michele era stato spinto a dare le dimissioni.

Pensai che aveva già attraversato il ponte una volta, decidendo di andarsene; quindi, forse, persuaderlo a tornare indietro non sarebbe stato impossibile.

La sfida mi piaceva, trovavo stimolante convincerlo a rimanere, anche se sentivo il peso del compito assegnatomi: Lucchesi aveva delegato a me la risoluzione di questo problema, ed ero cosciente che avrei dovuto gestire anche la reazione del Direttore generale, sia in caso di successo, sia in caso di insuccesso. A questo ulteriore cruccio decisi di pensare in seguito; non era una problematica da gestire nell'immediato.

In altre circostanze, scusarmi e ammettere i miei errori avrebbe funzionato, ma in quel caso non ero stato io a litigare con Michele, non ero io la causa della sua decisione.

Iniziai quindi a ragionare su come convincerlo. Avrei potuto fare leva sulla sua ambizione, descrivendogli le grandi opportunità che avevamo di fronte come azienda, lui per primo, e giocando sui dovuti riconoscimenti, non necessariamente monetari. Al contempo, dovevo evitare di cadere nella leziosità, sperticandomi in lodi e riconoscimenti: se avessi esagerato non sarei risultato sincero e credibile.

Passai tutto il pomeriggio a elaborare una possibile discussione, una proposta, esaminando i possibili ostacoli e le possibili obiezioni.

Continuai a pensarci, mentre rientravo a casa, e lo feci anche durante la cena; poi presi coraggio e alla fine gli mandai un SMS.

Ciao Michele, domani mattina vengo a Minerbio. Quando mi puoi dedicare una mezz'ora? Ti vorrei parlare del futuro brillante di questa azienda!

Mi rispose prontamente.

Vieni alla riunione di produzione delle otto, avrei piacere di condividere con te alcuni KPI e alcune idee… poi ci prendiamo un caffè insieme.

Le riunioni di produzione erano sempre occasioni interessanti a cui partecipare, anche quando c'erano stati problemi sugli impianti, o i numeri rossi (negativi) prevalevano sui verdi (positivi). In quella stanza, davanti ai tanti indicatori, i partecipanti univano le forze e cercavano di elaborare soluzioni efficaci per migliorare e fare di più e meglio.

Michele era sicuramente un leader, un trascinatore. Non imponeva mai la sua opinione, ma lasciava ai suoi collaboratori la possibilità di proporre delle buone soluzioni. Finita la riunione, facemmo un giro dello stabilimento assieme.

«Sulla calandra 1900 abbiamo appena installato un nuovo misuratore di spessore» mi disse, con grande entusiasmo. «Lo stiamo testando, e se dovesse confermarsi valido come ci aspettiamo, potremmo aumentare le portate orarie e produrre tutto l'overlay che ti serve per aggredire nuovi clienti!»

Poi entrammo nel nuovo magazzino di materie prime e Michele continuò: «Abbiamo modificato il sistema pneumatico del biossido di titanio; adesso non si impacca più».

«Michele» risposi, uscendo verso l'area spedizioni, «mi fa molto piacere che le tue idee siano già diventate realtà. Siamo pieni di ordini, il mercato apprezza il nostro sistema di *just in time*; sai, per quest'anno prevedo una bella crescita del mercato estero e un incremento di ordini sia dai clienti consolidati sia da quelli approcciati negli ultimi mesi. I concorrenti hanno tempi di consegna lunghi e variabili.»

Poi, appoggiando un grande foglio di carta su un tavolo, gli mostrai alcuni grafici con KPI di qualità, volumi e margini, esponendogli alcune mie idee per migliorare l'utilizzo degli sfridi in ricetta.

«Cavolo, Pietro... la tua idea non sembra poi così bizzarra; anzi, è stimolante. Ci sarei dovuto arrivare io! Lavorare con te è un piacere, mi trovo molto bene: sei chiaro, diretto e trasparente. E anche molto creativo.»

«Questo vale anche per me, Michele: siamo simili. E lo dicono tutti, anche i Lucchesi hanno una grande stima di te. So che hai deciso di andartene a seguito di una discussione con il Direttore generale» gli dissi, senza mostrarmi sorpreso, scioccato o sconvolto.

«Resta con noi: ci sono delle ottime opportunità per l'azienda, e per te» continuai. «La proprietà è molto aperta all'innovazione, e poi i Lucchesi hanno una grande fiducia nella tua persona. Pensaci: io e te, assieme, possiamo portare l'azienda a ciclo continuo con un minore carico di stress per gli impianti e per la manutenzione. Il mercato tira, lo sai anche tu: dai miei conti, l'anno prossimo potremmo aumentare il fatturato di altri 20 miliardi, con un 20% di volumi aggiuntivi. Da quando sono arrivato abbiamo già fatto un bel progresso, aumentando i volumi del 40%. Possiamo lavorare per tutto l'anno con la turnazione attuale, per passare al 24/7 l'anno prossimo. A quel punto, potremmo portare l'azienda a quasi 110 miliardi di fatturato e oltre 23.000 tonnellate di volumi.»

Michele non sembrò meravigliato del mio tentativo di convincerlo a rimanere. Ciò che dicevo suscitava il suo interesse: mi seguiva nel mio ragionamento e nella visione che avevo del futuro dell'azienda.

«Una volta arrivati a quel livello, dovremo diversificare» continuai. «Dovremo investire in una linea di laccatura a base solvente e laminazione, che ci aprirà nuovi orizzonti e nuovi mercati, con prodotti a più alto margine! Arrivati a quei numeri saremo sufficientemente *sexy* per essere acquistati da un concorrente, o magari per entrare nell'orbita di un private equity. Come sai, in queste operazioni il top management ha un ruolo fondamentale.

«I nostri concorrenti non hanno interesse ad acquistarci, e tramite investitori o venture capital io e te potremmo acquistare delle quote aziendali, per poi puntare alla crescita organica così che tu possa divertirti con altri progetti, nuove tecnologie. Svilupperemo nuovi processi e prodotti mettendo a frutto le tue molteplici esperienze» conclusi.

Michele prestava una grande attenzione alle mie parole: «Pietro, quello che mi dici è molto interessante e stimolante. Vedi, l'attuale struttura organizzativa mi va un po' stretta, e fino a ieri ero convinto di andarmene; oggi non so più cosa voglio, fammi riflettere. Ci devo pensare, dammi qualche giorno. Vieni in ufficio che ci beviamo un caffè».

Tirai un grosso sospiro di sollievo. Non lo avevo ancora convinto del tutto, ma avevo sicuramente fatto breccia nei suoi pensieri. Forse non gli avevo fatto attraversare il ponte per la seconda volta, o magari il ponte non lo aveva attraversato neanche la prima.

Al mio rientro in sede raggiunsi il signor Lucchesi nella sua mansarda, e lo aggiornai: «Ho parlato con Michele, ci penserà su».

«Quindi non l'hai convinto, non hai risolto il problema. Mi sembrava di essere stato chiaro: avevi carta bianca e dovevi fare di tutto per farlo restare» replicò il boss, in modo ruvido e tagliente.

«Signor Lucchesi, la questione è delicata; abbia fiducia, e tutto andrà per il meglio» risposi, in modo altrettanto diretto e perentorio.

Il rapporto con Lucchesi funzionava perché non gli avevo mai dato ragione a priori, senza che, in effetti, l'avesse. Lui era un vero imprenditore, uno che si era fatto da solo, partendo da zero. Ciò che diceva era quasi sempre corretto; a volte, però, se l'azienda avesse seguito le sue indicazioni ci saremmo trovati su un percorso che ci avrebbe allontanato dalla meta. Immagino che mi stimasse anche per quel mio essere chiaro e diretto, nei suoi confronti. Rispettoso, certo, ma senza timori reverenziali.

Non ho mai sopportato le persone che ti danno ragione solo per il ruolo o la posizione gerarchica che hai. Il sì pronunciato per accondiscendenza non porta sempre a qualcosa di buono… tutt'altro; il dissenso, i contrasti e le diverse opinioni, invece, sono positivi e costruttivi, sia nel lavoro sia nella vita di tutti i giorni. Non è obbligatorio andare d'accordo con tutti; bisogna avere coraggio e non farsi intimorire dalle paure.

A Lucchesi piaceva prendere decisioni e prenderle velocemente. A volte facevo fatica a seguirlo, perché le sue scelte non provenivano da un processo razionale, ma erano influenzate da preconcetti e condizionamenti.

Era veloce, istintivo e decisamente emotivo, mentre io ero più lento, ponderato e logico. I nostri due approcci erano complementari.

Non avendo altro da aggiungere, lo lasciai ai suoi pensieri e, visto che era venerdì, gli augurai buon fine settimana.

Il sabato e la domenica mi servivano per ricaricare le batterie, anche perché quella che si era appena chiusa era stata sicuramente una settimana intensa.

Non riuscivo mai a staccare veramente la spina, salvo quando regatavo; sebbene negli ultimi mesi avessi un po' rallentato con i miei impegni agonistici ero molto contento, perché ero stato chiamato per le ultime regate della stagione: la Swan Cup di Porto Cervo, la Nioularge di Saint Tropez e la Barcolana di Trieste.

La risposta di Michele non si fece attendere molto: quel martedì mi chiese di poter parlare con il signor Lucchesi, in mia presenza.

«Grazie, Michele, la cosa mi fa molto piacere. Ti confermo che posso organizzare un incontro con lui dopo la riunione settimanale della qualità. Ci tengo fin da ora a dirti che rispetterò qualsiasi decisione tu abbia preso, o prenderai.»

La riunione qualità, dedicata all'analisi dei principali reclami dei clienti, fu più corta del solito. Da quando era arrivato Michele il tasso dei reclami era decisamente diminuito, sia in termini numerici sia in termini monetari; Michele era riuscito a trasferire la sua passione al Direttore di produzione, ai responsabili di reparto e a tutti i collaboratori.

Il signor Lucchesi era particolarmente teso, lo si capiva da alcuni movimenti delle labbra.

«Penso che la decisione di rassegnare le dimissioni, seppur sofferta, sia stata la decisione giusta» esordì Michele. «Ritengo che non si debba arrivare a certi toni. Le persone che tendono continuamente a criticare gli altri hanno, a mio avviso, dei problemi interiori non trascurabili. Spesso le critiche vengono fatte per nascondere i propri difetti e le proprie frustrazioni: si tratta di azioni volte a ingigantire il proprio ego e a sminuire gli altri. Dopo le accuse mosse nei miei confronti, non c'era altra soluzione che dimettermi.»

Dopo quelle parole il mio sguardo si incrociò con quello del signor Lucchesi; nei suoi occhi si leggevano disappunto e delusione.

«Quando sono arrivato in azienda non ho trovato una bella situazione, e credo di aver dimostrato quello che sono in grado di fare. In linea generale, penso che un bravo professionista, messo nelle migliori condizioni, possa aggiungere un ulteriore valore all'organizzazione, e se ciò avviene sarà ancora più motivato a raggiungere i risultati richiesti. Quando ho presentato le mie dimissioni, mi sono detto che avreste senza dubbio trovato un valido sostituto al sottoscritto.»

Purtroppo, le sue parole lasciavano poco margine di interpretazione: sembrava che Michele stesse parlando di sé come un ex dipendente, e che già pensasse al suo sostituto. Aveva avuto la possibilità di rivedere la decisione presa, su cui aveva forse pesato la foga del momento: una decisione istintiva che in circostanze normali magari non avrebbe preso. O, almeno, così speravamo io e il signor Lucchesi... ma le sue parole pesavano come macigni.

«Poi, però, è cambiato qualcosa. Ho apprezzato molto ciò che mi ha detto Pietro venerdì. Ho apprezzato in modo particolare la sua chiarezza e la sua intraprendenza. È motivante per qualsiasi Direttore. I programmi e le prospettive sono molto ambiziosi, e qui ci sono le condizioni per poter puntare a tali risultati» continuò Michele.

«E ci tengo a sottolineare la mia fedeltà nei confronti dell'azienda» aggiunse. «Non vorrei che il mio comportamento mettesse in discussione la lealtà che nutro per l'azienda, minando la fiducia che avete nei miei confronti. Concludo dicendo che, alla luce di quanto mi ha detto Pietro e di ciò che mi ha spiegato, se la porta è ancora aperta tornerei sui miei passi, perché intravedo un futuro luminoso, pieno di potenziale e di promesse. Quindi, ritengo saggio rimanere nel mio ruolo: vorrei ritirare le mie dimissioni.»

A quelle parole il sorriso tornò sul volto di tutti noi, in primis su quello del signor Lucchesi, che era sempre di poche parole. «Grazie, Michele! Ottima decisione» disse, abbracciandolo; poi, con altrettanto trasporto e sincerità, abbracciò anche me.

Sebbene nessuno sia indispensabile, perdere persone come Michele, con competenze e abilità essenziali e anni di conoscenze ed esperienza, poteva essere estremamente dannoso.

Ero davvero soddisfatto; la frattura si era ricomposta, ed era anche merito mio, sebbene ritenessi di avere fatto molto meno di quanto attribuitomi da Michele e dal signor Lucchesi.

Poi mi posi altre domande: quanto sarebbe durata la tranquillità? Chi avrebbe comunicato al Direttore generale che le dimissioni di Michele erano state ritirate e, soprattutto, le motivazioni del suo dietrofront? Come avrebbe reagito? Una volta saputo che ero intervenuto io, cosa sarebbe successo? Quale evoluzione dei rapporti con il Direttore generale ci sarebbe stata per Lucchesi, Michele e il sottoscritto?

Nelle mie parole, Michele aveva trovato sicurezza, e si era convinto a rimanere, piuttosto che prendere nuove strade. Aveva solo bisogno di essere visto e giudicato come "coerente", di vedere allineato il proprio impegno con l'immagine che aveva di sé.

Spesso non siamo sicuri di noi stessi, e coloro che osserviamo ci sembrano simili. Michele con me si trovava a suo agio, e si era dimostrato naturalmente predisposto nei miei confronti. Lo avevo sempre visto comportarsi e agire da professionista esperto, disponibile ad assecondare le richieste fatte da persone autorevoli o competenti. Il nostro colloquio era stato cordiale e amichevole. Gli stavo simpatico e questo aveva influito. Il suo gradimento nei miei confronti si basava sulla condivisione di qualcosa di simile, sulla somiglianza che percepiva tra me e lui.

Nel discorso che gli avevo fatto, inoltre, avevo intenzionalmente inserito messaggi intriganti, anche se immagino che non avrebbe faticato molto a trovare un altro buon lavoro, dato che era un valido professionista.

Il punto è che io volevo trasmettere a Michele la percezione che rimanere con noi fosse un'opportunità di crescita unica e, in quanto tale, più attraente di qualunque possibile alternativa. L'idea di perdere quell'occasione era stato un potente motivatore per incoraggiarlo ad agire rapidamente.

Vedo nuovi orizzonti

Il caso era chiuso, e potei partire sereno per un breve viaggio negli Stati Uniti, con l'obiettivo di aumentare la nostra quota di mercato.

Quello a stelle e strisce era il mercato più grande al mondo, con volumi enormi e livelli di prezzo bassi; avremmo dovuto affrontare competitor locali e stranieri, gestire la logistica e i tempi di consegna... e i livelli di servizio erano molto critici.

La maggior parte dei clienti erano concentrati negli stati della East Coast, con alcuni *cluster* importanti in Illinois, New Jersey e Pennsylvania; c'era poi un grande cliente di Boston, fornito quasi esclusivamente dal nostro competitor italiano, e altri clienti in California, Colorado, Indiana e Nevada.

Al rientro da ogni viaggio ero solito inviare un report di visita alla proprietà, alla direzione e a tutti i colleghi interessati, secondo la lista di distribuzione. Lo preparavo durante le lunghe ore di volo o nei momenti di attesa negli aeroporti, per poterlo inviare prontamente, al mio rientro.

Feci così anche quella volta, e il lunedì mattina ricevetti un messaggio di *Mail Delivery Failure* dall'indirizzo del Direttore generale; lì per lì non ci feci particolarmente caso.

Spesi le prime ore della giornata con gli Area manager, per aggiornarmi sulle loro attività; poi, mi dedicai alle ragazze del customer service, analizzando con loro alcuni indicatori, l'andamento dell'entrata ordini e i tempi di consegna per le varie linee di prodotto.

Uno dei punti di forza dell'azienda (su cui volevo spingere anche con i nuovi clienti) era il nostro servizio, molto rapido, efficiente e costante. Grazie a nuovi investimenti e alle soluzioni tecniche adottate, all'avanguardia, eravamo molto flessibili: qualsiasi ordine ricevuto entro martedì, veniva tassativamente spedito entro il venerdì della settimana successiva; solo per l'overlay laccato il lead-time era di quattro settimane.

La riunione con le ragazze venne interrotta dall'irruzione del signor Lucchesi.

«Pietro, avrei bisogno di parlarti. Puoi venire in mansarda? Subito.»

Aveva spesso richieste urgenti: faceva davvero fatica a distinguere la differenza tra le attività realmente importanti e quelle che avrebbero potuto aspettare un po' di più. Per me, "urgente" significa che deve essere gestito nell'immediato, ma l'aggettivo in sé non contiene alcun riferimento all'importanza dell'evento a cui si riferisce: qualcosa di *urgente* non è necessariamente *importante*... e qualcosa di *importante* non è detto che sia *urgente*.

"Importante" è un qualcosa cosa che, per sé stessa o in rapporto a determinate circostanze e/o a determinati fini, è di gran conto o rilievo, e deve essere tenuta nella dovuta e seria considerazione. La principale differenza tra importante e urgente è l'aspetto temporale.

In ogni caso, lui era il boss; mollai tutto e raggiunsi il signor Lucchesi nel suo ufficio.

«Pietro, qui le cose non vanno per niente bene, e ho già preso una decisione. Voglio che tu diventi il nuovo Direttore generale; è una patata grossa e bollente, te la prendi?» disse, seguendo il suo solito stile e un format già visto in altre occasioni: andare dritto al punto, senza fronzoli e giri di parole.

«Beh, questa è un'ottima domanda! Non è la prima volta che mi chiede una cosa del genere...» risposi, utilizzando volutamente una frase di riempimento, tattica popolare per guadagnare più tempo.

Non ero assolutamente preparato alla situazione, e avevo bisogno di rompere il silenzio e di guadagnare tempo, mentre cercavo dentro di me una risposta.

Ero in difficoltà: non sapevo se accettare, accettare ponendo delle condizioni o rifiutare l'offerta, che comunque era allettante.

Troppe opzioni... e non avevo tempo!

«Capisco che non sai cosa dire per ringraziarmi» continuò Lucchesi. «Il tuo silenzio è un silenzio di accettazione. Sei sicuramente all'altezza delle mie aspettative: sei l'uomo giusto per guidare questa azienda! Ti faccio sistemare il contratto e vedrai che sarai contento.»

A quel puntò mi guardò. Io ero ancora in silenzio.

«Pietro, tu hai e trasmetti una passione straordinaria; sei in grado di gestire la pressione e il controllo che derivano da una posizione di così alto profilo, specialmente in questo momento della vita della nostra azienda» continuò Lucchesi. «Hai una visione chiara, che ti permette di sviluppare una strategia aziendale… e noi dobbiamo essere sempre molto più avanti dei nostri concorrenti nel vedere e comprendere come possono evolversi le tendenze dei mercati.

«La passione, però, non basta. Questa azienda non avrà una vita lunga se commettiamo errori nella scelta delle persone… e di errori ne ho già fatti, con alcuni dei miei collaboratori. Basta! Non posso più permettermi di sbagliare! È un esercizio troppo costoso e distruttivo. La Lucchesi può arrivare molto lontano, ma non può arrivarci senza le persone giuste al comando. Tu dovrai essere in grado di attrarre capitale umano di talento… persone che sostengano la missione e la visione dell'azienda.

«Sei capace di comunicare, e lo fai in modo efficace. Hai gestito il caso di Michele in modo brillante, mi hai dimostrato di avere la situazione sotto controllo. Ti ascolto quando parli all'organizzazione: sei a tuo agio con i clienti, e mi sei piaciuto alla cena nel mio Golf Club, davanti a un pubblico che non conoscevi.»

Mentre il boss parlava, io ragionavo su mille cose. Formalmente, avrei reso conto del mio operato al Consiglio di amministrazione, ma in realtà lo avrei fatto al signor Lucchesi. Sapevo che le mie responsabilità specifiche potevano variare leggermente da quello che avevo in mente e che avevo visto nel corso della mia carriera; ma, in generale, in ogni caso sarei stato il responsabile del successo o del fallimento finale dell'azienda.

«Manterrai la responsabilità della Direzione commerciale» continuò Lucchesi, «perché non voglio delegare ad altri la gestione dei grandi clienti: sono troppo importanti, per noi. Dovrai gestire al meglio le relazioni con loro, mantenere il polso della situazione e garantire che siano soddisfatti dell'esperienza con la nostra azienda. Dovrai anche formare un assistente, perché in questo momento nessuno ha la tua conoscenza, in merito.

«Anche se non ti ho mai visto negoziare con Gemplus, Schlumberger, Selp, McNaughton e Antalis, i risultati che stai portando a casa sono buoni. Sappi che nel nuovo ruolo ti troverai a negoziare molto più spesso, e non solo con i clienti. Dovrai tenere traccia di molteplici compiti e responsabilità, sarai chiamato a gestire molti progetti contemporaneamente; è importante che tu sia organizzato, garantendo che le attività siano completate in tempo. E non dovrai dimenticare alcun dettaglio. Ovviamente, potrai delegare.»

Finalmente, mi decisi a rispondere.

«La ringrazio per la fiducia, signor Lucchesi. Non la deluderò!» esclamai. Sebbene il tono della mia voce fosse molto sicuro, intimamente avevo paura di fare il proverbiale passo più lungo della gamba.

Mentre scendevo le scale della mansarda il mio cuore sorrideva. Ero contento: stavo vivendo un momento di grande emozione, di soddisfazione personale e gratitudine.

Il mio pensiero andò innanzitutto a mia madre e a mio padre; li ringraziai per avermi insegnato il valore del duro lavoro e della perseveranza. Senza il loro sostegno, non sarei mai arrivato fin lì.

Mi sentivo orgoglioso del lavoro svolto, grato per la fiducia che l'azienda aveva riposto in me e stimolato dalle opportunità che si prospettavano all'orizzonte.

Il mio lavoro di Direttore commerciale non sarebbe cambiato. Vi si aggiungevano finanza, amministrazione e controllo di gestione, ma ero fiducioso: avrei gestito tutto al meglio, grazie al mio percorso accademico e alle mie competenze.

Sapevo che in futuro avrei dovuto dedicare molte energie ai rapporti con le banche, per sostenere i progetti di crescita. E poi mi sarei occupato di nuove linee di prodotti, di creare e mantenere vantaggi competitivi, di allargarmi in potenziali nuovi mercati, dell'attenuazione dei rischi, dello sfruttamento delle opportunità e di mille altre cose ancora.

Era una grande sfida, indubbiamente. Avrei dovuto imparare a utilizzare meglio gli input degli altri collaboratori, e pensai che fosse importante costruire da zero una funzione nuova: un People & Culture Manager che si concentrasse sulla costruzione e il mantenimento della cultura aziendale, supervisionando tutti gli aspetti inerenti alle risorse umane, dall'assunzione dei nuovi dipendenti allo sviluppo dei programmi di formazione e al miglioramento dei tassi di fidelizzazione dei dipendenti.

Ricevevo un'eredità importante: la gestione di un'azienda con una cultura fortemente familiare; ero cosciente che la mia visione e i miei valori avrebbero portato quella identità aziendale, radicata e solida, in molteplici e diverse direzioni. Ed ero consapevole che l'organizzazione avrebbe guardato con attenzione al mio comportamento, analizzando ogni singola azione da me intrapresa… o non intrapresa. Sarei stato giudicato anche per le scelte più banali, come l'abbigliamento e il modo di presentarmi.

Avevo una grandissima responsabilità: come Direttore generale, le modalità di interazione con gli altri membri dell'azienda avrebbero influenzato il tono del resto dell'organizzazione.

Anche se l'azienda aveva un proprietario il cui cognome non era il mio, io diventavo, ancora di più, il volto dell'organizzazione. Avrei rappresentato l'azienda di fronte a dipendenti, clienti, fornitori e un ampio numero di altri soggetti, trasmettendo elementi fondamentali dell'identità aziendale.

Capii che da quel momento non sarei mai stato veramente "fuori servizio", perché ci sarebbe stato sempre qualcuno a osservarmi o ad ascoltarmi. Mi fu chiaro che da quel momento avrei potuto impostare anche un *out of office*, ma che nessuno l'avrebbe rispettato: tutti avrebbero dato per scontato che avrei letto qualsiasi messaggio (non solo quelli a me destinati, ma anche quelli in copia per conoscenza) e che avrei risposto alle telefonate a qualsiasi ora del giorno e della notte.

Per la quarta, e per fortuna ultima volta nella mia vita, accettai l'incarico senza negoziare le condizioni. Non me ne sono mai pentito, perché Lucchesi con me fu sempre molto generoso. Molto.

In quel contratto, preparato unilateralmente, inserì condizioni di salvaguardia e garantiste in caso di licenziamento non sorretto da giusta causa (che avrei dovuto chiedere io, non inserire lui) che si rivelarono molto utili, qualche anno più tardi.

Da quel momento, in tutti i miei successivi contratti di lavoro ebbi la forza di inserirli e farli accettare, e oggi suggerisco a tutti (quando si ha la "forza" di poterlo pretendere) di far inserire tali clausole.

Gli anni successivi furono molto intensi.

Molte delle cose che avevo ipotizzato nella mia chiacchierata con Michele si erano avverate, grazie all'intelligenza e all'imprenditorialità del signor Lucchesi e alla risposta dei mercati, che in quegli anni erano particolarmente tonici, e l'anno successivo arrivai a gestire un'azienda di quasi duecento persone (vista con gli occhi di oggi potrebbe sembrarmi piccola, ma allora non lo sembrava affatto).

Passammo a produrre a ciclo continuo, altrimenti non saremmo stati in grado di garantire i volumi richiesti dal mercato. La crescita fu senza freni fino al 2001, quando investimmo in un innovativo impianto di spalmatura e laminazione che ci avrebbe aperto nuove prospettive nel mercato di prodotti a più alta marginalità, e proseguì allo stesso ritmo fino al 2002, con un fatturato di 58 milioni di euro, 23.500 tonnellate e 285 collaboratori.

Purtroppo, non arrivò nessun private equity, e nel giugno del 2003 Lucchesi vendette la totalità delle sue azioni a un gruppo francese. La nuova proprietà voleva entrare nei mercati dove noi eravamo leader, e anziché investire in impianti aveva deciso di comprarsi direttamente un'azienda intera, pronta all'uso.

Compresi immediatamente che non ci sarebbe più stato spazio, per me, e che la nuova proprietà avrebbe voluto gestire tutto in prima persona; sapevo che non avrei avuto vita lunga, in azienda.

Non volevo fare la fine del salmone che risale la corrente contro tutto e tutti, per poi diventare sashimi negli *All you can eat*; così, quando mi venne chiesto di fare un passo indietro e di lasciare spazio nel ruolo di Direttore generale al figlio nel nuovo azionista, colsi l'occasione per negoziare il mio pacchetto retributivo.

Decisi di trattare le nuove condizioni, e sebbene fosse la prima volta che lo facevo, ero preparato. Ho un ricordo molto lucido di come preparai e pianificai la discussione che avrei avuto con il nuovo Direttore generale. Cosa che avvenne a fine luglio, nel mio ufficio.

Se ci penso ora, dopo quasi vent'anni, sorrido. Sorrido perché ci arrivai preparato, deciso a portare a casa due risultati: un aumento di stipendio importante e un bonus legato al miglioramento delle performance aziendali. Dal mio punto di vista non era importante "sacrificare" delle richieste allo scopo di mantenere un buon rapporto; dovevo solo massimizzare l'aumento di stipendio, perché prima o poi si sarebbe verificata una delle due seguenti condizioni: licenziamento o dimissioni.

Così, mi presentai al colloquio fiducioso; inoltre, mi aspettavo che l'azienda avesse la possibilità di sfruttare le sinergie di gruppo sotto molteplici punti di vista: rinegoziazione del debito con le banche, maggiore potere di acquisto con i fornitori, ottimizzazione della produzione tra i vari siti produttivi e riduzione degli organici per l'accorpamento di alcune funzioni di gruppo.

Fu il mio interlocutore a parlare per primo: «Voglio assumere io la funzione di Direttore generale; tu farai il Direttore commerciale».

Da quell'esordio infelice, capii subito che avrei avuto vita facile.

Avevo ben chiara la differenza tra *volere qualcosa* e *avere bisogno di qualcosa*, e lui mi aveva espresso chiaramente che avrebbe fatto di tutto per ottenere quella posizione. Gli feci capire che quella funzione era la mia, e che un mio passo indietro era abbastanza improbabile. Al tempo stesso, però, lasciai la porta aperta, chiedendogli cosa fosse disposto a offrire lui, se io avessi rinunciato alla mia posizione.

«Pietro, ti posso aumentare lo stipendio del 20%» rispose.

«Mm... onestamente, il 20% mi sembra un po' poco; mi aspettavo molto di più.»

A quel punto rimasi in silenzio. Lui era decisamente in difficoltà. «Va bene, Pietro... posso arrivare fino al 30%, ma non di più» disse alla fine.

«Siamo ancora distanti da quello che avevo in mente, ma, se sei d'accordo, mettiamo un attimo da parte questo aspetto e parliamo di un bonus legato ai risultati. Io avevo pensato a un bonus legato all'EBITDA.»

«Bene, io avevo pensato di assegnarti un premio del 1% sull'utile, cosa ne pensi?»

Trovai particolarmente bizzarro legare il calcolo all'utile lordo. In quel momento l'azienda aveva un EBITDA positivo grazie agli ammortamenti a seguito dei cospicui investimenti, ma l'utile lordo era basso.

A quel punto provai con un meccanismo che avevo già elaborato e calcolato prima dell'incontro, e che proposi con chiarezza: «A partire dall'esercizio 2004 e per ogni anno successivo, mi verrà riconosciuto un bonus del 2% calcolato sul maggiore tra l'utile lordo a fine esercizio e la differenza tra l'utile lordo a fine esercizio e quello del 2003».

«Mon dieu... c'est trop!» rispose lui. «Posso arrivare a un punto percentuale, due è troppo! Abbiamo poco cash in questo momento, più avanti vedremo.»

Avevo ben chiaro che non sarei rimasto a lungo in azienda, quindi il mio interesse era di massimizzare i risultati.

«Sono disposto ad accettare la tua proposta del bonus di un 1%, un bonus una tantum di cinque mensilità da pagarsi ad agosto e un aumento dello stipendio del 35%; oppure, un bonus del 1,5% più un bonus una tantum di quattro mensilità e un aumento dello stipendio del 30%.»

In pratica, ero disposto a sacrificare un bonus maggiore (che nella mia mente non avrei mai visto, perché mi avrebbero licenziato o mi sarei dimesso prima della fine del 2004) a fronte di una lauta una tantum.

«Va bene, Pietro. Io voglio essere il Direttore generale, te l'ho detto. Quindi: tu fai il Direttore commerciale, marketing e R&S... facciamo un bonus di 1% sull'utile, una tantum di cinque mensilità e un aumento del 35%!»

«Bene, accetto questa proposta. La direzione generale è tua.»

Il titolo non era importante, per me, e fare quel passo indietro a fronte del nuovo pacchetto non rappresentava un problema, anzi.

Venni licenziato per giusta causa il 19 dicembre dello stesso anno, adducendo la soppressione della funzione di Direttore commerciale. Fu uno dei regali di Natale più belli che abbia mai ricevuto.

Passai le feste in famiglia, e dopo un brevissimo corteggiamento da parte di Charoen Pokphand Group, il conglomerato thailandese che oggi conta più di 450.000 dipendenti, mi trasferii in Asia, dove rimasi otto anni.

Feci causa alla mia ex azienda per il pagamento delle indennità supplementari (l'idea di licenziarmi per soppressione della funzione era un po' debole) e del TFR. Vinsi in primo grado nel 2006 e vinsi in Cassazione nel 2010, dopo aver perso in Corte d'appello.

Oltre alla soddisfazione del risultato ottenuto in tribunale, ricevetti già in primo grado quanto il signor Lucchesi, modificando saggiamente e generosamente il contratto di lavoro a mio favore, aveva previsto per me.

Con mio sommo dispiacere il sito produttivo emiliano chiuse definitivamente i battenti nel novembre del 2012, e la sua capogruppo, schiacciata da oltre un centinaio di milioni di debiti, passò di mano qualche anno più tardi.

Ma questa è un'altra storia.

- Sapersi relazionare con gli altri in ogni circostanza è importante.
- Trai insegnamento anche dalle esperienze negative, e impara da esse tutto ciò che non si deve fare.
- Una buona occasione si presenta sempre; il problema è, semmai, saperla riconoscere.
- Se viaggi molto, utilizza i tempi morti per studiare e preparati.
- Saper vendere non significa saper negoziare.
- Una negoziazione davvero produttiva può iniziare solo quando la fase della vendita si è completata.
- Stabilire relazioni più genuine e vere migliora la propria credibilità.
- La preparazione è la prima e forse più cruciale attività, in una negoziazione.
- È fondamentale costruirsi una reputazione come negoziatore equo, onesto e affidabile.
- La negoziazione non è un'arte misteriosa, ma un'abilità pratica che tutti possono imparare e migliorare.

Sono quello che sono oggi per quello che ho fatto ieri.
Quello che faccio oggi determinerà chi sarò domani.

Eleanor Roosvelt

Capitolo 3

QUANDO NON NEGOZIARE È LA SCELTA GIUSTA

Non supporre nulla

In ogni azienda in cui ho lavorato ho sempre cercato di creare strutture organizzative che valorizzassero i collaboratori.

Mi ha sempre affascinato l'idea di vederli motivati e orientati a dare il massimo in ogni progetto; ho sempre cercato di creare un legame assai stretto tra chi lavora e l'obiettivo da raggiungere.

I membri di un gruppo di lavoro devono essere responsabili dei risultati; devono ideare e applicare tutti insieme le giuste strategie per portare a termine un progetto con successo.

Sono stato anche molto fortunato: ho trovato spesso persone con grandi capacità tecniche e attitudini proprie che, assegnate a progetti ambiziosi, si sono sentite valorizzate e si sono impegnate ancora di più.

A volte sono stato criticato per avere delegato tanto a "gerarchie orizzontali", ma non ho mai avuto la sensazione di aver perso il controllo, e non ho mai mancato il raggiungimento dei risultati nelle tempistiche stabilite. Questo perché ho sempre scelto le persone più idonee a guidare i gruppi di lavoro, dotate sempre di un'ottima conoscenza delle dinamiche di maggiore criticità all'interno dell'azienda.

In questo modello organizzativo, a me più congeniale, l'autorità (intesa come strumento per imporre decisioni di forza) lascia il posto all'influenza più sottile (ma non meno efficace, anzi) della negoziazione.

Applicare l'arte della negoziazione diventa quindi il principale modus operandi per fare avanzare progetti e attività.

La negoziazione è arte, ma è anche la scienza per ottenere ciò che desideri!

Ma facciamo un passo indietro: bisogna negoziare sempre e comunque? No.

A volte anche non negoziare va bene, ma abbandonare l'idea di farlo, rifiutare di ingaggiarsi in una trattativa e accettare immediatamente quanto ti viene offerto deve essere il risultato di un processo decisionale, di una scelta ben precisa.

Esistono diversi casi in cui la decisione di non negoziare è la migliore, e non mi riferisco alla paura di decidere, di sbagliare, di non essere all'altezza o di esporsi.

Il punto è questo: qualunque decisione tu prenda, ti metti in gioco come artefice delle tue azioni e diventi responsabile, attraverso le tue decisioni, delle conseguenze di tali scelte. Se la decisione presa si dovesse rivelare a posteriori sbagliata, avrai comunque fatto esperienza, imparando qualcosa di nuovo (magari come comportarti in maniera differente, in futuro).

Quando la tua decisione è quella di non prendere alcuna decisione (esatto: non decidere è a tutti gli effetti... una decisione), speri inconsciamente che il problema si risolva da solo; se invece scegli, devi essere in grado di gestire le tue emozioni, la più importante delle quali è la paura.

La vita, che ci piaccia o no, ci obbliga di continuo a operare delle scelte, a prendere decisioni; e molte di queste decisioni portano a negoziazioni che spesso vorremmo evitare, perché implicano sentimenti misti ed emozioni complesse.

Decidere quando non negoziare è spesso una questione articolata e difficile, che richiederebbe la stessa analisi e lo stesso tempo che dovremmo dedicare alla preparazione di una negoziazione.

Per quanto una negoziazione sia semplice, dovremmo sempre approfondire almeno gli interessi, i bisogni, i desideri e le motivazioni di base (espliciti o meno che siano) tanto nostri quanto del partner negoziale; poi, dovremmo passare alle opzioni costituite dalle scelte che le parti potrebbero prendere in considerazione, tra quelle disponibili, per soddisfare i loro interessi; infine, dovremmo ragionare sulle soluzioni che percorreremo se l'accordo non dovesse andare a buon fine, analizzando la migliore alternativa a un accordo negoziato.

Per completare un'analisi completa e ben articolata, la nostra decisione dovrebbe tenere conto della possibilità di raggiungere un accordo legittimo ed equo che possa gettare le basi per accordi futuri, se con il partner negoziale continueremo ad avere rapporti. Se invece riteniamo che non avremo più a che fare con lui, magari che non lo rivedremo mai più, non avremo le implicazioni successive alla chiusura dell'accordo.

I "negoziati improvvisati" non possono esistere, sono un ossimoro; una negoziazione è il risultato di una grande preparazione, perché l'improvvisazione sia addice solo a negoziazioni (e negoziatori) in cui interessi, opzioni e alternative sono così semplici e talmente familiari da poterne parlare spontaneamente.

Ma, anche in questo caso, non stai improvvisando: domini la situazione, conosci a fondo la materia, ti affidi a tutte le tue conoscenze e al cumulo delle esperienze fatte fino a quel punto. Certo, si tratta di rare eccezioni; la realtà è che purtroppo, troppo spesso, individui o organizzazioni si affrettano a negoziare senza un'adeguata pianificazione e non viene dedicato il tempo necessario alla preparazione, oppure mancano molti degli elementi fondamentali.

«Pietro, domattina devo negoziare un contratto di fornitura con Leonardo S.p.A. È una commessa su tre anni, per 17 milioni di euro, cosa mi consigli?»

Il fallimento nel prepararsi significa prepararsi a fallire.

Se proprio non puoi evitare la negoziazione, devi quantomeno essere cosciente che la tua mancanza di preparazione influirà sui risultati, e non mi riferisco al solo valore monetario, perché potrebbe subire delle conseguenze anche l'accordo, o la relazione.

In casi come questi, se proprio devi negoziare e non hai via di uscita, per limitare i danni assicurati di avere almeno definito i tuoi interessi, le opzioni e la miglior alternativa all'accordo negoziato, seguendo logiche più pratiche e sbrigative, utili e preziose (ma non scevre da pericoli e insidie).

Ad esempio, potresti trovarti nel bel mezzo di una trattativa che non avevi ancora intenzione di iniziare, ed essere quindi totalmente impreparato. Cosa fare? Temporeggiare? Oppure, sullo slancio dell'entusiasmo, capitalizzare il momento? Anche perché non capisci se il tuo partner negoziale, facendoti un'offerta, abbia volutamente cercato di coglierti impreparato per trarne un vantaggio.

Queste situazioni in cui nascono contrattazioni informali sono abbastanza frequenti e per nulla atipiche; pensa a un pranzo di lavoro, a un incontro con un amico in libreria o a una conversazione in aereo, con il tuo vicino di posto.

Imparare a improvvisare diventa quindi una delle tue fondamentali abilità di negoziatore.

Qualche anno fa ero sul treno che da Roma porta a Milano.

«Mi scusi se la disturbo; mi chiamo Silvio Alessandrini, faccio l'avvocato a Siena. Non ho potuto non ascoltare la sua telefonata e, visto che lo vende, sarei interessato al terreno di Monteriggioni di cui ha parlato. Le offro il doppio della sua richiesta. Conosco bene il terreno di cui parla: è povero di nutrienti e ben drenato, ottima composizione ed esposizione al sole.»

L'offerta arrivava da un signore distinto, seduto di fronte a me.

Respirai profondamente, imponendo al mio corpo e al mio cervello di mantenere la calma.

«È un piacere conoscerla» risposi. «Non si preoccupi, non era una conversazione riservata. E, a proposito, complimenti per la sua competenza riguardo terreni e vigneti.»

Con questa prima conversazione ho cercato di mostrare rispetto e, al contempo, di iniziare a sviluppare un rapporto; poi, ho fatto una serie di domande per capire di più, spostando la discussione da una contrattazione a uno scambio di informazioni. Nel frattempo prendevo appunti sulle risposte utili al processo.

Il treno aveva da poco passato la stazione di Bologna; avevo meno di un'ora di tempo prima di arrivare a Milano. Ad arte, ero lento nello scrivere, e ripetevo le cose per rallentare il processo: dovevo guadagnare tempo.

«Signor Alessandrini, è davvero un piacere parlare con lei! Sono affascinato dalla sua conoscenza dell'enologia. Non vorrei mancarle di rispetto, ma ora devo assolutamente partecipare a una video chiamata, non dovrebbe durare molto. Le dispiace se continuiamo appena finisco?»

Un po' come se fosse una partita di poker, decisi di non *passare la mano*, ma neanche di *vedere* la sua offerta: rimandai la negoziazione, con l'intenzione di prepararmi a sufficienza, nonostante il poco tempo a disposizione.

Con la scusa della riunione, riuscii a preparami concentrandomi sull'essenziale; annotai quelli che erano i miei interessi e ciò che ero riuscito a capire della controparte negoziale, scrissi un paio di messaggi ad amici esperti di terreni per avere ulteriori conferme sul valore della proprietà e chiesi a un mio amico avvocato di Colle di Val d'Elsa maggiori informazioni sul suo collega. L'alternativa all'accordo negoziato l'avevo già.

Poco prima della stazione di Lodi fissammo un incontro per il giorno successivo, così da discutere nel dettaglio l'operazione, con l'obiettivo di arrivare rapidamente a un preliminare di vendita.

Questo rappresenta un caso estremo, ma esistono molteplici situazioni in cui le circostanze ti costringono a non negoziare affatto.

Quando non vale la pena negoziare?

Quando la negoziazione non conviene, non è vantaggiosa, non vale l'impegno e lo sforzo che richiede.

Non dovresti negoziare se c'è poco o nessun valore; se c'è il potenziale rischio di perdere più di quanto potresti guadagnare; se anche solo emotivamente ti costerà di più. In questi casi la soluzione migliore è evitare la negoziazione.

Non negoziare se rischi che un piccolo problema possa diventare un grande problema, e ricorda sempre: non ha alcun senso condurre una trattativa se le persone intorno al tavolo non hanno l'autorità per prendere una decisione o accettare un accordo.

La nostra mente spesso tende a saltare a conclusioni errate per risparmiare tempo ed energie cognitive.

I Quattro Accordi sono quattro insegnamenti di vita raccolti da Don Miguel Ruiz, maestro spirituale e autore rinomato che ha dedicato la sua vita allo studio della saggezza trasmessa dai Toltechi, un popolo che proliferò nell'epoca precolombiana nel Messico centrale.

Tutti e quattro gli insegnamenti si applicano perfettamente alla negoziazione, ma è il terzo accordo a essere semplicemente illuminante: non supporre nulla.

In effetti, se abbiamo dubbi è meglio domandare, piuttosto che fare supposizioni inutili: spesso, non siamo capaci di vedere com'è realmente la situazione perché non conosciamo bene gli altri.

Non presumere mai che il partner negoziale abbia piena autorità solo perché sta negoziando con te: se ci caschi, potresti trovarti in una brutta situazione. Quindi, informati sempre e non pensare che non sia legittimo chiedere.

È meglio evitare di negoziare piuttosto che trovarsi nella situazione di scoprire che l'accordo che si credeva di aver raggiunto non era altro che il punto di partenza per ulteriori trattative e negoziati, da portare avanti con un altro interlocutore. Meglio essere cauti e accertarsi che tutti gli aspetti dell'accordo siano stati chiariti, prima di considerarlo completo.

Persone e problemi

Nelle negoziazioni è fondamentale separare le persone dai problemi.

Le persone non sono il problema, e se affronti una negoziazione come se lo fossero, probabilmente non andrai da nessuna parte. Se non separi la persona dal problema, potresti finire per sentirti offeso (od offendere qualcun altro), piuttosto che trovare soluzioni reciprocamente vantaggiose.

Spesso confondiamo problemi e persone senza neanche rendercene conto; questo è pericoloso.

Devi sempre gestire le persone in modo rispettoso; uno dei prerequisiti per una negoziazione di successo è chiederti continuamente se stai separando la persona dal problema, e se sei pronto ad affrontare efficacemente entrambi.

Esiste anche il caso in cui al tavolo delle trattative vengano convocate persone che non vorresti incontrare.

Immagina questa situazione: sei convocato dal Direttore acquisti di un tuo cliente globale per negoziare l'accordo per il prossimo anno, e nella lista dei partecipanti, presente sulla convocazione, vedi il nome del Direttore di stabilimento dell'impianto recentemente acquisito, che preferisce utilizzare i materiali della concorrenza.

In un caso del genere, valuta l'opportunità di non negoziare, perché dalla trattativa ne usciresti con le ossa rotte; o, quantomeno, trova il modo per evitare la sua presenza al tavolo.

In situazioni come queste (o anche più complesse), se ci tieni a mantenere una buona relazione con il partner negoziale assicurati di esprimere il tuo apprezzamento per lui. Dichiara chiaramente che preferisci non negoziare, ma senza entrare nei dettagli, senza spiegare il reale motivo della tua decisione, soprattutto se potrebbe offendere il partner negoziale.

In generale, ricorda che quando segnali un problema (ad esempio: «Il magazzino è un disastro!»), qualcuno dall'altra parte del tavolo potrebbe prendere le tue parole come un attacco personale, o una colpa: quando le persone ascoltano commenti sulla "sostanza", possono dedurre nell'atteggiamento di chi parla qualcosa di negativo nei loro confronti.

Altro caso in cui ha poco senso negoziare è quando la migliore alternativa a un accordo negoziato supera di gran lunga il miglior risultato possibile di qualsiasi scenario negoziale. Date queste premesse, impegnarsi in una trattativa è inutile e pericoloso.

Io arrivo alle negoziazioni sempre ottimista: penso di poter contribuire, perché sono convinto di portare al tavolo negoziale opportunità preziose per i miei interessi e per quelli del partner negoziale. Ma alla fine preferisco non negoziare, se dopo essermi preparato approfonditamente comprendo che l'unica opzione possibile è una negoziazione *distributiva* dove, come nello sport, c'è un vincitore e un perdente, e non c'è nessuna possibilità di trasformare la trattativa in una negoziazione *integrativa*, dove le parti collaborano per trovare insieme la migliore soluzione, condividendo informazioni e risorse.

Va da sé che rinuncio a negoziare anche quando penso di non avere potere e leve su cui agire, e quindi mi troverei a cedere indiscriminatamente (si tratterebbe di una negoziazione distributiva tutta a vantaggio del mio partner negoziale).

Ancora una volta, è fondamentale la preparazione, qui declinata nella valutazione corretta del potere negoziale. Se sbaglio a valutarlo o anche solamente arrivo a una valutazione non del tutto corretta, corro un duplice rischio: sottostimare o sovrastimare il mio potere negoziale può farmi rinunciare a priori a negoziare, suggerendomi di ricorrere a due altre modalità di gestione della trattativa, meno produttive: l'imporsi o il cedere.

Per negoziare, ogni parte deve conoscere al meglio (e non solamente *presumere*) le leve in gioco e come e quando usarle, considerando tanto le proprie quanto quelle del partner negoziale.

Ma cosa intendo quando parlo di "leve"?

Leva è qualsiasi cosa che può costituire un *incentivo* o una *sanzione* realmente attivabile per portare il partner negoziale a considerarci interessanti e/o anche solo a spingerli a sedere al nostro tavolo.

Anche il fattore tempo (una scadenza, o una data incombente) può influire sul beneficio tattico: può far piegare una delle parti e diminuire il suo vantaggio, in particolare se si trova nella posizione più debole.

C'è poi il caso in cui la richiesta di negoziare può essere interpretata come un segnale sbagliato, e allora è meglio non negoziare.

Le situazioni potrebbero essere molteplici. Immagina di aver concluso un contratto importante; il cliente che corteggiavi da anni ti ha concesso di entrare nel novero dei fornitori, e la dura negoziazione si è conclusa con mutua soddisfazione. Gli ordini iniziano ad arrivare con regolarità, sei soddisfatto. Dopo qualche mese, però, il tuo cliente ti chiama per chiedere un piccolo sforzo di prezzo su un ordine particolare, dove lui ha un margine risicato.

In questo caso puoi dirgli di no, spiegandogli serenamente i motivi… magari anche il tuo margine è risicato; oppure puoi accordargli lo sconto, sperando che in futuro il cliente si ricorderà della cosa e ti ricambierà la cortesia (questa in realtà non dovrebbe mai essere un'opzione da prendere in considerazione: mai dire di sì andando "a credito").

Quello che non dovresti fare a cuor leggero è negoziare in cambio del "favore", perché in questo caso si dovrebbe applicare il principio di reciprocità, e il chiedere qualcosa in cambio potrebbe farti apparire ingrato: la tua immagine potrebbe uscirne danneggiata.

Una relazione viene costruita nel tempo su fiducia, comprensione, rispetto e amicizia; una relazione del genere può rendere ogni nuova trattativa più agevole ed efficiente.

Il desiderio delle persone di sentirsi bene con sé stesse e la loro preoccupazione per ciò che gli altri pensano di loro, spesso può renderle più sensibili agli interessi di un altro negoziatore.

Ci vuole molto tempo a costruire una relazione basata sulla fiducia e sulla comunicazione, ma basta davvero poco per deteriorarla, quindi sii intelligente quando decidi se negoziare e cosa negoziare.

Non negoziare qualcosa di marginale oggi, potrebbe portarti a risultati più significativi domani.

Bisogna sempre avere una visione più ampia, meno legata al breve termine e più al medio o al lungo termine, e cedere qualcosa adesso potrebbe portarti un vantaggio in seguito. È come quando nel gioco degli scacchi si sacrifica un pedone per ottenere una posizione migliore, o per evitare lo scacco al Re.

Vivendo per molti anni all'estero, ho frequentato negoziatori di culture diverse; ciò mi ha permesso di comprendere che spesso non c'è consenso sugli scopi di una negoziazione.

Per alcuni, l'obiettivo primario di una trattativa è un contratto firmato; per altri, è la creazione di un rapporto tra le due parti: sebbene il contratto sottoscritto implichi l'esistenza di una relazione, l'essenza del contratto è la relazione stessa.

Questa differenza può spiegare perché in Asia, dove il focus è spesso sulla creazione di una relazione, tendono a dedicare più tempo e impegno ai preliminari negoziali, mentre i nordamericani sono spesso più essenziali e sbrigativi, e riducono al minimo questa prima fase.

Il contesto culturale è rilevante, quando ci si approccia a negoziazioni e contratti: i negoziatori di culture diverse possono tendere a vedere lo scopo di una negoziazione in modo diverso, perché ogni cultura ha un suo modo di interpretare il mondo e quindi un modo diverso di negoziare.

Alcune culture vedono la negoziazione come una battaglia da combattere e vincere; altri vogliono un risultato vantaggioso per tutti. Capire come integrare correttamente il proprio stile di negoziazione personale in un contesto interculturale è vitale, per avere successo nei mercati globali. È quindi fondamentale, prima di una trattativa con qualcuno di una cultura diversa dalla propria, prepararsi adeguatamente.

In caso contrario, magari conviene non negoziare affatto, perché negoziare potrebbe risultare difficile, increscioso, spiacevole e controproducente.

Esistono poi situazioni che ci portano a negoziare o a non negoziare a seconda del contesto.

Immagina di dover comprare una borsa da Louis Vuitton, o un qualunque altro oggetto in un negozio di un marchio di lusso. Ti assicuro che nessuna delle frasi seguenti funzionerebbe.

«Ho un budget massimo di N euro, andata?»
«E se pago in contanti quanto mi toglie?»
«Fino a che punto può scendere, per venirmi incontro?»
«È proprio il meglio che può fare?»
«Le do N euro e la compro subito, va bene?»
«Accetto questo prezzo se lei mi omaggia anche di...»
«L'ho vista in un altro negozio a meno!»

Attenzione, però: queste frasi non funzionerebbero neppure alla cassa di un centro commerciale, se al posto dell'oggetto di lusso stessimo comprando uno spazzolino, dei biscotti o della carta igienica.

In entrambi i casi, sappiamo perfettamente che non è opportuno negoziare (anzi, sarebbe del tutto inutile, una perdita di tempo); quindi, non dipende dal prezzo dell'oggetto che si vuole acquistare.

E perché, invece, dal gioielliere o dal contadino possiamo negoziare? Il valore dell'acquisto non c'entra, perché la stessa logica si applica a gioielli o a uova fresche.

Il punto è che se compro degli orecchini da Barbara e Leonardo, i miei gioiellieri di fiducia, posso tranquillamente chiedere: «Quanto mi fate se ne prendo due paia, pensate che possano piacere alle mie figlie, Giulia e Alessia?».

E così se vado al negozio di specialità alimentari *Adriano*: «Senti, se anziché di prendere due etti di salame te lo prendo tutto, mi tratti bene?».

Quindi, la differenza non è nel valore dell'acquisto, e neppure è connessa al prodotto; la differenza è dovuta al fatto che il commesso di Louis Vuitton e il banconista del supermercato non hanno l'autorità per negoziare, mentre i titolari della nostra gioielleria o del nostro negozio di alimentari di fiducia hanno questa autorità.

Così, nel primo caso a negoziare non ci proviamo neanche, nel secondo sì.

C'è poi la possibilità di dover incontrare un negoziatore sleale, noto per utilizzare tattiche di negoziazione non etiche. In questo caso, devi essere molto cauto.

Purtroppo, non sai mai quale trucco impiegherà, e qualsiasi accordo che prenderai probabilmente non sarà onorato. Sfortunatamente, il primo momento utile per individuare una tattica scorretta è dopo il suo utilizzo.

Quando noti un cambiamento nello stile di negoziazione o nel comportamento, è probabile che stia per accadere qualcosa di spiacevole; purtroppo, però, le persone avvezze a comportarsi in modo sleale di solito sono anche piuttosto brave a nasconderlo.

Personalmente, considero e classifico come comportamenti non etici il bluff, l'inganno, l'alterazione, la deformazione, la distorsione, la falsificazione, il fraintendimento, lo stravolgimento, l'uso di informazioni selettive e le bugie.

Questi comportamenti non solo sono eticamente sbagliati, ma anche dannosi per la fiducia nelle relazioni personali e professionali: creano un clima di incertezza e di sfiducia.

Inoltre, queste azioni possono avere conseguenze legali e finanziarie negative, oltre a danneggiare la reputazione tanto dell'individuo quanto dell'azienda coinvolta.

Il mio consiglio non può quindi che essere uno solo: comportati sempre in modo etico e trasparente, in tutte le situazioni; promuovi sempre l'onestà e la responsabilità personale... vedrai che questo comportamento darà i suoi frutti.

Comportamenti non etici possono influenzare o indurre un negoziatore ad adeguare interessi, opzioni, alternative, migliore alternativa all'accordo negoziato, prezzo di riserva (in inglese RV, Reserve Value, che vedremo meglio nel capitolo 4) e altri fattori chiave.

I negoziatori sleali non hanno alcun rimorso di coscienza. Il loro comportamento non li disturba; la prevaricazione per loro è naturale come respirare.

Se in fase di preparazione sei riuscito a raccogliere informazioni che confermano la slealtà dei tuoi interlocutori, il mio consiglio è di chiederti seriamente se vuoi fare affari con persone del genere.

In ogni caso, se hai buone ragioni per trattare ma le cose dovessero prendere una brutta china, prendi in considerazione l'idea di uscire elegantemente di scena e di abbandonare il tavolo negoziale.

Lo stesso vale per le negoziazioni iniziate già in malafede, quelle in cui il partner negoziale non ha in realtà alcuna intenzione di raggiungere un accordo. Fa solo finta di lavorare per una risoluzione, mantenendo nascoste le sue vere motivazioni.

Di solito, fa di tutto per portare il processo allo stallo con richieste irragionevoli dell'ultimo minuto, o con l'invio al tavolo delle trattative di una persona che non ha il potere decisionale. Spesso questi comportamenti sono seriali, quindi dovresti essere in grado di saperlo prima di negoziare.

Infine, eviterei di negoziare con un partner negoziale non preparato, che non abbia la necessaria dimestichezza con le tecniche di negoziazione (magari con persone molto giovani o molto anziane, anche se potresti avere delle sorprese).

Gli anziani, ad esempio, potrebbero parlare meno delle loro priorità, e non essere così abili nell'usare le informazioni quando queste sono disponibili.

«Le dispiace se viene anche mio nipote?» mi disse un signore di una certa età che voleva vendere il suo negozio.

In effetti, fu astuto. L'idea di portare con sé qualcuno più giovane per negoziare fu da me apprezzata molto, in quanto assicurò a entrambi di non perdere opportunità nella negoziazione, anche se introduceva un elemento destabilizzante. Mi ero concentrato spesso a colmare le lacune connesse agli stili, alla formazione, agli obiettivi diversi, ma mai prima di allora avevo prestato sufficiente attenzione al superamento delle barriere generazionali, durante la negoziazione.

In fondo, le prime persone con cui ho negoziato sono stati i miei genitori, nati rispettivamente nel 1929 e nel 1931; persone appartenenti alla *Silent generation*, mentre il grosso delle trattative le ho fatte con persone della *Gen X* e i cosiddetti *Baby boomer*. Oggi, invece, mi trovo sempre di più a che fare con i *Millenials*, e a mia volta sono padre di *Gen Z*.

Non presto attenzione agli anni di confine tra le varie generazioni, mentre mi assicuro di considerare sempre le persone come individui, non solo come membri della loro generazione.

A seconda del contesto, potresti trovarti a negoziare contemporaneamente con quattro o cinque generazioni diverse allo stesso tavolo, quindi è importante comprendere, capire e immedesimarti nelle persone di differenti età, che potrebbero avere una mentalità diversa dalla tua.

Se decidi di negoziare, fatti trovare preparato... e da lì inizierà il bello.

Dopo aver parlato dell'età, un'ultima annotazione sul genere: la negoziazione è un'importante abilità sia per gli uomini sia per le donne, ed è necessaria in molteplici circostanze, dalla negoziazione di uno stipendio o di un contratto alla risoluzione di disaccordi familiari.

Il genere può influenzare il successo di una negoziazione a causa dei diversi modi in cui gli uomini e le donne affrontano i problemi.

Anche tu ti sarai accorto dell'esistenza di differenze di genere, sia nell'avvio delle negoziazioni sia durante le trattative. Gli uomini sono generalmente più propensi a entrare in trattativa rispetto alle donne; inoltre, quando negoziano sono più assertivi e ottengono accordi migliori, anche se questa differenza si sta assottigliando sempre più.

In realtà, quando le donne hanno esperienza eccellono nelle trattative, specialmente quando negoziano per terzi. Sono più collaborative e piacevoli nei negoziati... e molto più gentili: fanno più concessioni.

Il mio consiglio alle donne è di lavorare, di prepararsi tanto e di negoziare più spesso di quanto sarebbero portate a fare, perché questo sarà di grande aiuto per colmare il pregiudizio sul divario di genere (come quello per cui una donna che siede a un tavolo negoziale sia avida, o disperata).

- Non bisogna negoziare sempre e comunque.
- Non vale la pena negoziare quando la negoziazione non conviene, non è vantaggiosa, non vale l'impegno e lo sforzo che richiede.
- Non negoziare se rischi che un piccolo problema possa diventare un grande problema.
- Non ha senso condurre una trattativa se le persone intorno al tavolo non hanno l'autorità per prendere una decisione o accettare un accordo.
- Non conviene negoziare quando la migliore alternativa a un accordo negoziato supera il miglior risultato possibile di uno scenario negoziale.
- Valuta correttamente il potere negoziale e conosci le leve in gioco.
- Ci vuole molto tempo a costruire una relazione basata sulla fiducia e sulla comunicazione, ma basta davvero poco per deteriorarla.
- Il contesto culturale è rilevante, quando ci si approccia a negoziazioni e contratti.
- Promuovi sempre l'onestà e la responsabilità personale: vedrai che questo comportamento darà i suoi frutti.

L'improvvisazione è figlia dell'incompetenza
e madre della paura.
Suo fratello si chiama sbaglio.

mauro_jfp, twitter

Capitolo 4

PREPARARSI, SEMPRE!

Interessi, opzioni, alternative

I negoziatori esprimono solitamente due rimpianti, uno prima della trattativa e uno dopo.

«Non abbiamo avuto il tempo per prepararci meglio» è il primo.

«Avremmo potuto negoziare in modo migliore se ci fossimo preparati più accuratamente» è il secondo.

Negli anni ho constatato che un negoziatore, anche quando entra nell'ordine di idee di prepararsi, non segue un metodo idoneo. Spesso l'errore è ancora più grave: la preparazione manca del tutto.

Poco importa se la negoziazione implica la gestione di un conflitto all'interno dell'azienda o un contratto multimilionario, la revisione annuale degli stipendi o la finalizzazione di acquisizione, la definizione di un contratto con i sindacati o un trattato di pace internazionale.

Ogni negoziazione va preparata seriamente, e la mancanza di una preparazione adeguata impatta sul risultato, indipendentemente dalla posta in gioco e dalle abilità che hai acquisito nel tempo.

«Pietro, quanto tempo dedichi a preparare una negoziazione?»

Questa domanda mi viene rivolta spesso da executive, manager e amici.

La mia risposta è sempre la stessa: «Mai abbastanza».

Sono due le ragioni principali per cui anche negoziatori esperti arrivano mal preparati: non dispongono di un modo strutturato per prepararsi e non hanno una routine che consente loro di imparare dalle trattative passate.

Tutto nasce dall'assumere, erroneamente, che la negoziazione sia solo "arte", e non anche una "scienza".

Un altro errore è pensare di doversi preparare solo per grandi negoziati formali, convinti che la vera azione inizi al tavolo delle trattative.

La preparazione è la fase più critica dell'intera negoziazione, e anche qui si applica la regola dell'80/20: la maggior parte delle persone riesce o fallisce in una negoziazione in base a quanto si è bene o male preparata.

Il successo di una negoziazione consiste per l'80% nella preparazione e solo per 20% nella negoziazione effettiva.

Ricorda, quindi: più ti preparerai, più creativo e costruttivo sarai, maggiori saranno le opzioni che porterai al tavolo negoziale.

Se hai a disposizione più strumenti, hai maggiori possibilità di risolvere i problemi che incontri. Inoltre, se i tuoi strumenti sono di qualità superiore, sarai in grado di trovare soluzioni più efficaci e interessanti.

Un approccio proattivo e senza pregiudizi è fondamentale per capire quali variabili potrebbero avere valore e cosa significano per l'altra parte negoziale; senza un approccio di questo tipo, è molto probabile che tu possa solamente reagire, esponendoti a circostanze e a situazioni che sfuggiranno facilmente al tuo controllo.

Se ti prepari con sistematicità quasi ossessiva, non ti farai trovare impreparato e non sarai alla mercé delle iniziative della controparte. Con una preparazione adeguata, aumenterà la tua capacità di elaborare velocemente buone idee e ottimi argomenti. Inoltre, risolverai in modo rapido i problemi, con soddisfazione tua e del tuo partner negoziale.

Operando in questo modo ho riscontrato un aumento della mia competenza e della fiducia in me stesso, ancor più quando ero in grado di negoziare con equivalente successo entrambi i lati dell'accordo; questo mi ha spinto a prepararmi sempre meglio, considerando sia il mio punto di vista sia quello del mio partner negoziale.

La preparazione richiede tempo; tempo che spesso non vi si dedica perché siamo molto presi da varie altre attività. È necessario quindi un cambio di prospettiva: la preparazione va vista come un investimento, perché il tempo dedicato a questa importante attività ti permetterà di risparmiarne molto di più durante la negoziazione.

Oltre al tempo, prepararsi richiede anche impegno e sacrificio; implica rinunciare a investire il proprio tempo nell'immediato per qualcosa di più importante, in prospettiva futura. Riguardo alla preparazione vengo spesso criticato e accusato di essere ripetitivo, monotono e addirittura noioso. Ascolto di buon grado quanto mi viene detto, ne ho coscienza, ma non ho alcuna intenzione di cambiare.

«Pietro, sei contento del risultato che ho ottenuto? Secondo me abbiamo chiuso un buon accordo, sono riuscito a mantenere i prezzi dell'anno scorso con un aumento delle quantità.»

«Quindi, Giuseppe, pensi che con 3M sia andata bene? Vorrei che a questa domanda fossi tu stesso a rispondere, facendo il debriefing che ti ho insegnato. Intanto però, visto che me lo chiedi, permettimi di dire che avresti potuto fare molto meglio se avessi seguito il suggerimento che ti ho dato due settimane fa e ti fossi preparato meglio. Avresti potuto restringere il problema per arrivare all'accordo; potevi essere più creativo, fare più domande aperte, valutare molte più opzioni, formulare proposte più eleganti e originali e, infine, essere in grado di valutare offerte alternative più rapidamente.»

«Hai ragione Pietro… però non avevo tempo.»

«Per me non esiste la mancanza di tempo, Giuseppe. Esiste solo mancanza di volontà. Se vuoi qualcosa, se lo vuoi veramente, il tramonto diventa alba, il venerdì diventa mercoledì e ogni occasione diventa un'opportunità.»

1. Non avere tempo.
2. Averlo già fatto.
3. Sapere come fare.

Queste sono le tre scuse più comuni utilizzate per non prepararsi in modo metodico e completo.

Ricorda sempre che i principi di questa importante attività ti mantengono umile e affamato; seguire con disciplina un metodo ti impone di tenere i piedi per terra. Le persone metodicamente preparate non solo raggiungono i propri obiettivi e si comportano meglio, ma sviluppano anche più fiducia in sé stesse e una maggiore autostima; insomma, sono più efficaci e soddisfatte.

Molti limitano la propria preparazione concentrandosi solo su quello che vogliono ottenere; quando osservo le negoziazioni riscontro che la preparazione si è focalizzata nell'elencare i propri desideri, aggiungendo al massimo un piano alternativo da utilizzare in caso di emergenza; in questo modo il risultato è misero, perché la negoziazione si limita a formulare richieste e a fare concessioni.

La preparazione è molto di più.

Io trovo utile consultare il mio archivio delle negoziazioni, dove sistematicamente annoto tutti gli elementi. Quell'archivio è, per me, come un ricettario di cucina, un catalogo di situazioni comparabili. Mi ricorda esempi di negoziazioni vissute e soluzioni testate nel tempo, che sono in grado di guidarmi e aiutarmi a persuadere le altre parti.

Come spiegato nel capitolo precedente, ci sono situazioni specifiche in cui non vale la pena di negoziare. Altre volte, la decisione di non negoziare viene presa superficialmente, perché il contesto non è stato analizzato a sufficienza. Sarei tentato di dire che a volte una vera e propria negoziazione avviene perché si ritiene che la sostanza abbia un'importanza limitata.

Non sottovalutare gli aspetti psicologici e sociali che possono influenzare una negoziazione, anche quando la sostanza dell'accordo sembra essere relativamente insignificante. A volte il focus deve essere ai rapporti personali, alle dinamiche di potere e alle aspettative reciproche, oltre che alla questione specifica in discussione, al fine di ottenere il miglior esito possibile.

Non vorrei spaventarti e portarti a non negoziare tutte le volte che invece dovresti, per paura di non essere adeguatamente preparato; non per tutte le negoziazioni la preparazione richiede molto tempo, analisi approfondite e tante risorse. In effetti, per molte delle tue negoziazioni ti basterà concentrarti solo qualche minuto e focalizzarti con attenzione su pochi elementi, migliorando drasticamente l'efficacia della trattativa.

Avendo frequentato le migliori scuole di negoziazione, osservato bravi negoziatori e imparato da loro, ti confermo che a volte puoi concentrare il lavoro preparatorio solo su alcuni punti importanti, elementi che ti permettono di arrivare sempre preparato a una negoziazione semplice.

In qualche minuto preparerai una "mappa" che non corrisponderà al "territorio" (perché sarà la tua "visione", la tua "rappresentazione" del territorio), uno strumento vitale per navigare e raggiungere la meta desiderata.

Rispondendo ad alcune domande della tua checklist, se necessario aiutato da qualcuno che conosce bene la situazione, disporrai di uno strumento utile, che migliorerai nel tempo, in funzione del tuo percorso di apprendimento ed evoluzione.

Innanzi tutto, chiediti quali sono i *tuoi interessi*.

Cosa desideri, cosa cerchi, di che cosa hai bisogno, quali sono le tue esigenze, le tue speranze, le tue paure?

Quando preparo la lista di interessi e poi li ordino per priorità, magari aggiungendo le motivazioni che li sorreggono, trovo utilissimo rispondere a una semplice domanda: «Ci tengo davvero? È veramente un mio desiderio?».

Va fatto uno sforzo, e va creato un elenco di almeno cinque punti; non meno. Le prime volte sarà difficile, poi diventerà sempre più facile.

Successivamente, applicando la stessa logica, devi individuare i *suoi interessi*.

Cosa desidera il tuo partner negoziale? Di che cosa ha bisogno, quali sono le sue esigenze, le speranze, le paure… insomma, poniti le stesse domande che ti sei posto per te stesso, mettendoti però nei panni della controparte; immedesimati in lui!

All'inizio, forse, sarà un po' complesso, poi la pratica e l'esperienza ti aiuteranno e il compito risulterà sempre più agevole; con il tempo ti verrà automatico, diventerà un'abitudine, una routine. Ti sarà più facile pensare e lo farai più velocemente.

L'incrocio degli interessi delle parti presenti nei due elenchi stilati (il tuo e quello del tuo partner negoziale) ti permetterà di individuare facilmente le *opzioni* di un possibile accordo, che a questo punto sarà equo per entrambi; va da sé che per operare nel modo corretto e legittimare l'accordo, dovresti disporre di tutte quelle informazioni esterne utili e necessarie a conoscere al meglio il tuo partner negoziale.

Un errore comune è quello di entrare in una trattativa pensando che ci sia un solo risultato accettabile: quello che vuoi tu. Una delle cose migliori che puoi fare per prepararti a una trattativa è, invece, pensare a tutte le possibili opzioni valide tanto per te quanto per il tuo partner negoziale.

L'accordo è sempre possibile, proprio perché gli interessi sono diversi.

Chiediti sempre: «Cosa potrei aggiungere all'accordo per renderlo più accettabile? Cosa potrei fare per renderlo più interessante?».

Ipotizza concessioni per te di minor valore, ma che invece il partner negoziale percepisce come significative.

Per sviluppare la capacità di generare nuove idee e opzioni è utile ricorrere al brainstorming; io mi lascio andare, lascio che pensieri e idee fluiscano liberamente. Mi segno tutte le idee, anche le più bizzarre; poi riguardo l'elenco ed elimino quelle poco pratiche o impossibili. Alla fine, ciò che mi resta è un elenco di soluzioni praticabili!

Lo faccio sempre: da solo, con la squadra di negoziazione o con altre persone, a cui spiego la situazione; questo mi permette di controllare la ragionevolezza e la praticabilità delle mie opzioni. In effetti, molto spesso, una "terza parte" non coinvolta emotivamente vede le cose in modo diverso da me.

Poniamo il caso in cui, dopo aver dedicato del tempo a prepararti ed essere ragionevolmente sicuro di poter chiudere un accordo, vieni a trovarti nella spiacevole situazione in cui non intravedi la possibilità di portare a casa un risultato che ritieni positivo, o soddisfacente.

In questo caso, devi prevedere *un'alternativa.*

Oltre a essere uno strumento rilevante nella negoziazione, l'alternativa rappresenta un elemento psicologico importante. È fondamentale, perché risponde alla domanda: «E se non chiudo l'accordo, cosa faccio?».

Una volta preparata un'alternativa adeguata, anche se non raggiungi l'accordo non avrai motivo di preoccuparti; non necessariamente ogni trattativa deve chiudersi con una stretta di mano tra le parti.

Disporre di una o più alternative ti permette di avvicinarti alla trattativa con fiducia e ti fornisce la flessibilità utile a esplorare vari approcci, fino a raggiungere l'ambito successo.

Anche in questo caso, suggerisco di elaborare più di un'alternativa, e di stilare un elenco decrescente per importanza.

A volte, durante una negoziazione, potremmo essere tentati di approfittarci dell'altra parte. Non dovremmo mai cadere in tentazione, ma essere invece sempre onesti tanto con noi stessi quanto con il partner negoziale.

A me è capitato di sentirmi trattato ingiustamente, e forse è capitato anche a te.

Per evitare di trovarti in questa situazione spiacevole ed essere oggetto di un trattamento ingiustificato, in fase di preparazione è utile cercare e trovare alcuni standard esterni. Ad esempio, puoi fare affidamento a precedenti storici, agli usi e costumi tipici del settore, a opinioni indipendenti o a informazioni di mercato.

Scegli gli standard più appropriati per la sessione di contrattazione in questione: li utilizzerai per convincere gli altri che li stai trattando in modo *equo* e, al tempo stesso, per proteggerti dall'essere trattato in modo non equo.

Infine, come punto della preparazione c'è la valutazione *dell'impegno* conseguente all'accordo raggiunto.

Ad esempio, successivamente alla negoziazione per un nuovo impiego, accettando un lavoro ti impegni a rispettare gli orari, le norme di sicurezza, a svolgere diligentemente i tuoi compiti; il tuo datore di lavoro, in cambio, si impegna a pagarti alla data stabilita, a fornirti i Dispositivi di Protezione Individuale (DPI) se previsti, a provvedere al tuo addestramento e alla tua formazione.

Sebbene non esista una regola ferrea, è facile cadere nella tentazione di vincolare il più strettamente possibile il nostro partner negoziale, riservando a noi tutto il margine di manovra possibile.

Concedersi una discrezionalità futura preserva una flessibilità successiva che potrebbe rivelarsi preziosa, al mutare delle circostanze.

Noi facciamo affidamento sulle promesse del nostro partner negoziale per rendere fattibile e realizzabile l'accordo; più siamo fiduciosi che manterrà la parola data, tanto più prezioso è il nostro accordo con lui. E questo vale anche al contrario.

Ricorda, quindi, che durante una negoziazione di successo, con il progredire della stessa le parti si legano sempre di più l'una all'altra.

Ciascuno considera l'altro affidabile se mantiene la parola data e si comporta come un partner affidabile; in questo modo il rapporto diventa più solido e si pongono le basi per collaborazioni future.

All'estremo opposto c'è il tentativo di un negoziatore di convincere il suo partner che non può cedere in nessuna circostanza.

MIEI INTERESSI Che cosa mi interessa? Cosa voglio. Quali sono i miei bisogni, aspettative e paure	**OPZIONI** Possibili punti di accordo	**ACCORDO EQUO** Standard esterni utili per convincere la controparte o difendersi
1	*1*	*1*
2	*2*	*2*
3	*3*	*3*
SUOI INTERESSI Che cosa gli interessa? Cosa vuole. Quali sono i suoi bisogni, desideri, aspettative e paure	**LA MIA ALTERNATIVA ALL'ACCORDO NEGOZIATO** Se non chiudo l'accordo, cosa faccio? Qual è la migliore alternativa?	**IMPEGNO** Se chiudo l'accordo, quali sono gli impegni che ne derivano
1	*1*	*1*
2	*2*	*2*
3	*3*	*3*

Quotidianità come infinita fonte di esempi

Esistono negoziazioni in cui la posta in gioco è poca cosa, ma che comunque richiedono un minimo di preparazione; sono "negoziazioni semplici", che avvengono ogni giorno e in ogni momento della tua giornata.

Al di là della quotidianità, esiste però un mondo negoziale dove le negoziazioni prevedono la risoluzione di problemi multipli e/o l'intervento di più parti, che a volte rappresentano loro stesse, altre agiscono in rappresentanza di clienti; queste sono "negoziazioni complesse".

Quando passiamo da una negoziazione semplice a una negoziazione complessa entrano in gioco altri fattori: comunicazione, relazione ed esigenze primarie.

Facciamo alcuni esempi pratici.

Giuseppe è l'Executive Chef di un prestigioso ristorante stellato di Milano, il cui proprietario ha recentemente rilevato un locale storico a Portofino, in Liguria. A Giuseppe viene chiesto di affiancare l'Executive Chef appena assunto e di preparare per lui un percorso formativo di un anno, dopodiché tornerà a occuparsi del solo ristorante situato vicino a Piazza Duomo.

Giuseppe è entusiasta, ma ritiene che il suo salario debba essere rivisto, perché gli viene chiesto un maggiore impegno e gli vengono assegnate nuove responsabilità; inoltre, dovrà fare spesso la spola tra le due regioni. Ritiene di meritarsi un aumento dello stipendio di almeno il 20%, ma teme di dover ridurre un po' la sua richiesta perché, rimanendo rigido, il proprietario potrebbe assegnare tale prestigioso compito a Franco, un suo collega un po' più giovane, altrettanto bravo e molto ambizioso.

Giuseppe dovrebbe focalizzarsi sugli *interessi* in modo da svincolarsi dalla sua posizione ed evitare il più possibile concessioni, magari preparando differenti *opzioni*.

Quando una negoziazione è di puro prezzo, le opzioni sono nulle, o veramente limitate. Pensa all'acquisto di un immobile: il prezzo è l'elemento di negoziazione a cui con fantasia e creatività potresti aggiungere l'ammontare della caparra confirmatoria, la data per il trasferimento della proprietà, l'acquisto di alcuni mobili, tra cui la cucina realizzata su misura per quegli ambienti e tanto altro.

In questo caso, i differenti interessi delle parti e le loro preferenze costituiscono un potenziale per rendere la negoziazione e l'accordo più interessanti per entrambi. La creatività degli attori nell'individuare molteplici opzioni permette di inventarsi possibili compromessi e guadagni.

In fase di preparazione è sempre utile stilare un elenco di offerte/richieste non monetarie da poter offrire/chiedere durante il processo di negoziazione; prepararlo in anticipo (anche se non sarà completo e preciso) ti permetterà di concentrarti meglio sugli altri aspetti della negoziazione.

Gli esempi abbondano, nel caso di negoziazioni salariali: migliori condizioni di viaggio e rimborsi, spese di trasloco, sconti sui prodotti aziendali, possibilità di lavorare in smart working e via dicendo.

Questo vale anche per altri tipi di negoziazione, dalle trattative immobiliari al più complesso mondo M&A. Ad esempio, l'estensione della durata del patto di non concorrenza, l'utilizzo prolungato dei data centers e altri elementi di carve-out, accordi per acquisti cumulativi per prodotti e servizi e produzione conto terzi.

Questo gioco mi ricorda quanto mi raccontarono Anna Maria Testa (*Perlana* è stato uno dei suoi spot più famosi) e Gavino Sanna (stupendi i suoi spot per *Fiat* e *Barilla,* ed è sua l'invenzione del *Mulino Bianco*) quando mi descrissero con passione il loro lavoro e mi spiegarono l'attività lavorativa sinergica tra Art Director (responsabile dell'immagine) e Copywriter (responsabile del testo) nella creazione di slogan pubblicitari di impatto e di spot di successo.

In generale, anche la negoziazione può essere un ping-pong, con trattative che vanno avanti e indietro tra un acquirente e un venditore, senza alcuna argomentazione per ogni offerta e controfferta.

Il venditore, per la bella proprietà sul lago Maggiore, parte da 1.500.000 euro, secondo l'offerta pubblicata on-line dall'agente immobiliare. L'acquirente offre 1.400.000 euro, a cui il venditore ribatte con un'offerta a 1.470.000 euro. A quel punto, l'acquirente propone un'offerta a 1.430.000 euro e il venditore torna con 1.450.000, prezzo che viene accettato dall'acquirente.

Questa, però, non è una negoziazione!

Si tratta solo di passarsi offerte e controfferte avanti e indietro, fino a quando l'acquirente e il venditore non si incontrano nel mezzo (o da qualche parte tra le due proposte).

Sebbene sia prezioso sapere se la parte con cui stai negoziando stia utilizzando questa modalità (in modo da poter strutturare la tua controfferta di conseguenza), non è una strategia che ti consiglio di applicare, se stai cercando di acquistare una proprietà per un valore di mercato equo o migliore (a meno che tu non stia negoziando su una proprietà unica).

Diversa è la negoziazione basata sulla logica.

Dopo aver determinato "l'intervallo del giusto valore", devi elaborare una strategia per chiudere l'affare entro tale intervallo.

Francesco è appassionato di Porsche, da sempre, passione che condivide con sua moglie Giorgia. Stanno seriamente pensando di acquistare dal loro concessionario di fiducia di Pesaro una 911 Turbo S Cabrio con meno di 3.000 km; un'auto praticamente nuova, appena ritirata da un cliente che purtroppo non può più guidarla a seguito di un grave problema di salute.

L'automobile risponde perfettamente alle loro necessità (*interessi*) e sono pronti per negoziare. Francesco è già stato nel salone, l'ha provata due volte e l'ha guidata sia in autostrada che sulla panoramica di Pesaro. Se ne è innamorato, ma teme che il venditore non accetti le sue condizioni economiche e svaluti la sua 911 Carrera GTS Cabrio usata, che vorrebbe includere nell'accordo.

Giorgia lo ha aiutato a preparare la lista delle *alternative* nel caso non arrivassero a un accordo: hanno trovato altre automobili simili da rivenditori ufficiali Porsche di Stoccarda, Vienna e Milano, e da tutti hanno ricevuto delle offerte vincolanti.

Questo lavoro è estremamente utile, perché permetterà loro di pensare alle possibili mosse del concessionario se i termini dovessero essere poco ragionevoli, evitando di essere alla sua mercé quando la negoziazione verterà sul prezzo.

Avranno sufficienti elementi sulla *legittimità* del prezzo per determinare gli standard di equità dell'affare.

Giorgia ha anche analizzato il mercato dell'usato e identificato alcuni canali per vendere la loro Porsche Carrera, nel caso il concessionario la valutasse troppo poco.

Situazione diversa è quella di Giulia, che adora l'equitazione e tiene a pensione i suoi tre cavalli in un centro ippico vicino a Rimini. La struttura, costruita oltre venti anni fa, mostra i suoi anni, e i box richiedono alcuni lavori di manutenzione; lavori rimandati da sempre da Paolo, il proprietario storico.

Giulia è molto scontenta della situazione, ed è tentata di trasferirsi presso un'altra scuderia. Spostarsi, però, per lei rappresenterebbe un bel problema, così ritiene più opportuno parlarne apertamente con Paolo.

Nel primo incontro Giulia è diretta, spigolosa e molto ferma nel chiedere un ripristino pari al nuovo dei tre box; a questa richiesta Paolo reagisce in modo energico.

Entrambi si rendono conto che avrebbero dovuto gestire meglio le loro emozioni, in primis la *comunicazione*, e valutare attentamente il valore della loro *relazione*.

La migliore alternativa di Giulia comporta 50 km di auto in più ogni giorno, o quantomeno ogni volta che vuole andare dai suoi cavalli. Per Paolo, la perdita di una cliente importante come Giulia (unico cliente con tre cavalli) rappresenterebbe non solo una perdita di fatturato: la decisione di Giulia potrebbe portare a migrare nella nuova scuderia anche una serie di giovani allievi che l'adorano per la sua esperienza e per la sua grande disponibilità nel fornire consigli.

Diverso il caso di Waban Teeniv, CEO di Eraclib Ltd, una multinazionale indiana le cui performance sono in forte peggioramento: il gruppo ha grosse difficoltà nel ripagare i suoi debiti. Un primo covenant (clausola inserita nel contratto di finanziamento) è stato rispettato, però c'è un rischio concreto che altri non vengano assolti nella verifica che avverrà a fine anno. Il CFO sta lavorando da mesi a un rifinanziamento del debito con tre finanziatori, nella speranza di poter arrivare alla firma entro un paio di settimane; di contro, è preoccupato perché il raggiungimento dell'accordo implicherebbe un *impegno* ancora più gravoso e una serie di attività da svolgere successivamente alla firma.

In generale, il peso di interessi, opzioni, alternative, legittimità, comunicazione, relazione e impegno è diverso in ogni negoziazione.

Se la questione è importante e c'è sufficiente tempo a disposizione, suggerisco sempre di dedicarne il più possibile a ogni elemento.

Gli interessi sono le necessità, i desideri e, purtroppo, le paure che guidano le negoziazioni. Tutte.

Le posizioni e gli interessi non sono la stessa cosa, e non devono essere confusi. Le prime si esplicitano nelle affermazioni, nelle richieste e nelle offerte che le parti fanno durante una negoziazione.

La posizione è il mezzo, l'interesse è il fine.

L'arancia, un frutto succoso, è stato oggetto di molte versioni di un esercizio sulla negoziazione. La mia versione preferita è quella presentata a una lezione di negoziazione di base del Massachusetts Institute of Technology, che mi sono permesso di modificare leggermente.

In un ristorante di fascia alta lavoravano due *Chef de partie* molto abili e perspicaci. Ognuno stava preparando una ricetta molto elaborata che includeva un'arancia intera come ingrediente. Tutto stava andando bene, fino a quando gli chef si sono resi conto che in dispensa era rimasta una sola arancia.

I due iniziarono a litigare animatamente, contendendosi l'unico frutto; intervennero anche i *commis*, sostenendo le argomentazioni dell'uno e dell'altro.

Lo *Chef pâtissier* voleva l'arancia per preparare scorzette al cioccolato aromatizzato al rosmarino e sale di Maldon, mentre lo *Chef saucier* voleva utilizzarla insieme a finocchietto selvatico fresco, aneto, timo e semi di anice, per la preparazione della marinatura di un filetto di lampuga.

Dopo una contrattazione estenuante, i due chef decisero di tagliare l'arancia a metà.

Nessuno dei due aveva preso in considerazione l'interesse per cui l'altro voleva l'arancia. Se si fossero presi il tempo di informarsi sulle rispettive esigenze, magari mettendo sul tavolo le ricette in cui veniva spiegata la preparazione dei piatti, si sarebbero resi immediatamente conto che uno di loro aveva bisogno del succo, per la salsa speciale che stava preparando, mentre l'altro aveva bisogno solo della scorza, per il suo dessert.

Insomma: non c'era alcuna necessità di dividere l'arancia in due; dovevano dividerla, sì, ma non in quel modo... sarebbe bastato separare buccia e polpa.

Ricorda che la costruzione del tuo stile di negoziazione è libera. Ti suggerisco di non iniziare mai una trattativa discutendo delle soluzioni, e nemmeno scendendo a compromessi con te stesso e/o con il partner negoziale, cercando una via di mezzo e rinunciando a qualcosa. Pensa invece alla possibilità di fare un passo indietro e di considerare le tue esigenze, i tuoi interessi e quelli dell'altro. Non le tue soluzioni. Questo cambiamento nella prospettiva ridurrà i conflitti su soluzioni contrastanti e ti aprirà più opzioni da considerare, aumentando così le probabilità che tu ottenga ciò di cui hai bisogno. Come per ogni cosa nella vita, sappi sempre esattamente cosa vuoi e comunicalo cordialmente, ma con sicurezza. Potresti ottenerlo.

Credimi, funziona.

Non mi stancherò mai di dire quanto sia importante focalizzarsi sugli interessi anziché sulle posizioni, visto che spesso si cade nell'errore di mettere al centro proprio queste ultime, soffocando la creatività e rischiando di danneggiare la relazione con il partner negoziale.

Nel corso degli anni ho riscontrato una cosa: ogni volta che ho dedicato del tempo a esplorare e a elencare i possibili interessi del partner negoziale (anziché focalizzarmi solo sui miei) sono diventato più creativo. E ogni volta sono riuscito a creare un maggior senso di collaborazione.

Hal Gregersen, nel suo libro *Nelle domande c'è la risposta,* fornisce uno spunto interessante: scrive che le domande hanno un curioso potere di sbloccare nuove intuizioni e generare cambiamenti di comportamento positivi in ogni parte della nostra vita; possono sbloccare le persone e aprire nuove direzioni per il progresso, indipendentemente da ciò con cui le persone stanno lottando.

Le domande riformulate, in qualsiasi contesto, risultano avere alcuni elementi fondamentali in comune. In questo caso, per arrivare a esplorare i propri interessi, risulta utile chiedersi "perché?" e "con quale scopo?".

Un buon modo per sviscerare i tuoi interessi è chiederti più volte (fino a cinque) "perché", iniziando da quale risultato vuoi da quella particolare negoziazione. Poi devi approfondire, chiedendoti "perché" e ancora "perché", finché non avrai individuato la radice del problema.

Se ti abitui a usare questo metodo arriverai a sviluppare sempre più le tue capacità di problem solving, e potrai rimediare a eventuali fraintendimenti che possono portarti fuori strada nella negoziazione semplicemente considerando le risposte che dai alle domande.

È più semplice di quanto si possa pensare; in effetti, se siamo in grado di rispondere con più di una risposta è un interesse, altrimenti è una posizione.

Se ad esempio dico: «Chiederò un 5% di aumento del prezzo» e al "perché" mi rispondo con una sola risposta (senza essere in grado di darne altre), allora la mia è una posizione; se invece le risposte sono multiple (ad esempio: "perché i nostri margini diminuiranno con l'aumento delle materie prime", "perché dobbiamo raffreddare la domanda", "perché siamo leader di mercato e dobbiamo essere i primi ad alzare i prezzi per dare un segnale ai competitors", ecc.) allora vuol dire che mi trovo di fronte a un interesse.

Una volta elencati gli interessi, è particolarmente utile metterli in ordine, partendo dal più importante. In questo caso:

	PERCHÉ	**PESO**
1	perché i nostri margini diminuiranno all'annunciato aumento delle materie prime	50
2	perché siamo leader di mercato e dobbiamo essere i primi ad alzare i prezzi e dare un segnale ai concorrenti	30
3	perché dobbiamo raffreddare la domanda	20

Personalmente, oltre all'elenco, trovo particolarmente utile assegnare ai diversi interessi un peso la cui somma deve fare cento, o mille, per ragionare in percentuale. Siccome interessi e opzioni sono strettamente collegati, l'elenco pesato mi aiuta nella valutazione e nel confronto delle diverse opzioni in modo più efficiente e veloce.

È anche particolarmente utile, nella proposta di offerte multiple equivalenti (in inglese MESO: *Multiple Equivalent Simultaneous Offers*), presentare non una sola offerta alla volta, ma più offerte contemporaneamente, cercando opportunità per creare valore. Effettuando compromessi tra gli elementi delle offerte, le parti possono ottenere un valore maggiore dagli elementi più importanti per loro.

Ricordo con particolare soddisfazione di aver aiutato l'imprenditore Piero Reggiani, nel maggio del 2017, a rimodulare il suo accordo di divorzio. Piero si era separato anni prima, e cinque giorni prima dell'udienza in tribunale nacque l'opportunità di rivedere l'accordo a seguito della sentenza della Cassazione Civile che mutava il proprio orientamento in materia di assegno divorzile.

Con una svolta epocale, la Corte ancorò "il diritto al mantenimento nel divorzio" al "presupposto della non autosufficienza economica del coniuge più debole", ritenendo non più attuale, nell'ambito dei mutamenti economico-sociali, il riferimento alla continuazione del tenore di vita goduto durante il matrimonio.

Era quindi possibile ridurre l'onere di Piero. Furono giorni intensi e un bel caso, per me, in quanto Piero Reggiani era in grado non solo di capire ciò che gli dicevo, ma riusciva anche a cogliere ulteriori aspetti, che non gli esprimevo in maniera diretta.

L'udienza era imminente. Il mio cliente era sereno; era molto orientato all'azione e propenso a cogliere questa opportunità, anziché subirla, dimostrando di essere efficace in tutte le riunioni con l'ex moglie. Non si lasciò mai abbattere dagli imprevisti, i blocchi momentanei e gli ostacoli che capitarono in quei cinque giorni, ma reagì sempre con responsabilità e impegno, affrontando le difficoltà e cercando strade alternative.

Io non partecipai agli incontri tra le parti, ma dai feedback che ricevevo tra un incontro e un altro e dai progressi ottenuti nelle varie sessioni ravvicinate, capivo che il mio cliente aveva una grande abilità nel seguire le linee guida che avevamo definito insieme, e aveva compreso l'importanza della gestione delle priorità dei suoi interessi, in particolare su alcuni punti dell'accordo su cui concentrare attenzione e tempo.

In precedenza, prima di arrivare a negoziare la bozza dell'atto, avevamo lavorato intensamente per comprendere i suoi interessi e quelli della sua ex moglie. Piero aveva compreso l'importanza di porre domande aperte come "perché?" e "per quale motivo?" ed era riuscito ad avanzare alcune proposte chiedendo: «Cosa ci sarebbe di sbagliato in quello che ti propongo?» arrivando a capire le motivazioni dietro alle risposte negative della sua ex moglie.

Difficile dire se l'accordo tra i due sia stato il migliore possibile. Ancora più complesso capire se la relazione tra i due sia peggiorata in seguito all'intensa negoziazione che c'è stata prima della sentenza del giudice. L'assenza di figli (e di problematiche connesse) ha facilitato molto le cose, in quanto non era necessario mantenere una buona relazione per amor loro.

Personalmente ritengo sia stato un buon accordo perché, grazie al supporto di un valido legale matrimonialista, sono state proposte e valutate molte opzioni.

Anche in questo caso, sono stati soddisfatti gli interessi delle parti, vero scopo della negoziazione. Ciò si verifica ogni qualvolta si sfruttano le abilità e le risorse di entrambe le parti coinvolte e si esplorano le possibilità di combinarle.

Collaborazione e rischio, fiducia e tempo

Collaborazione

Due mattoncini da 8 incastri possono essere impilati in 24 modi diversi. Se invece mettiamo insieme tre mattoncini da 8, le combinazioni possibili aumentano a 1.060. Con sei mattoncini da 8 incastri si possono fare addirittura 915.103.765 combinazioni!

Per me i Lego sono fonte di ispirazione.

Hai mai osservato le persone giocare con i Lego?

Quando avevo sei anni, mio padre fu promosso direttore di banca. Poco prima di Natale, ci trasferimmo tutti da Cremona a Milano. Io, mio padre Giovanni, mia madre Milena e mio fratello Paolo. Per noi fu l'ennesimo cambio di città.

La famiglia Sfligiotti divideva con noi il terzo piano in via Ceradini; era composta, oltre che dai genitori, da due maschi e due femmine, tutti nati a distanza ravvicinata.

Passavamo molti pomeriggi insieme, e uno dei giochi preferiti erano i Lego, all'epoca un regalo di Natale classico e sempre gradito.

Non ricordo chi prese l'iniziativa, ma decidemmo di giocare sempre insieme, e di mettere tutti i mattoncini dentro un grande fustino cilindrico (del Dixan, o del Dash... all'epoca il sapone per lavatrice era in polvere non concentrata, e veniva venduto in grossi e pesanti cilindri di cartone dotati di maniglia che, a fine vita, venivano riciclati come contenitori per vari utilizzi).

Avevamo abilità simili e un equivalente patrimonio di mattoncini colorati. La decisione di mettere tutto insieme ci permise di realizzare costruzioni enormi e bellissime che, altrimenti, non saremmo mai stati in grado di comporre. Collaborando, avevamo aumentato il valore delle nostre creazioni.

Alcuni pomeriggi li passavamo all'oratorio, dove i maschi giocavano con il pallone che ci aveva regalato mia nonna. Qui le risorse e le abilità erano diverse, e sebbene tutti avessimo l'ambizione di fare goal, riuscivamo sempre a metterci d'accordo sulla formazione ideale per battere la squadra avversaria.

Infine, tutti e sei decidemmo di fare qualche piccolo sacrificio per sottoscrivere l'abbonamento a Topolino; sebbene il contributo di ognuno di noi fosse diverso, nessuno, da solo, sarebbe mai riuscito a mettere insieme il gruzzolo che ci permise di leggere ogni settimana il nostro fumetto preferito.

In questi tre casi, come in molti altri, la collaborazione dei singoli accresceva il valore che ciascuno riceveva.

Rischio

In fondo, la possibilità di creare valore nasce dalla differente percezione del valore che ognuno di noi ha; nulla verrebbe comprato (e venduto) se non ci fossero differenze di valutazione che nascono da una diversa propensione del rischio, dal tempo che si ha a disposizione e dal valore marginale.

Io amo il rischio, la mia compagna meno. Il rischio è la probabilità che si attui un risultato indesiderabile.

Raramente l'esito di una trattativa è certo. Fare una concessione al partner negoziale nella speranza che successivamente avremo la possibilità di rivendicare un valore uguale o maggiore comporta un rischio: non c'è certezza che il partner negoziale una volta "incassata" la concessione e soddisfatto il suo interesse sarà così generoso da contraccambiare.

Nel processo di negoziazione, il rischio non può riguardare necessariamente le concessioni da fare, ma potrebbe anche essere altro, ad esempio la divulgazione di informazioni che, una volta acquisite dal partner negoziale, potrebbero indebolire la tua posizione; oppure, la probabilità che l'altra parte non mantenga le sue promesse.

Una volta chiarito che il rischio fa parte di qualsiasi negoziazione strutturata, cerca di comprendere la tua disponibilità ad accettare la possibilità di un esito negativo, o che non soddisfi i tuoi interessi. Valutare la tua propensione al rischio ti aiuterà a determinare e a impostare meglio la tua migliore alternativa all'accordo negoziato.

Esistono rischi connessi alle probabilità che la strategia o le tattiche utilizzate dai negoziatori si traducano in un risultato indesiderabile. Ciò significa che c'è il rischio che il piano strategico utilizzato possa portare il negoziatore a un risultato peggiore rispetto a quello che avrebbe potuto ottenere con una strategia diversa.

A questo si aggiunge il rischio relativo alla certezza e alla bontà della migliore alternativa all'accordo negoziato.

Infine, giunti a un accordo, possono insorgere rischi insiti *nell'arrivare a* e *nel mantenere* un accordo negoziato. C'è sempre la possibilità che i termini dell'accordo non comprendano tutti gli interessi rilevanti e che le parti non siano all'altezza dell'accordo negoziato, oppure che i termini dell'accordo negoziato non siano applicabili.

Essendo il rischio la "probabilità di un esito", potremmo considerarlo oggettivo e fisso; tuttavia, due individui lo percepiranno in modo diverso, e questo influenzerà le loro azioni.

Fiducia

La fiducia è un concetto correlato, in quanto riguarda la percezione individuale del risultato: se c'è fiducia, si è ragionevolmente sicuri di un esito favorevole; se non c'è fiducia, si tende a percepire una probabilità anormalmente alta di un esito sfavorevole.

Il pensiero controfattuale è un concetto psicologico in cui un individuo si concentra su fatti inesistenti e su come potrebbero potenzialmente influenzare la negoziazione. L'insicurezza e la mancanza di fiducia favoriscono un'attitudine negativa, che porta a pensare costantemente a come sarebbero potute andare diversamente le cose. Di contro, la troppa fiducia nelle proprie capacità o in un buon risultato porta il negoziatore a sottostimare le probabilità di un risultato sfavorevole.

Purtroppo, l'incertezza del risultato alimenta la fiducia o la sfiducia in sé stessi.

Se il negoziatore è convinto delle proprie capacità sarà comunque in grado di rivendicare risultati in modo efficace, ad esempio ottenendo di più e persuadendo il partner negoziale a fare concessioni.

Molto più interessante è come io suggerisco di incanalare determinati “flussi positivi”: la positività, la fiducia e l’autostima di un negoziatore dovrebbero alimentare la sua capacità di creare risorse, ad esempio stabilendo un rapporto con il partner negoziale ed esplorando insieme opzioni differenti.

Ho analizzato con cura il comportamento delle persone, e posso affermare che ognuno definisce soggettivamente il livello di rischio percepito che è disposto ad accettare, evitando consapevolmente scenari in cui il rischio percepito oltrepassa la soglia del suo livello massimo accettabile.

L’avversione al rischio è uno spettro di livelli accettabili di rischio.

Ho riscontrato che un individuo completamente avverso al rischio (e che quindi non ne accetta alcuno), preferisce subito un certo risultato N, piuttosto che essere soggetto a un risultato che potrebbe restituire un valore potenzialmente minore, uguale o maggiore di N.

Tempo

Il fattore tempo e le tempistiche sono componenti fondamentali di ogni negoziazione.

Fai in modo che il tempo sia dalla tua parte, perché potrai attendere di raggiungere i tuoi obiettivi, testare diverse strategie, esplorare alternative, aggiornare e definire meglio i tuoi obiettivi. A volte il trascorrere del tempo consente alle circostanze di allinearsi in modo che per il tuo partner negoziale i tuoi obiettivi siano l’unico risultato (o il miglior risultato) possibile.

A quel punto, la negoziazione diventa superflua, poiché l’accordo è quasi garantito. In altre occasioni, tuttavia, devi creare consapevolmente il tempo necessario per raggiungere il tuo obiettivo.

Io ho due figlie fantastiche; Giulia, nata nel 1998, e Alessia, arrivata due anni dopo. Entrambe, seppur diverse caratterialmente, mi hanno dato grandi soddisfazioni. Le mie figlie, per me, sono un costante promemoria dell’importanza del tempo in una negoziazione. Quando erano piccole sono stato pochissimo insieme a loro, e mi dispiace molto, ma è andata così.

Sapevano sempre quando ero di fretta e quando non ci era permesso perdere tempo. Entrambe trasformavano ogni attività necessaria per uscire di casa (come vestirsi, lavarsi i denti, andare in bagno, preparare lo zaino, indossare cappotti e scarpe) in un'interminabile e frustrante negoziazione.

In una convesazione con un mio cliente: «Quando il tempo è dalla mia parte, resto calmo» mi ha detto. «Quando invece ho poco tempo, faccio molta fatica a rilassarmi o a non innervosirmi. E meno tempo ho a disposizione, più difficile è fare un respiro profondo e astenermi dal capitolare, o dal perdere il controllo. È ironico, perché quando mi succede sono cosciente che sto negoziando contro me stesso, e ciò mi causa ansia e frustrazione. Di solito sono meno emotivo e severo al lavoro che a casa, ma è altrettanto frustrante quando ho fretta e non ottengo subito quello che voglio.»

Ho trovato le sue parole molto interessanti, e mi sono venuti in mente i tanti ricordi belli legati alle mie figlie. Fu proprio Alessia ad aiutarmi a comprendere il valore del tempo in una negoziazione.

Mi ero svegliato tardi ed ero in ritardo. Dovevo accompagnarla all'asilo, per poi correre all'aeroporto di Bologna e salire su un aereo per Sydney. Lei stava facendo i capricci. Ero già abbastanza esperto da sapere che se avessi risposto a tono, urlando, non avrei ottenuto nulla.

Decisi di dichiarare fermamente la mia posizione: la abbracciai e feci cinque respiri profondi. E poi aspettai. A quel punto Alessia prese i suoi stivali, il suo piumino e mi portò la mia sciarpa.

Sebbene non l'abbia mai sperimentato in una negoziazione, sono convinto che gli abbracci non funzionino, con l'avvocato dell'avversario, e non ho neanche alcuna evidenza scientifica che sia saggio abbracciare il proprio capo. L'esempio però vuole dimostrare che risulta utile impiegare il tempo a tuo vantaggio, quando la pressione è alta, il che spesso avviene verso la fine di trattative. Rimanere calmi e fermi può essere un'arma potente, per la negoziazione.

Avere resistenza, resilienza e dimestichezza con gli strumenti e gli stratagemmi per mantenere la calma quando il tuo partner negoziale inizia ad alzare i toni è fondamentale! Se poi inizia a comportarsi in modo energico o irrazionale non ti devi preoccupare, perché ti sta dando spazio per riflettere; forse si sentirà imbarazzato per la sua reazione.

Il punto fondamentale è: non lasciare che il tempo diventi tuo nemico, anche quando ti sembra che sia tale.

Impara a diventare il miglior amico del tempo e, se puoi, cerca di essere tu a gestirlo. Adoperati per essere tu a gestire le tempistiche, fai in modo di trasferire le criticità dall'altra parte del tavolo.

Il tempismo a volte è fortuito, ma se ti prepari a gestirlo, ti accorgerai che spesso è creato consapevolmente, più di quanto tu possa credere.

BATNA: la miglior alternativa all'accordo negoziato

Non c'è nulla di male se non si raggiunge un accordo, in quanto esistono situazioni in cui è meglio non raggiungerlo (ad esempio quando i costi sono maggiori dei benefici, o perché esiste un accordo migliore che soddisfa i tuoi interessi).

Ci sono due possibilità per soddisfare i tuoi interessi: negoziando un accordo oppure optando per un accordo alternativo con un partner negoziale diverso da quello con cui stai negoziando.

Il solo fatto che esista un'alternativa all'accordo negoziato ti pone in una posizione di forza che è tanto più solida quanto più l'alternativa è valida.

Se lo chef Giuseppe avesse ricevuto alcune proposte di lavoro alternative e per semplicità le variabili fossero state solo *ruolo*, *luogo* e *stipendio*, avrebbe potuto valutarle secondo i suoi interessi, oppure ordinarle in ordine decrescente.

	ALTERNATIVE		
	A	B	C
responsabilità	equivalente	maggiori	equivalente
luogo di lavoro	Milano	Milano e Portofino	Parigi
stipendio	+10%	+15%	+30%

Solo Giuseppe è in grado di sapere quale sia, tra quelle già a disposizione, la sua *miglior alternativa* all'accordo negoziato, che in inglese si chiama BATNA, ovvero *Best Alternative To a Negotiated Agreement*, termine coniato dai maestri della negoziazione Fisher, Ury e Patton (quest'ultimo da me incontrato di recente negli Stati Uniti).

L'alternativa di Giuseppe non deve essere negoziata, e può essere percorsa nel caso la negoziazione stessa non si concretizzi.

Un esempio ancora più immediato può essere questo: immagina di essere un giocatore della Juventus alla scadenza del contratto. Un conto è sederti al tavolo con il club per negoziare un rinnovo senza avere altre offerte, altro conto è sederti al tavolo avendo già ottime offerte da parte di Real Madrid, Bayern Monaco, Liverpool...

Uno dei motivi per cui le persone hanno spesso paura di negoziare è perché temono di perdere l'affare. La miglior alternativa all'accordo negoziato ti fornirà forza e potere in qualsiasi negoziazione e, sviluppandola, potrai ridurre la paura di perdere l'affare.

Preparare un'alternativa è assolutamente essenziale in quanto ti permette di decidere se rimanere al tavolo o se, come e quando abbandonare la negoziazione. La qualità della tua alternativa dipende dalla quantità di alternative diverse che hai disposizione, frutto dell'impegno dedicato nella ricerca.

Nella preparazione e nella definizione della miglior alternativa all'accordo negoziato troppo spesso vengono commessi degli errori.

Ricorda che sedersi al tavolo senza aver elaborato un piano nel caso non si arrivasse a un accordo genera insicurezza e pone mille dubbi riguardo al "se e quando continuare a negoziare" e al "se e quando abbandonare la trattativa".

È probabile che sia successo anche a te. Potremmo scommettere un caffè e magari vedere chi lo paga quando ci incontreremo di persona (ad esempio a uno dei miei incontri, se deciderai di parteciparvi).

Se qualcuno ti dovesse dire: «Prendere o lasciare» hai la possibilità di arrenderti o di vedere il suo bluff, rischiando che in realtà non stia bluffando. Senza sapere quale sia la tua migliore alternativa all'accordo negoziato (o senza averne una), la negoziazione potrebbe trasformarsi in una discussione tra uno spavaldo e un millantatore, e andrebbe probabilmente a concludersi con un colpo di fortuna per uno dei due.

Ancora più grave è presupporre di conoscere la tua migliore alternativa all'accordo negoziato senza avere investito abbastanza tempo pensando creativamente a tutte le possibili opzioni per soddisfare i tuoi interessi.

In generale, anche se non ricorrerai alla migliore alternativa all'accordo negoziato, il solo fatto di aver dedicato del tempo ad elaborare tali alternative è un modo per aumentare la tua pressione creativa sul partner negoziale, oltre che un valido aiuto nel concentrarti su quello che vuoi ottenere e i diversi modi in cui puoi farlo, senza dover accettare un accordo i cui termini non soddisfano pienamente il tuo interesse.

Puoi seguire la stessa logica utilizzata per gli interessi all'elaborazione della miglior alternativa all'accordo negoziato.

Torniamo a Francesco e Giorgia, e all'acquisto della Porsche; dopo aver elaborato le loro alternative, hanno cercato di renderle più semplici, più probabili e più allineate ai loro interessi. Negoziando con il concessionario di fiducia erano pronti ad accettare una proposta solo se questa fosse stata più vantaggiosa della loro miglior alternativa all'accordo negoziato, e più ci pensavano, più la BATNA da loro elaborata diventava preferibile.

In fondo, entravano in un circolo virtuoso, perché rendendo più conveniente la loro BATNA, anche le possibilità di arrivare a un accordo migliore aumentavano, e con esse la loro fiducia.

Partendo dal presupposto che ogni negoziatore arriva al tavolo con una miglior alternativa all'accordo negoziato, devi presupporre che, probabilmente, anche il tuo partner negoziale ne abbia elaborata una. Sebbene sia pressoché impossibile definire con un elevato grado di confidenza un elemento così soggettivo, dovresti essere in grado di immaginare quale potrebbe essere, e cosa potrebbe fare se non raggiungesse un accordo con te.

Seguendo questa logica, analizzando gli ipotetici interessi del tuo partner negoziale, dovresti impegnarti nel rendere la sua miglior alternativa all'accordo negoziato meno attrattiva, rendendola più difficile da attuare, oppure diminuendone il valore, o semplicemente influenzando la sua percezione di quanto possa essere poco saggia o costosa tale alternativa.

In definitiva, devi sempre tenere a mente determinate cose.

Primo: il motivo per cui si negozia è quello di produrre risultati migliori rispetto a quelli che si potrebbero ottenere senza negoziare.

Secondo: più forte è la tua BATNA, maggiore è il tuo potere. Si è portati a pensare che il potere negoziale dipenda da risorse quali la ricchezza, le connessioni, la forza fisica, le amicizie o la potenza militare. In realtà, il potere di negoziazione relativo tra due parti dipende principalmente da quanto sia allettante per ciascuna l'opzione di non raggiungere un accordo.

Terzo: se il partner negoziale pensa che tu non abbia una buona alternativa quando in realtà ne hai una, allora quasi certamente dovresti farglielo sapere. Tuttavia, se la tua migliore alternativa a un accordo negoziato è peggiore di quanto loro possano pensare, rivelarla indebolirà (piuttosto che rafforzare) la tua posizione.

L'analisi da effettuare in fase preparatoria non si limita alla definizione della migliore alternativa all'accordo negoziato e all'analisi di quella del partner negoziale, perché entrambe entreranno in gioco nel caso non si arrivi a un accordo.

Dovremo quindi arrivare al tavolo con altre due carte in mano: la Zona di possibile accordo e il prezzo di riserva.

Zona di possibile accordo e prezzo di riserva

Zona di possibile accordo

La prima opzione a disposizione è la zona di possibile accordo (in inglese ZOPA, *Zone Of Possible Agreement*).

La ZOPA è costituita dall'intersezione (se esiste) tra le rispettive aspettative e rappresenta un terreno comune dove i negoziatori, per effetto delle rispettive richieste e concessioni, possono trovare un accordo.

Per arrivare all'accordo, le parti devono comprendere reciprocamente le altrui necessità, interessi e opzioni.

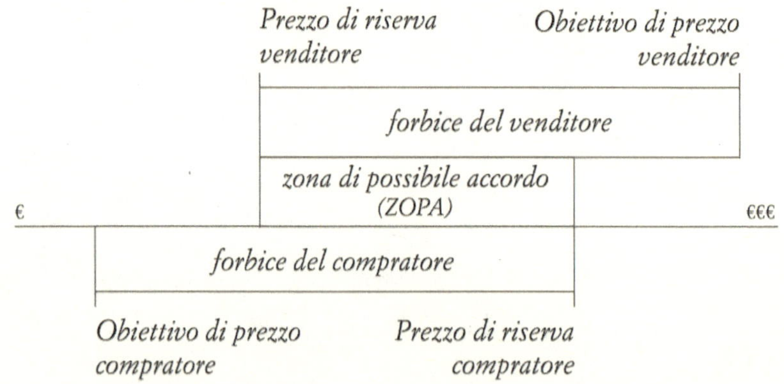

Facciamo un esempio.

Il venditore desidera ricavare 2.000 euro e non venderà mai a meno di 1.600, perché sotto quel prezzo la sua miglior alternativa all'accordo negoziato risulta preferibile.

L'acquirente vorrebbe pagare 1.400 euro e non comprerà mai a più di 1.850, perché a quel prezzo la sua miglior alternativa all'accordo negoziato risulta preferibile.

La ZOPA è quindi costituita dal range tra i 1.600 euro (valore minimo accettabile dal venditore) e i 1.850 euro (valore massimo accettabile dal compratore).

«Pietro, mi sono preparato per vendere il mio monolocale di Corso Como a Milano, esattamente come mi hai consigliato tu: interessi, opzioni, BATNA e tutto il resto. Ho anche svolto una ricerca degli immobili simili al mio in vendita in quella zona, e speravo di venderlo a 575.000 euro. L'acquirente mi ha fatto un'offerta iniziale di 520.000 euro... molto meno di quanto mi aspettassi; quella prima offerta, nella mia mente, ha ridotto le possibilità di un accordo e condizionato l'intera trattativa. Alla fine, abbiamo chiuso a 530.000 euro. Cosa ho sbagliato?»

«Carlo, hai fatto molto bene a prepararti. Aver completato questo esercizio prima di una negoziazione è stato importante. Purtroppo non è stato sufficiente, perché in questo caso l'altra parte ti ha influenzato fissando un prezzo di ancoraggio potente.»

«Spiegati meglio. Cosa intendi per ancoraggio? E come ci si deve comportare in questo caso al tavolo delle trattative?»

«Stai attento e prova a seguirmi. L'ancoraggio è quel pregiudizio cognitivo che porta a dare troppa rilevanza al primo numero messo sul tavolo, condizionando l'intera trattativa a tal punto che i valori finali dell'accordo non sono tanto distanti dal punto di partenza. Per "pregiudizio cognitivo" si intende una deviazione del normale processo di pensiero... il che implica una distorsione del reale, con un giudizio finale inesatto e un'interpretazione illogica dei fatti sui quali stiamo ragionando. Spesso, questi pregiudizi cognitivi sono dovuti alla necessità di prendere rapidamente una posizione rispetto a determinati stimoli, ma senza avere tutte le informazioni necessarie. In questo senso le distorsioni cognitive ci permettono di agire in fretta, ma con un livello di accuratezza molto basso.»

È un concetto che risale al 1974, quando gli psicologi Amos Tversky e Daniel Kahneman pubblicarono i risultati delle loro sperimentazioni in *Judgment under Uncertainty: Heuristics and Biases*.

Gli individui giungono a prendere le loro decisioni utilizzando un numero limitato di scorciatoie mentali, e le usano al posto di quei sofisticati processi razionali che, da sempre, pensiamo di padroneggiare.

La mia compagna, Caterina, ha una grande esperienza nel settore immobiliare; a questa si aggiunge una passione sincera.

Scherzando, diciamo che abbiamo immobili ovunque, perché spesso vediamo case, terreni e ville che poi, per ovvie ragioni, non compriamo. Quando discutiamo sulla proposta d'apertura, alla fine ha sempre ragione lei. In una prima fase considero la sua offerta quasi oltraggiosa, perché assai distante dal valore che mi ero calcolato io mentalmente. Quando però Caterina la supporta, con solidi principi e argomenti convincenti, la proposta diventa realistica.

Lei si prepara bene; studia, ricerca, analizza, chiede e domanda: è curiosa. È bravissima non solo nella fase preparatoria, ma anche nell'uso dell'ancora. Fa sempre la prima offerta, che definisce in funzione del ruolo in cui si trova: offre sempre un prezzo un po' più basso quando vuole comprare e un po' più alto quando vuole vendere.

È come per le navi ancorate: può girare il vento, può esserci la marea, ma l'ancora resta lì.

Molto spesso, i negoziatori riescono a ottenere un vantaggio facendo la prima offerta e ancorandola efficacemente. E qui, ancora una volta, entra in gioco l'importanza della preparazione. La decisione se fare la prima offerta dipende dalla tua conoscenza della ZOPA, e dalla tua valutazione di quanto la conosce la controparte.

In effetti, se ritieni che il tuo partner negoziale ne sappia più di te avrai difficoltà ad ancorarti in modo efficace, e se lo fai devi avere più informazioni possibili; se invece entrambe le parti hanno un'idea chiara della zona di possibile accordo, è molto improbabile che le ancore siano efficaci.

Se nessuna delle due parti ha un'idea chiara della zona di possibile accordo, facendo una prima offerta si rischia di essere troppo indulgenti o troppo esigenti.

Qualora tu pensassi di saperne di più sulla ZOPA rispetto all'altra parte (come quando si compra o si vende un bene, immobile o auto che sia, di cui se ne sa molto), si dovrebbe approfittare della situazione e fare una prima offerta aggressiva.

A volte è il partner negoziale ad ancorarti. È fondamentale capirlo, ma molto spesso si cade nell'errore di rispondere con una controfferta prima di rendere debole il suo l'ancoraggio.

Torniamo all'esempio di Carlo. Con l'apertura a 520.000 euro, la tentazione sarebbe quella di controbattere con 600.000 euro, ma prima di farlo è fondamentale chiarire che 520.000 euro è un'offerta semplicemente inaccettabile.

Preparati sempre a queste possibili situazioni, e sii pronto a rispondere in modo chiaro ed energico: «Non sto cercando di giocare con te, ma siamo a chilometri di distanza sul prezzo».

Se non rimuovi prima l'ancora della tua controparte, stai facendo passare il messaggio che quei 520.000 euro offerti sono ben all'interno della zona di contrattazione! Invece, tu devi far capire subito al partner negoziale che quell'offerta è sotto la zona di possibile accordo; quando l'avrai fatto, dovrai essere pronto a presentare una controproposta senza menzionare l'offerta iniziale del partner negoziale, perché il solo ripeterla in qualche modo la convaliderebbe. E, nel fare la tua controfferta, cerca di spiegare perché la ritieni equa e giustificabile.

Uno degli errori più comuni è sbagliare la valutazione della ZOPA e dimenticarsi di riconsiderarla durante la negoziazione. In effetti, può aumentare, diminuire o addirittura scomparire mentre le parti perfezionano le proprie priorità e rivalutano le opzioni.

È possibile che quella che tu avevi pensato essere la ZOPA non sia corretta, e dovrai aggiustarla al volo; sarà quindi utile porre domande e utilizzare l'ascolto attivo per definire i criteri nel processo di valutazione.

Quando ti prepari per una trattativa, ricorda sempre che la situazione può cambiare e la tua capacità di adattamento a questi mutamenti, anche repentini, è un fattore chiave per essere un negoziatore di successo.

Esistono dei casi in cui potrebbe non esserci una ZOPA; se sei preparato, anche in queste situazioni puoi riuscire a scoprire gli interessi dell'altra parte per creare valore. Considera sempre se hai la possibilità di individuare qualcosa che abbia un valore di interesse elevato per il tuo partner negoziale, ma basso per te.

Torniamo a fare un esempio di compravendita immobiliare, in cui sei tu a vendere: l'accordo viene raggiunto grazie all'aggiunta di alcuni mobili, tra cui la cucina realizzata su misura per quegli ambienti. Per te quella cucina ha un valore relativo, in quanto l'avresti dovuta smontare, spostare e trovare un acquirente che necessitasse proprio di una cucina di quelle misure. Per il tuo partner negoziale, invece, la cucina ha un valore elevato, perché ne dovrebbe comunque comprare una.

Prezzo di riserva

Per molti anni mi sono seduto ai tavoli di tante trattative importanti pensando che, se non fossi riuscito a rinnovare certi contratti, l'azienda sarebbe andata in crisi; o meglio: sarebbe stato difficile rimpiazzare il cliente numero uno, o due.

In effetti, quando avevo un business molto concentrato e i primi tre clienti rappresentavano più del 50% del fatturato, rinunciare a uno di loro avrebbe significato dover vendere ad almeno dieci o quindici clienti di taglia inferiore, per compensare la perdita.

Quando il portafoglio clienti è diventato molto diversificato, il mio approccio è stato diverso e mi sono riscoperto più potente, perché avevo la consapevolezza che avrei potuto abbandonare la trattativa.

La consapevolezza di avere un'alternativa, nel caso non si fosse raggiunto un accordo accettabile, mi infondeva fiducia. Ero più assertivo, e la cosa si percepiva a tal punto che anche l'altra parte, di rimando, era molto cauta nello spingere "troppo forte".

Ciononostante, non è mai facile abbandonare una trattativa, soprattutto dopo averci investito tempo e fatica: emotivamente, desideri chiudere l'affare… e questo è tanto più vero quando percepisci che l'affare è lì per essere chiuso, ma è sfuggente. Non chiudere l'accordo è assimilabile a una perdita, e lo vivi come una sconfitta.

Nella fase di preparazione cerco sempre di prepararmi per evitare di arrivare con dei dubbi a quel punto della negoziazione in cui l'abbandono del tavolo sarebbe troppo doloroso (ovvero a uno stadio troppo avanzato della stessa).

Cerco quindi di definire in anticipo tutti i potenziali fattori di rottura, risparmiando a entrambi tempo ed energie, per non parlare dello stress generato da una negoziazione a rischio di fallimento.

Normalmente, una trattativa non si chiude con l'accordo perché le parti hanno posizioni divergenti. Durante la preparazione risulta fondamentale aver elaborato e definito un prezzo di riserva, un valore, un limite non oltrepassabile.

Ho assistito a molteplici negoziazioni in cui i negoziatori hanno raggiunto il punto di riserva (o prezzo di riserva) definito in fase di preparazione, ma hanno comunque continuato ad andare avanti a negoziare, facendo concessioni. In questo caso, il valore minimo non era tale.

Ricorda che il tuo prezzo di riserva può modificarsi, se durante la negoziazione hai raccolto o acquisito informazioni tali da legittimare una modifica dello stesso.

Anni fa, ho venduto diversi oggetti su eBay. La mia amica Grazia, collezionista di argenteria francese e inglese, oggi compra su Catawiki.

Su entrambe le piattaforme esiste il "prezzo di riserva", ovvero l'importo minimo al di sotto del quale il venditore non è disposto a trattare; se il prezzo di riserva non viene raggiunto, l'oggetto non sarà venduto.

Un negoziatore esperto si comporta proprio come i venditori di Catawiki o di eBay, mentre quello meno esperto cede e modifica il prezzo di riserva: lo rende dinamico, e continua ad avvicinarlo sempre più a quello del partner negoziale, per paura di farsi scappare l'affare.

Nel 2020 un mio cliente si è innamorato di un immobile nel Borgo San Giuliano, a Rimini, un quartiere con piccole case, vicoli molto caratteristici e per questo ambìto; aveva ancorato (o meglio, pensava di averlo fatto) il proprietario, facendo un'offerta di 180.000 euro. In poche mosse, si è invece trovato ad accettare una controproposta di 252.000 euro.

Mi contattò, disperato. «Alberto, avevamo definito come prezzo di riserva 200.000 euro, e lo abbiamo preparato bene» gli dissi. «Avrebbe dovuto fornirti la sicurezza di cui avevi bisogno per negoziare con successo. Non devi essere spaventato, agitato o frustrato se decidi di abbandonare la trattativa, proprio perché ti eri preparato bene! Poi la cosa ti è scappata di mano. Quella casa è bella, piace molto anche a me. È al grezzo: il tuo architetto ti aveva detto massimo 195.000 euro. La mia commercialista Alessandra ha comprato la casa gemella per 200.000 euro. Se rinunci diventi forte, mostri fiducia, coraggio e integrità; anche se non chiudi l'affare, di te si potrà comunque dire che sei una persona d'onore. In seguito, puoi sempre andare in giro a testa alta, e la voce della tua saggezza si diffonderà.»

A volte, purtroppo, ci sentiamo intrappolati. Non si può abbandonare sistematicamente ogni negoziazione, ma è di grande aiuto sapere di poterlo fare, e il prezzo di riserva è uno degli elementi importanti che devi preparare prima di sederti al tavolo.

Quando ci allontaniamo da un'opportunità, inizialmente potremmo pentirci di non essere riusciti a chiudere l'affare; in seguito, però, questo sentimento cambia e realizziamo di aver fatto la cosa giusta.

Abbiamo così mantenuto il rispetto di noi stessi e, probabilmente, guadagnato anche quello del partner negoziale.

Se hai bisogno di mollare la presa, di non arrivare all'accordo, suggerisco di farlo in modo civile e cortese, perché è sempre meglio mantenere buoni rapporti con l'altra parte. Non si sa mai.

Non c'è frase più saggia da dire che questa: «Se ci ripensi, chiamami».

E, in effetti, allontanarsi può convincere la persona a richiamarti con una proposta migliore!

Reperire informazioni, impegno e arbitrato

Reperire informazioni

Oggigiorno molte delle informazioni che possono essere utili in una negoziazione sono di facile accesso, il che elimina la cosiddetta "asimmetria informativa", ovvero quella condizione in cui le informazioni non sono condivise equamente tra le parti in causa, ma una di esse dispone di maggiori informazioni rispetto alle altre e, conseguentemente, può trarne un vantaggio.

Questa situazione può arrivare all'estremo.

In Cile, ad esempio, ogni operatore economico ha accesso al database delle importazioni; quindi può verificare i prezzi e le quantità importate da tutti gli altri operatori economici, compresi i concorrenti diretti. Quando mi recai per la prima volta in quel Paese (dovevo chiudere un contratto con un nuovo cliente) non ero sufficientemente preparato, visto che ignoravo tale dinamica; una volta al tavolo della trattativa, le mie richieste si rivelarono essere fuori luogo. Il prezzo pagato fu salato, perché il mio interlocutore mi mostrò l'evidenza dei miei prezzi applicati ai suoi concorrenti diretti, come pure quelli praticati dai miei concorrenti tedeschi.

Questo è sicuramente un caso limite, e oggi è abbastanza facile disporre di informazioni. Un tempo, la Bibbia per l'acquisto di autovetture nuove e usate era il mensile *Quattroruote*; oggi online si trova di tutto e di più.

La tecnologia ci consente di verificare velocemente i dati raccolti. In pochi istanti siamo in grado di ricercare prodotti e prezzi dei nostri concorrenti, prestazioni, recensioni popolari o di esperti, requisiti legali o normativi, ricerche di mercato e una miriade di altri fattori pertinenti a una negoziazione.

Gli strumenti di ricerca possono essere utilizzati sia prima sia durante la negoziazione: essere preparati non solo è più facile e più importante che mai, ma è la nuova normalità.

Le fonti di informazione possono includere il sito web, i comunicati stampa, i bilanci, le valutazioni delle azioni per scoprire dettagli utili sui prodotti e servizi, clienti, fornitori, piani di crescita, strutture e salute finanziaria e tanto altro ancora; e se queste informazioni devono essere acquisite in merito all'azienda nostra partner negoziale, sarebbe opportuno estendere la ricerca anche ai suoi clienti, fornitori e competitors.

In ogni caso, di norma le parti arrivano alla trattativa sempre con un certo vantaggio naturale. Il venditore/produttore, ad esempio, disporrà di informazioni specifiche relative ai costi, mentre il compratore avrà un quadro dei punti di forza e debolezza del venditore e dei suoi consumi.

In effetti, dovendo convincere la controparte della legittimità e della correttezza della mia proposta, devo convincere innanzitutto me stesso, e quindi disporre di (e avere a portata di mano) alcuni standard esterni, o altri criteri oggettivi che rendano legittima la mia richiesta.

Ancora una volta, la preparazione risulta fondamentale.

Prepararsi a persuadere richiede tempo e riflessione, e presuppone l'acquisizione di quelle informazioni che permettono di dimostrare al partner negoziale in modo convincente che i criteri, gli standard e i riferimenti che stai condividendo sono appropriati al contesto.

Ti consiglio di considerare attentamente questo aspetto: arrivare impreparato a discutere criteri oggettivi può essere un errore molto costoso.

In passato pensavo che non fosse una mia responsabilità, e spesso non riuscivo a far accettare un accordo: per il mio partner negoziale era difficile accettarlo, non sapendo io (dati alla mano) spiegare il perché avrebbe invece dovuto farlo; oppure, quando lo accettavano, a volte non lo rispettavano come avrebbero fatto se l'accordo fosse stato compreso a fondo, se io (dati alla mano) lo avessi spiegato nella sua legittimità. Poi mi sono reso conto che era una mia responsabilità fornire al partner negoziale tutte quelle informazioni utili per arrivare a un accordo equo, ma soprattutto metterlo nella condizione di spiegarlo a terzi, fossero superiori, familiari, membri dell'organizzazione a cui apparteneva o rispondeva.

Alla fine di una trattativa (o alla fine di una sua fase) tutti abbiamo qualcuno a cui dobbiamo spiegare il risultato. Spesso si tratta del nostro capo o del nostro cliente; altre volte (ad esempio in ambito familiare) è il nostro partner, o i nostri genitori/figli. Quel che sia, in ogni trattativa c'è comunque la nostra immagine davanti allo specchio.

Quando negoziamo, potremmo facilmente convincerci che trovare spiegazioni per l'accordo stipulato dovrebbe essere un problema del nostro partner negoziale, non il nostro. Ebbene, si tratta di un grave errore.

Se il nostro partner negoziale non risolve bene il suo "problema comunicativo" e non spiega puntualmente a chi di dovere (la persona e/o società a cui deve rendere conto) il risultato del nostro accordo, il "suo problema" ci tornerà indietro come un boomerang, dritto in fronte: se non sarà in grado di elaborare argomenti e motivazioni convincenti per aver accettato l'accordo raggiunto, sarà molto difficile che "chi di dovere" lo accetti (o che lo rispetti).

A questo punto, ecco che il suo problema è diventato senza dubbio anche un *nostro* problema.

Impegno

Il tema dell'impegno mi è diventato molto più chiaro dopo aver studiato e analizzato la preparazione in ottica di *comunicazione* e *relazione*.

Una sola motivazione (anche se oggettivamente obiettiva) per un possibile accordo potrebbe non essere sufficiente, o rivelarsi addirittura pericolosa. Arrivare al tavolo negoziale convinti che l'unica risposta sia quella giusta per te è il modo migliore per ritrovarsi a gestire una negoziazione molto tesa, conflittuale e a somma zero, in cui c'è un vincitore e un perdente; meglio avere sempre a portata di mano una serie di possibili dati, principi o criteri a cui fare riferimento per proporre una varietà di soluzioni.

Dedicare tempo alla preparazione delle opzioni in funzione degli interessi delle parti è importante; altrettanto importante è avere a disposizione un'ampia varietà di "criteri oggettivi" che possano aiutare entrambi i partner negoziali a capire quali sono le soluzioni più appropriate nelle circostanze in cui si trovano a negoziare.

Preparare in anticipo alcuni standard/criteri plausibili e convincenti ti aiuterà anche a essere più consapevole su come la controparte considera il contesto negoziale. Dopo esserti preparato dettagliatamente su una serie di criteri diversi sarai più efficace: dato il contesto negoziale, potrai proporre in modo costruttivo e persuasivo quelli più vantaggiosi per te e per l'evoluzione della negoziazione.

In alcuni contesti è abbastanza facile trovare un criterio, uno standard che aiuti te e il tuo partner negoziale a raggiungere un accordo.

Qualche anno fa sono andato da un mio cliente storico di Shanghai, a seguito della sua decisione di esercitare il diritto di opzione d'acquisto su di una proprietà industriale sita a Pudong, come previsto dal contratto di affitto.

Ogni anno pagavano al proprietario americano l'equivalente di circa 2.8 milioni di euro, valore rivalutato di un importo fissato in un contratto firmato venticinque anni prima; un importo alto, rispetto al valore attuale dell'immobile.

Per arrivare preparati alla negoziazione, consigliai ai miei clienti cinesi di affidarsi a un consulente esperto; scelsero Cushman & Wakefield, che in primis fece una perizia dell'immobile, poi analizzò proprietà simili in vendita in aree limitrofe, transazioni effettive, canoni di affitto attualmente pagati per proprietà equivalenti su cui applicare indici reddituali e tanto altro.

La stima variava tra i 9 e i 10 milioni di euro, in funzione del criterio scelto.

Cercai modalità che avessero un fascino intrinseco, sperando che la proprietà le trovasse ragionevoli. Purtroppo, i vari incontri tra le parti non diedero i risultati sperati; nessuna delle argomentazioni fu ascoltata e non si arrivò all'accordo: le posizioni erano troppo distanti.

In una prima fase il compito venne assegnato a un collegio arbitrale, che arrivò a una valutazione. Entrambe le parti la impugnarono, e dopo tre anni di contenzioso il tribunale emise una sentenza favorevole al mio cliente, allineata alle stime dei consulenti.

Vincemmo, è vero, ma rendemmo più ricchi gli studi legali che ci supportarono, e l'azienda cinese dovette rimandare importanti investimenti che erano condizionati alla piena proprietà dell'immobile.

È stato un vero peccato che né il primo collegio peritale né quello del tribunale di Shanghai siano riusciti a risolvere velocemente quella diatriba.

La negoziazione è un processo di lungo termine in cui si gioca con la reputazione (la tua) e la relazione (con il tuo partner negoziale, perché ti capiterà di dover negoziare di nuovo con lo stesso partner negoziale).

Arbitrato

Personalmente, spesso accetto o propongo di inserire nei contratti l'arbitrato: velocizza l'intero processo in caso di dispute e permette di salvaguardare la relazione tra le parti.

In contesti più semplici, accettare di rivolgersi a un terzo è una soluzione che mi piace. Ovviamente, l'arbitro va scelto rispettando criteri di fiducia, competenza e imparzialità, ed entrambe la parti devono concordare sulla scelta.

L'arbitro, per risolvere le questioni, può aiutare le parti a colmare il divario finale tra posizioni sostenute da argomenti non sufficientemente persuasivi.

In fondo non è tanto diverso da quello che facevamo da piccoli per assicurarci che una divisione fosse equa ricorrendo a uno dei nostri genitori per dirimere la questione. In loro assenza ci affidavamo al caso o alla fortuna, dirimendo le questioni giocando grazie a sistemi come *pari e dispari* e *testa o croce* (o, nel caso del cibo, *io taglio, tu scegli*).

Comunicazione e relazione con il partner negoziale

Comunicazione verbale, paraverbale e non verbale

La negoziazione non è altro che una discussione tra due o più individui per giungere a una soluzione che soddisfi tutti.

Ma come è possibile avere una discussione efficace? Solo attraverso la comunicazione. Una comunicazione efficace, quindi, è direttamente proporzionale a una negoziazione efficace.

Ricorda sempre che migliore è la comunicazione, migliore sarà la negoziazione.

Discutere non significa litigare o alzare la voce: si tratta semplicemente di scambiarsi reciprocamente idee, pensieri e opinioni. Va da sé che se disponi di buone (o addirittura di eccellenti) capacità comunicative, avrai discussioni efficaci e, a cascata, comunicazioni efficaci e negoziazioni efficaci.

Bisogna quindi padroneggiare la comunicazione, per eccellere in tutti i tipi di negoziazione. Proprio come la negoziazione, la comunicazione non è solo un'arte, ma anche un'abilità: non ti devi preoccupare, perché si impara.

Il tuo partner negoziale non ha accesso ai tuoi pensieri e alle tue idee (a meno che non sia tu a condividerle); non potendo vedere la tua materia grigia, molto dipende da come parli e come ti comporti.

Lo studio condotto nel 1972 da Albert Mehrabian, *Nonverbal communication*, è ancora di grande attualità, nonostante siano passati oltre cinquant'anni. Mehrabian ha mostrato come il messaggio che viene inviato attraverso la nostra comunicazione è attribuibile solo per il 7% al linguaggio verbale.

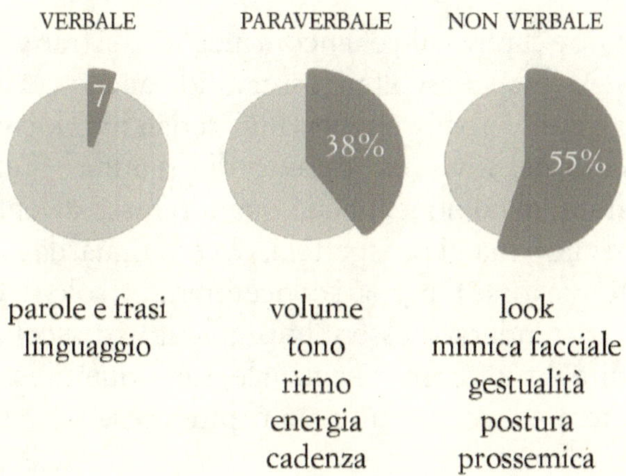

L'efficacia di un messaggio dipende, quindi, solamente in minima parte dal significato letterale di ciò che viene detto.

Il modo in cui questo messaggio viene percepito è influenzato pesantemente dalla comunicazione *paraverbale* e da quella *non verbale*, soprattutto nei casi in cui non c'è familiarità tra gli interlocutori.

Da qui l'importanza della preparazione, che quindi non riguarda solo numeri, tempi, prestazioni e controprestazioni, ma è un processo complesso che serve alle parti in causa a comunicare al meglio per soddisfare i propri interessi.

Ascolto attivo

Mio fratello Paolo era una persona eccezionale, oltre a essere il mio migliore amico. Purtroppo, è morto quando avevo trent'anni, e mi manca ancora tantissimo.

Una delle tante cose belle che ricordo di lui è che preparava i discorsi seguendo un copione.

Tanti negoziatori spendono la maggior parte delle loro energie pensando e preparando ciò che diranno all'altra parte.

Il che va bene, intendiamoci, ma da solo non basta. Non può bastare.

È un errore che commettono in tanti, perché farlo apparentemente dà sicurezza. Il problema è che, per quanto confortante possa essere preparare un discorso nei minimi dettagli, limita la capacità di concentrarsi su qualcosa di molto più importante, come ascoltare e capire l'altro (ancora meglio se si tratta di "ascolto attivo", ovvero il saper ascoltare osservando anche quali messaggi paraverbali e non verbali vengono inviati dall'interlocutore).

L'elemento negativo non è tanto di "rigidità" (l'attenersi al testo preparato, al copione, anche quando fosse diventato irrilevante o superato), ma di prospettiva, ovvero riguarda l'attenzione prestata. Mi spiego: se ti prepari concentrandoti solo su quello che dovrai dire tu, tenderai a essere impreparato ad ascoltare quello che ha da dire il tuo partner negoziale; sarai quindi impreparato a controbattere adeguatamente e a capire come potrebbe essere interpretato ciò che dici.

Anche un bravo negoziatore, pur consapevole delle sue intenzioni e delle sue percezioni, può non avvertire come le sue parole o le sue azioni siano percepite dalla controparte, e quale impatto hanno sulla negoziazione.

La stessa cosa avviene mentre ascoltiamo, o mentre osserviamo: per quanto siamo consapevoli di ciò che dicono e fanno i nostri partner negoziali (di come percepiamo il loro dire/fare, e dell'impatto che ha su di noi) non arriviamo a conoscere le loro intenzioni o le loro percezioni riguardo a ciò che noi diciamo loro.

Il consiglio tradizionale è quello di ascoltare attivamente, cioè di fare uno sforzo intenzionale per capire il punto di vista altrui.

L'obiettivo è di comprendere in profondità il punto di vista, le motivazioni, i pensieri e le aspettative degli altri, sospendendo qualsiasi giudizio.

Si definisce "ascolto attivo" perché si differenzia dal semplice ascoltare in silenzio; è un atteggiamento aperto, imparziale e non giudicante, a cui si aggiunge la curiosità e il desiderio di cogliere il punto di vista altrui per meglio comprenderne le motivazioni.

Oltre ad ascoltare in maniera attiva è necessario anche parlare; quindi, il silenzio attento va alternato a domande, riformulazioni e altri interventi finalizzati a far continuare a parlare il tuo partner negoziale, con lo scopo di entrare in empatia con lui in vari modi.

Ciò che spesso i negoziatori trascurano è il prepararsi ad ascoltare.

Se non investiamo nel processo di ascolto (sia prima sia durante la negoziazione) tendiamo ad ascoltare solo ciò che vogliamo o vorremmo ascoltare, e non ciò che il nostro partner negoziale intende comunicare.

Questo elemento della preparazione viene spesso trascurato, vuoi perché non gli si dà l'importanza che merita, vuoi per la mancanza di tempo; è invece molto importante riflettere su cosa il partner negoziale potrebbe dire, e come poter riconoscere un messaggio diverso da ciò che ti aspetti: è molto probabile che le tue supposizioni ti rendano difficile, se non impossibile, ascoltare qualcosa di diverso da ciò che ti aspetti.

Naturalmente, quanto detto vale anche al contrario, ed è per questo che, per essere efficace durante una negoziazione, dovresti prepararti a inviare messaggi e segnali che possano essere ascoltati e recepiti nel modo corretto dalla controparte.

Riuscirci non è facile, su questo voglio essere chiaro: richiede uno studio e una riflessione su come le tue affermazioni potrebbero essere interpretate (o mal interpretate) dal tuo partner negoziale per via dei filtri, dei pregiudizi e delle supposizioni che ha.

Quindi, potrebbe essere necessario riformulare le dichiarazioni in modo da comunicare effettivamente ciò che intendi, facendo molta attenzione al rischio di essere frainteso: se così fosse, la tua comunicazione non servirà allo scopo previsto.

Comunicare bene non solo ti aiuta a soddisfare le tue esigenze, permettendoti di spiegare a qualcun altro cosa stai vivendo e quali sono i tuoi bisogni, ma ti permette di rimanere "connesso", ti aiuta a gestire la relazione con la controparte.

La relazione con la controparte

Se, ad esempio, tra le due parti c'è un pessimo rapporto, un possibile accordo può fallire anche quando sulla carta entrambe avrebbero potuto trovare serenamente un'intesa. In questo caso, una *pessima relazione* può rovinare una *potenziale buona negoziazione*.

Non sempre è necessario piacersi, e non sempre è necessario condividere valori e interessi: se ci troviamo a negoziare, dobbiamo utilizzare un processo utile a gestire bene le divergenze, arrivando comunque a un accordo e ponendo i presupposti per una più facile negoziazione futura.

La qualità di una relazione è il risultato diretto di come interagiamo con l'altro per favorire la comprensione reciproca, creare fiducia e rispetto, incoraggiare la persuasione piuttosto che la coercizione, consentire di mantenere in equilibrio ragione ed emozione. Ed è direttamente proporzionale a come siamo in grado di migliorare il flusso di informazioni e la comunicazione.

Molto spesso confondiamo le questioni legate alla relazione (divergenze, sentimento ferito, rancori e rimorsi) con quelle di sostanza (numeri, date, termini e condizioni).

Se non riusciamo a fare chiarezza tra questi due aspetti distinti, probabilmente proveremo a sistemare una relazione facendo leva su concessioni sostanziali.

Ebbene, non funziona!

Se abbiamo un problema di relazione (ad esempio mancanza di fiducia o di rispetto), abbassare il prezzo o accettare le condizioni del partner negoziale su qualche termine sostanziale non risolverà il problema. Anzi, una scelta del genere potrebbe aggravare la situazione: c'è il concreto rischio che il nostro partner negoziale pensi che per ottenere maggiori concessioni debba far leva sulla pessima relazione che abbiamo, e che la peggiori ulteriormente!

Ricordati che i problemi relazionali "non sono in vendita"; quindi, nella fase di preparazione della negoziazione focalizzati su problematiche sostanziali e relazionali senza confonderle. Una volta ben identificate entrambe (magari preparando due liste distinte), pensa a come affrontarle e gestirle in modo indipendente.

Per quanto riguarda i problemi sostanziali dovrai essere ben preparato su interessi, opzioni, legittimità, alternative e impegni.

Per i problemi relazionali, dovrai pensare ai passi utili che puoi intraprendere per migliorare la relazione, indipendentemente dal comportamento della controparte. Qualsiasi tuo passo in avanti dovrebbe essere costruttivo: dovresti cioè impegnarti in ciò che è utile a migliorare la relazione, indipendentemente dal fatto che l'altra parte ricambi o meno. Ogni azione in questo senso è volta a costruire la relazione su solide fondamenta, sempre considerando i tuoi interessi e indirizzando il rapporto nella direzione desiderata, ma senza ricorrere mai a concessioni che rientrano nella sfera del "rapporto sostanziale".

Terms Sheet, agenda dell'incontro e bozza unilaterale di accordo finale

Il Terms Sheet

Assodato che è importante pensare all'evoluzione della relazione, è altrettanto importante prepararsi nel definire il punto di arrivo di una trattativa (ovvero la fine, il traguardo della stessa) e tracciare il percorso.

Una buona fine senza un buon inizio è inutile. Un buon inizio senza una buona fine è deludente. Quando un buon inizio e una buona fine sono divisi da uno sviluppo noioso, è un peccato.

Così dice il Woody Allen italiano, Maurizio Nichetti, riferendosi alle caratteristiche di un buon film. Lo stesso vale per la negoziazione.

Chiudi gli occhi e prova a immaginare come sarà l'affare, una volta concluso; quindi, torna indietro attraverso il processo di negoziazione... vai avanti e torna indietro, ragiona sul *dare* e sull'*avere*, passa in rassegna i fatti e le informazioni che porterai nella negoziazione.

Ovviamente, non sarai in grado di prevedere e immaginare ogni dettaglio, ma la visione ti aiuterà a organizzare i tuoi pensieri e a essere più preparato per gestire divergenze e imprevisti, quando dovrai gestirli.

Di norma, i negoziatori si concentrano su dove e come cominciare, mentre è alla fine di una trattativa che le parti si impegnano reciprocamente; e, affinché una trattativa si possa considerare di successo, gli impegni dovrebbero essere chiari, ben pianificati, robusti e durevoli.

Comprendere cosa si vuole ottenere significa definire il finale.

È importante pensare chiaramente a ciò che si desidera raggiungere, piuttosto che seguire solo il proprio istinto. Le ampie vedute e una visione chiara infondono calma e lucidità, e derivano da obiettivi ben definiti.

Un abile negoziatore, ad esempio, sa prevedere non solo i prezzi, ma anche i termini di consegna, le condizioni di pagamento, il processo di gestione degli ordini, i bonus, le penali. E quando negozia l'acquisto di un immobile, un bravo negoziatore immagina il prezzo, l'importo della caparra confirmatoria, il calendario per i pagamenti successivi, le modalità di pagamento, le date per il compromesso e il rogito, il contenuto dell'acquisto, le mobilia, le ispezioni, le riparazioni, le clausole speciali e la ripartizione delle varie spese.

Sa come governare i processi per controllare la qualità e gestire gli inevitabili disaccordi che sorgeranno.

E se ti sarai preparato, probabilmente arriverai a discutere l'accordo avendo già affrontato adeguatamente tutti i termini.

Nel 2016 ho assistito un mio cliente in una negoziazione con Neil Pryde Ltd, un gruppo che tratta articoli sportivi con sede a Hong Kong, composto da tre piattaforme di business chiave: produzione, distribuzione e gestione del marchio. L'attenzione dell'azienda è rivolta a prodotti ad alte prestazioni, qualità premium, stile e attitudine vincente.

Pryde Group è una società privata, interamente di proprietà del gruppo Shriro. Con oltre 2500 dipendenti, attività in più di 40 Paesi e quasi cinquant'anni di esperienza, è uno dei maggiori attori mondiali nei mercati degli sport nautici e d'avventura.

Neil Pryde desiderava sottoscrivere una licenza esclusiva per produrre, commercializzare e vendere la versione più veloce di Kite Race Foil, per poi essere selezionato come fornitore olimpico.

Suggerii al mio cliente di utilizzare il Terms Sheet (Foglio dei Termini) in una forma più evoluta e completa, anche come *Memorandum of Understandings* (MOU, o Memorandum d'Intesa) o *Letter of Intent* (LOI, o Lettera d'Intenti). Io lo utilizzo da almeno vent'anni; l'ho raffinato e migliorato, ed è il mio compagno nelle negoziazioni di contratti.

Il Foglio dei Termini è un documento non vincolante. Indica i termini e le condizioni sostanziali di un potenziale accordo, stabilendo le basi per trattative future tra venditore e acquirente.

Il mio è diviso in quattro colonne: Argomento, Necessità, Proposta e Accordo finale.

All'inizio, oltre all'indicazione delle parti firmatarie dell'accordo, viene indicato lo scopo: è fondamentale, perché "guida" tutto il documento.

Nel caso di Neil Pryde, il Terms Sheet copriva alcuni elementi essenziali quali territorio, futuri sviluppi progettuali, esclusività, royalties, prezzi, confidenzialità, marketing congiunto e altri quindici punti fondamentali.

Quando la trattativa è più complessa e articolata, è necessario entrare maggiormente nel dettaglio, e il Terms Sheet diventa più corposo.

ARGOMENTO	NECESSITÀ	PROPOSTA	ACCORDO FINALE
Premio alla firma del contratto	All'approvazione di fornitore ufficiale per le Olimpiadi da parte di World Sailing, NPL pagherà una quota di firma una tantum	All'approvazione di fornitore ufficiale per le Olimpiadi da parte di World Sailing, NPL pagherà US $ 100.000 una tantum	NPL pagherà US $ 100.000 come premio alla firma del contratto e, all'approvazione come fornitore ufficiale per le olimpiadi da parte di World Sailing, NPL pagherà US $ 200.000 come commissione di progettazione

Io lo preparo sempre in anticipo. Quando affronto delle negoziazioni importanti, nel caso di impegni con riflessi legali significativi, lo sottopongo per tempo anche allo studio legale, chiedendo loro di analizzarlo solo dal punto di vista tecnico, senza entrare nei termini dell'accordo (per evitare di vederlo stravolto nella sostanza).

Di solito, se strategicamente il mio Terms Sheet ha senso, lo condivido con il partner negoziale prima dell'incontro, insieme all'agenda, specificando che rimango aperto a modificarlo durante la negoziazione.

Se è ben delineato, facilita la discussione e permette di definire le aree di accordo e di disaccordo tra le parti sin dalle fasi iniziali della trattativa, ben prima che si sfoci in negoziazioni più costose, rischiose e stringenti.

Dopo che il Terms Sheet è stato completato assieme al partner negoziale (andando a riempire di comune accordo la quarta colonna, quella di destra), diventa una guida utile per i legali nella preparazione di una proposta di accordo definitivo.

L'agenda dell'incontro

Trovo utile predisporre anche un'agenda dell'incontro. Chi la redige ha il vantaggio di definire gli argomenti e la sequenza della discussione.

Di solito, chi la predispone si prepara meglio, ma questa pratica non è priva di svantaggi: condividendo in anticipo l'agenda con il partner negoziale viene esplicitata la propria posizione, e questo dà alla controparte la possibilità di organizzarsi meglio. Insomma, si perde l'opportunità di giocare sulla sorpresa.

La bozza unilaterale di accordo finale

Quando ti prepari per una trattativa o una negoziazione con più parti, ti consiglio di predisporre una bozza unilaterale di accordo finale; probabilmente non sarà completa, forse non si trasformerà in un accordo come lo hai preparato, ma sarà di aiuto nel delineare in anticipo gli impegni derivanti dal contratto.

Ricordati di pensare a cosa dovrà essere incluso nell'accordo affinché l'impegno sia duraturo e operativo, ma anche a come metterai insieme quell'impegno.

Se riesci a inserire tutto questo in una sequenza temporale realistica, utilizzando una visualizzazione grafica delle varie attività e/o eventi, risulterà più facile affrontare la complessità della negoziazione a testa alta, e gestire il processo in modo costruttivo.

Chi siederà al tavolo negoziale?

I sette stili negoziali

Le informazioni fanno la differenza. Cerca di raccogliere più informazioni che puoi sul tuo partner negoziale prima di sederti al tavolo. Chi si siederà al tavolo? Cerca informazioni sulla sua personalità, sul suo vissuto, sugli hobbies e gli interessi che ha; in questo, sebbene possa sembrare strano, i social media possono essere utili: Facebook, Instagram e ovviamente LinkedIn.

Può anche essere utile raccogliere notizie su negoziazioni precedenti che amici, colleghi o business partner hanno avuto con quella persona; non importa se sono andate a buon fine o meno.

Uno degli elementi importanti da considerare sempre è lo stile di negoziazione del partner negoziale; quindi, dovrai raccogliere informazioni di base quali i valori, l'etnia, la cultura, l'età e tutte le informazioni pertinenti alla sessione di negoziazione.

Questi elementi non sono assoluti, quindi evita di utilizzare meccanismi cognitivi basilari allo scopo di produrre semplicità e ordine; evita, insomma, di banalizzare secondo degli stereotipi: ricorda che è un mondo fatto di differenze e di relazioni sociali complesse, e la ricchezza di alcune sfumature spesso è in grado di fare la differenza nella valutazione delle cose. In questo modo eviterai di perdere dettagli utilissimi.

La varietà dei negoziatori è pressoché infinita, e ognuno ha una personalità, un bagaglio di esperienze e uno stile diverso; possono essere negoziatori professionisti o meno, negoziare professionalmente o meno, essere simili a te o (come accade molto spesso) completamente diversi.

Negli anni ho negoziato tanto, con persone molto diverse tra loro; sebbene non mi piaccia catalogare le persone utilizzando una "riduzione dimensionale" (cioè banalizzando per stereotipi, come detto poc'anzi), ho sempre cercato di ridurre la complessità delle varie "tipologie umane", tentando al contempo di mantenere alcune proprietà significative dei *dati originali*, lasciandoli idealmente vicini alla loro dimensione intrinseca.

Per il lavoro che svolgo mi è stato necessario, perché il punto di partenza è sempre costituito da molte osservazioni e da un gran numero di variabili.

Ho cercato di estrarre le "caratteristiche comportamentali" più comuni e di accorparle in sette *profili base*, il che mi ha permesso di gestirli al meglio.

Non considerarlo uno schema rigido: non è detto che una persona si comporti sempre nello stesso modo e che sia associabile a un solo profilo (potrebbe ad esempio avere una componente dominante e alcune caratteristiche di altri profili, che si manifestano con intensità diversa), ma è importante che tu tenga questo schema come una sorta di promemoria, come una guida, perché è fondamentale che tu possa riconoscere (anche se a grandi linee) il profilo della persona che hai di fronte. E prima ci riesci, meglio è!

Individuare le caratteristiche comportamentali del nostro interlocutore significa capirne le preferenze e anticiparne le esigenze. Questo ci permette di gestire la relazione in modo più efficace: adatteremo il nostro comportamento a seconda dei casi, così da mettere il nostro partner negoziale a suo agio e andare a creare un'area di maggior comfort.

L'ideale è fare un'analisi puntuale, anche se non è sempre una strada percorribile nelle relazioni commerciali (soprattutto in quelle occasionali); tuttavia, dobbiamo impegnarci a cogliere alcuni indizi e procedere a restringere il campo per esclusione, fino a determinare, anche con approssimazione, il profilo di chi abbiamo di fronte.

1 - L'intimidatore

Gli intimidatori giocano con le emozioni. Cercano di farti perdere l'equilibrio, di impedirti di pensare con chiarezza e di addebitarti ogni colpa: se qualcosa va storto nella negoziazione, è solo colpa tua. Ti mettono sulla difensiva e tentano di separarti dal tuo io razionale, nella speranza che il tuo ego ferito ti impedisca di guardare e guidare obiettivamente la negoziazione.

Ti lavorano ai fianchi: non vogliono che tu riesca a ritrovare l'equilibrio, così che le loro richieste vengano accolte.

Perché lo fanno? Perché un affare concluso sotto stress rischia di essere un cattivo affare, ricordatelo sempre.

Il tuo partner negoziale urla, si agita, batte i pugni sul tavolo? Bene, sei davanti a un intimidatore.

Normalmente, gli intimidatori tengono un tono di voce alto, parlano freneticamente, si muovono velocemente e, spesso, ricorrono a volgarità gratuite per sottolineare un punto. Inoltre, hanno la tendenza a interrompere costantemente il partner negoziale.

Gli intimidatori avanzano richieste ma non propongono suggerimenti, e quando tu proponi qualcosa a vantaggio di entrambi, ti dicono che sono offesi dalla tua offerta, arrivando ad assumere toni melodrammatici. Minacciano di annullare l'intera trattativa, o di coinvolgere il tuo capo.

Spesso questi comportamenti sono solo dei bluff, e come tali dovrai gestirli.

Esiste un secondo tipo di intimidatori: quelli silenziosi. Questa tipologia ti manipola astutamente, con un'insolenza appena riconoscibile, ma penetrante. Il loro modus operandi comportamentale spesso si esprime più attraverso il linguaggio del corpo che con l'antagonismo verbale.

Il modo migliore per difendersi dagli intimidatori è quello di non scendere al loro livello.

Mantieni la calma, rimani concentrato e non perdere il controllo. Evita il coinvolgimento emotivo e cerca di riportare l'attenzione sui problemi, possibilmente facendo domande aperte sulle ragioni per cui siete entrambi lì; così facendo, l'intimidatore potrebbe calmarsi e rendersi conto che non stai facendo il suo gioco.

Se un intimidatore minaccia di ritirarsi dalla negoziazione, cerca di capire se sta bluffando, e quanto sia in effetti seria questa minaccia; magari concedigli qualcosa che per te abbia poco valore, o chiedi a bruciapelo cosa farà, se si ritira.

Il tuo obiettivo deve essere quello di scoprire il suo bluff: se lascia il tavolo come tattica intimidatoria e la tua posizione iniziale è solida, probabilmente tornerà; in questo caso la tua posizione sarà ancora più solida, per via del bluff scoperto.

2 - L'adulatore

Anche l'adulatore, come l'intimidatore, si focalizza più sulle tue emozioni che sui fatti e sulla logica, ma l'adulatore carica la trattativa con osservazioni eccessivamente positive e poco sincere.

L'idea, ancora una volta, è quella di ottenere una reazione emotiva, allontanarti dai fatti e farti perdere lucidità.

L'adulatore parte dal presupposto (per lo più corretto) che tutti amano ricevere complimenti; quindi, cerca di lusingare il tuo ego. Ogni cosa potrà essere oggetto di complimenti: il tuo e-commerce, l'ultimo prodotto lanciato, le ragazze del customer service... persino il tuo aspetto personale!

L'adulatore prova a farti credere di avere il sopravvento; ti induce a pensare che stai vincendo la negoziazione, per indurti a una tregua ed estorcerti qualche concessione.

Il primo campanello d'allarme per riconoscere un adulatore è quello di notare, fin dall'inizio della negoziazione, molti sorrisi e molti complimenti.

L'adulatore potrebbe arrivare a fare delle lusinghe anche sul tuo stile di negoziazione, con lo scopo di renderti più compiacente e farti perdere il vantaggio che hai acquisito.

È difficile non farsi risucchiare nel vortice dei complimenti, anche per via del linguaggio morbido e non conflittuale che utilizza. In fondo, siamo onesti: a chi non piace sentire cose belle sul proprio conto?

Ma, per quanto siano lusinghieri i complimenti e affabile il tono della sua voce, tu non devi mai perdere di vista lo scopo della negoziazione, che è quello di raggiungere i tuoi obiettivi.

Il tuo approccio con l'adulatore dovrebbe essere simile a quello che ti ho suggerito di attuare con l'intimidatore: concentrati esclusivamente sugli elementi della negoziazione, mostra la dovuta attenzione al tuo partner negoziale, mantieni la calma, ignora le lusinghe.

A volte, per dimostrare che le sue tattiche affabulatorie con te non attecchiscono, è utile mostrare indifferenza, evitando inflessioni ed esibendo una certa "freddezza professionale" nei tuoi discorsi.

Può essere utile anche introdurre un diversivo, magari coinvolgendo un terzo soggetto: questo distoglie l'attenzione da te e reindirizza ancora una volta la negoziazione ai fatti e agli obiettivi.

Una cosa molto importante: evita di ricambiare l'adulazione, così da chiudere la porta ad altre lusinghe. In questo modo non rischierai di impigliarti in una negoziazione poco seria e potenzialmente pericolosa.

3 - Il seduttore

Sicuramente ti sarà capitato di incontrare almeno un seduttore, nella tua vita. Il seduttore ti dipinge un'immagine perfetta, descrive tutto esattamente come vuoi sentirlo. Ma se scavi nei dettagli della magia, l'illusione scompare.

Stai per comprare un elettrodomestico con il 20% di sconto se paghi con la carta Visa? Sembra un affare, ma quando vai a pagare scopri che lo sconto si applica sul prossimo acquisto. Il commesso ha reso lo sconto una parte centrale dell'accordo, solo per chiudere la vendita. Troppo tardi, sei stato sedotto.

Il seduttore è molto furbo, spesso al limite della moralità. Propone offerte e concessioni allettanti, e una volta che hai abboccato ti ammalia dicendoti esattamente quello che vuoi sentire; peccato che le sue offerte e le sue concessioni siano condite da mezze verità (e mezze bugie) che inizieranno a emergere piano piano. A quel punto, troverà delle scuse legate alle policy, ai regolamenti aziendali, alle autorità superiori.

Il seduttore è molto abile nel gestire la velocità della negoziazione per raggiungere il suo obiettivo. Per riconoscerlo, fai quindi attenzione alla velocità della trattativa: un bravo seduttore potrebbe accelerare per chiuderla prima che tu ti accorga della sua illusione, o potrebbe rallentarla consapevolmente per distrarti, magari con una telefonata improvvisa o una necessità contingente.

Proteggersi dal seduttore è semplice: basta non trattare.

Smonta la seduzione, rendendola poco importante, o irrilevante: «Avevo intenzione di pagare in contanti».

Se fosse troppo tardi, prova a rivedere l'accordo o a coinvolgere un'autorità superiore, oppure a individuare delle alternative.

Anche qui la preparazione e la ricerca sono fondamentali. Più sai, maggiori saranno le tue possibilità di identificare in anticipo un possibile seduttore, ed evitare la trattativa.

Se invece decidi di affrontarlo, informati nei minimi dettagli e fai domande su domande, perché più è stringente il confronto con la nuda realtà, più il seduttore è indebolito.

Se lo trovi utile prendi appunti, mostrati scettico: è uno strumento sempre valido, in qualsiasi trattativa.

4 - Il lamentone

Il lamentone è forse il meno pericoloso, ingannevole e scorretto dei sette profili.

Si tratta di un negoziatore insicuro, un amante teorico delle strategie che vuole essere ascoltato e compreso. Quando ciò avviene diventa più ragionevole, ed è più piacevole trattare con lui.

I lamentoni hanno successo se riescono a farti stare male per ciò che dicono: li riconosci perché provano in ogni modo a farti venire dei sensi di colpa, chiedendoti (o supplicandoti) di limitare le tue richieste, per andare loro incontro.

A volte appaiono come dei negoziatori posizionali, perché non guardano oltre ai loro bisogni. Anche quando non sembrano disposti a muoversi dalla loro posizione, in realtà sperano che tu elabori un accordo che possa porre fine alla sequela delle loro lamentele.

Come difenderti da un lamentone? Con empatia, pazienza, comprensione e ascolto attivo.

Anche se forse non ce n'è bisogno, incoraggiali a dire di più, mostrati interessato e usa con coerenza il tuo corpo: cerca di stabilire un contatto visivo, in aggiunta al riconoscimento verbale.

Se la tattica funziona, il lamentone si mostrerà più rilassato e raggiunto questo punto è importante fare altre domande aperte per tornare ai dettagli della negoziazione, per poi eventualmente offrire una piccola concessione e arrivare all'accordo.

5 - L'argomentatore

L'argomentatore ama il conflitto e creare disaccordo. E se conflitto e disaccordo non ci sono… li genera lui, perché in quel contesto si muove assai bene.

Con lui, la negoziazione è un litigio continuo e inesorabile non solo su tutti i punti principali, ma anche sui più insignificanti. Alcuni argomentatori tendono a mostrarsi tranquilli nelle fasi iniziali della trattativa, per passare alla loro modalità preferita quando meno te lo aspetti.

Gli argomentatori sono molto pignoli, e hanno difficoltà a separare ciò che è importante da ciò che non lo è.

È facile individuare un argomentatore, perché a ogni tua richiesta imposta discussioni profonde e intense, spesso non strettamente necessarie; poi, attacca ogni tua mossa, al fine di rendere difficile la trattativa.

Per difenderti da questa tipologia di negoziatori ricorri all'agenda condivisa, sempre utile per attenersi al programma, e ignora le discussioni inutili, reagendo solo a quelle importanti.

Sforzati di focalizzarti sulle soluzioni e concentrati esclusivamente sui punti più importanti dell'accordo, lasciando al tuo partner negoziale la vittoria delle controversie più piccole.

Essendo l'eterna discussione uno strumento di distrazione, gli argomentatori sperano che tu cada in errore. Alcuni si comportano in questo modo per ottenere quante più vittorie possibili, grandi o piccole che siano.

In molti casi è importante definire se si vuole avere ragione o chiudere una buona trattativa; spesso è possibile ottenere entrambe le cose, ma dovendo scegliere… è meglio non avere ragione!

Come negli stili di negoziazione già visti, il mio consiglio è: cerca di attenerti ai fatti. E se te la vedi male, fai capire al tuo partner negoziale che potresti essere costretto a lasciare la trattativa.

Soprattutto, evita di essere anche tu un argomentatore, perché sarebbe una negoziazione senza via di uscita!

6 - Il ballista

Il ballista usa con dimestichezza bugie, bugie a fin di bene, mezze verità, omissioni, esagerazioni e promesse disattese.

Che le bugie siano bianche (ovvero il mentire per far piacere e/o per non urtare la sensibilità altrui) o nere (dire il falso per ottenere un vantaggio) non fa molta differenza. Entrambe sono bugie! Il ballista si sente autorizzato ad abbellire la verità per rendere migliore il prodotto, il servizio e, perché no, la sua offerta.

Il ballista sa bene che non ci sono prove concrete delle sue affermazioni, ma sa che non ci sono neanche le controprove!

Se sei attento, noterai il suo sguardo sfuggente e la voce rotta; magari avrai la sensazione che qualcosa non ti torna, ti insospettisce. E questo avverrà sempre più spesso con l'esperienza, quando la tua voce interiore ti dirà: "Troppo bello per essere vero" ogni volta che ti imbatterai in un ballista.

A volte alcune delle esagerazioni e delle iperboli di un ballista non sono vere e proprie *bugie*, perché si entra nella sfera della soggettività; presta però molta attenzione quando, in un discorso, la frequenza di certe affermazioni è alta.

Ancora una volta, il miglior modo di difendersi è quello di ricorrere ai fatti e ai criteri oggettivi, senza timidezza.

Cerca di arginare le falsità (o anche solo le esagerazioni) del ballista sin dall'inizio, e cerca di essere il più onesto possibile: *I due bugiardi* sta benissimo come titolo di una raccolta di racconti di Isaac Bashevis Singer, ma, credimi, una trasposizione dell'opera letteraria al tavolo negoziale sarebbe un vero e proprio flop!

7 - Il pensatore logico

Il pensatore logico è forse il più ragionevole dei profili con cui puoi trovarti a negoziare, anche se alcuni tendono ad analizzare eccessivamente i problemi, dedicandoci molto tempo e diventando eccessivamente pignoli su questioni di minor conto.

I pensatori logici possono essere molto pericolosi, perché se non sei d'accordo con loro vogliono capire le tue ragioni; se invece sei d'accordo, vogliono capire di più!

In ogni caso, salvo che tu non sia avverso ad addentrarti nei dettagli, troverai fattibile negoziare con i pensatori logici: sono perspicaci e non ricorrono a giochi mentali emotivi per cercare di portarti fuori rotta.

Attenzione, però; questo addentrarsi continuamente in analisi dettagliate da parte dei pensatori logici ha per te un rischio: quello di perdere di vista l'obiettivo finale (ma si tratta del loro modo di pensare e agire, più che di una tattica di negoziazione).

Cosa fare, quindi? Assecondali: se hai pazienza e riesci a soddisfare la loro sete di dettagli, diventa tutto più facile. Ricorda che il pensatore logico si nutre di fatti e di cifre. È per natura scettico, e di solito fa molte domande. È preciso e, ovviamente, attento al dettaglio!

Esistono anche i "falsi pensatori logici", che usano domande e richieste di analisi non perché gli interessino davvero, ma per farti perdere l'equilibrio, o per bloccare un accordo non desiderato. Puoi riconoscerli dalla leggerezza delle domande che pongono, quindi fai attenzione alla persistenza degli interrogativi, al livello di dettagli richiesti e da come reagiscono alle risposte. Anche con questo profilo di persone è fondamentale essere preparati, in modo da rendere chiara ogni affermazione e supportarla dai fatti.

In generale, con i pensatori logici dovresti provare a stare al gioco, soddisfacendo il loro bisogno di informazioni. E se anche tu fai molte domande, entrerai in sintonia con loro.

Attenzione però a non esagerare, altrimenti la negoziazione potrebbe durare in eterno! Tieni alto il ritmo, ma ricordando sempre di focalizzarti soprattutto sugli argomenti sostanziali.

Mix di stili

Lo stile di negoziazione scelto e sviluppato da un individuo è in funzione della sua personalità, che è innata, naturale e tipicamente immutabile.

Se riesci già durante la fase di preparazione a riconoscere uno stile di negoziazione, saprai come affrontarlo al tavolo delle trattative, e potrai anche imparare a riconoscere e valutare la personalità del tuo interlocutore (e a capire meglio la tua).

Sono sempre stato affascinato dal modello di comportamento DISC, proposto nel 1928 da William Moulton Marston (uno psicologo fisiologico di Harvard) nel suo libro *Emotions of Normal People*.

Marston scelse deliberatamente di concentrarsi solo sui fenomeni psicologici che erano direttamente osservabili e misurabili attraverso mezzi oggettivi; studiò cosa differenziava i comportamenti e le interazioni tra persone valutandoli in diversi contesti e in diversi ambienti.

L'esperienza mi ha portato a concludere che esistono più sfumature di personalità, e a volte il tuo partner negoziale sarà un mix di una di queste personalità (magari una sarà la "dominante", quella preponderante sulle altre).

1 - Il dominante/aggressivo

Il dominante/aggressivo è motivato dal voler essere influente, dal poter esercitare potere e avere il controllo, affermandosi sull'altro.

Puoi riconoscerlo perché parla e agisce velocemente: i dominanti/aggressivi sono frenetici, sbrigativi, poco pazienti e tendono ad annoiarsi. Nel preparare la negoziazione con questa tipologia di negoziatore fai in modo di disporre di tutti gli elementi in anticipo, e sii pronto a una discussione "rapida".

Per lui contano solo due cose: vincere, ottenere il più possibile e concedere il meno possibile; se ciò non avviene si agita e diventa ancora più difficili da affrontare.

Puoi provare a rallentare il ritmo della discussione mostrando calma; evita risposte emotive, attieniti a un'agenda ben strutturata e ai fatti.

2 - Il passivo/sottomesso

All'opposto del dominante/aggressivo c'è il passivo/sottomesso. Timido, introverso, buon ascoltatore, calmo, insicuro e schivo, costui si concentra sul compiacere e cerca di soddisfare il partner negoziale. È a disagio nel conflitto e nel caos, parla poco ed esprime i suoi pensieri e le sue opinioni solo su richiesta. Raramente prende il controllo della negoziazione: preferisce seguire piuttosto che guidare.

Quando si tratta con un passivo/sottomesso non è richiesto difendersi; anzi, c'è il rischio di approfittare della situazione. Resisti a questa tentazione, per preservare la relazione e le future opportunità!

3 - Il logico/analitico

Il negoziatore logico/analitico è organizzato, preparato, critico, premuroso, diffidente e apprensivo. Ama verificare i fatti, i dettagli e le informazioni della negoziazione. Arriva preparato, e anche se non ha fretta arriva alla riunione puntuale, o addirittura in anticipo.

I negoziatori di questo tipo sono creativi, e preferiscono risolvere i problemi raggiungendo una posizione di potere attraverso la conoscenza. Di fronte a loro potresti vivere situazioni di disagio, in quanto verrai esaminato attentamente: i negoziatori logico/analiti cercheranno errori e incoerenze nella tua proposta.

Sii quindi preparato e presentati provvisto di grafici, diagrammi e report perché, se necessario, dovrai rispondere al volo.

Non bluffare mai. Non rischiare con bugie, distorsioni dei fatti e mezze verità: probabilmente verresti scoperto.

E preparati psicologicamente a essere "sotto processo".

A volte un negoziatore di questo tipo è insicuro con i dati che ha a disposizione, e cerca sicurezza nel dettaglio; prova a rassicurarlo, perché lasciato a sé stesso potrebbe non trovare mai la sicurezza di cui la negoziazione ha bisogno per andare avanti.

4 - L'amichevole/collaborativo

Il negoziatore amichevole/collaborativo è il preferito da molti, in quanto lavora con pazienza, onestà e creatività per ottenere rapidamente risultati; inoltre, con l'accordo crea fiducia e sviluppa solide relazioni per il futuro.

Cortese ed empatico, cerca di imparare il più possibile del partner negoziale. Riconoscerai in lui il sorriso caloroso e il portamento amichevole. Ma non lasciarti ingannare: questi negoziatori possiedono un acuto senso degli affari... sono dei veri professionisti.

Sii sempre vigile; verifica la genuinità del suo comportamento e stai molto attento alle reazioni che ha quando rispondi alle sue richieste poco ragionevoli: se si genera un conflitto, l'hai smascherato.

5 - L'evasivo non collaborativo

I negoziatori evasivi/non collaborativi sembrano restii o refrattari a negoziare, dando a volte l'impressione di essere quasi "assenti" dal tavolo negoziale; in realtà, costoro affrontano problemi (e persone) ignorandoli del tutto.

Sono insicuri, paurosi, introversi: evitano di collaborare, non ritenendosi preparati o informati sull'argomento che viene negoziato. Questo li porta a essere freddi, pessimisti e a mostrare indifferenza. Restano spesso in silenzio, per evitare di dire cose scomode o in grado di indebolire la loro posizione.

La loro riservatezza, unita all'introversione, genera spesso frustrazione, poiché le discussioni vengono posticipate, le informazioni critiche trattenute o procrastinate. Con loro, molti problemi rimangono irrisolti.

La gestione di queste personalità è complessa, ed è importante diagnosticare le cause della loro insicurezza e aiutarli a superare le paure che si portano dietro.

Con loro, inoltre, potresti cadere nella tentazione di nascondere a tua volta informazioni.

6 - L'espressivo/comunicativo

I negoziatori espressivi/comunicativi sono generalmente molto loquaci, spontanei ed energici. Amano il loro lavoro, che affrontano con entusiasmo. Sono socievoli, e nella maggior parte delle situazioni trasmettono un atteggiamento positivo e divertito.

Richiedono però molte attenzioni: si distraggono facilmente, anche perché non sono buoni ascoltatori. Vogliono chiudere l'accordo, sentirsi strumentali al risultato ottenuto e, al contempo, sono animati dal desiderio di intrattenerti lungo il percorso.

Quando tenti di costruire una relazione possono diventare sospettosi, quindi può essere funzionale consentire loro di fare quello che preferiscono, almeno all'inizio, giusto per creare un rapporto di base; poi, evitando chiacchere inutili, bisogna però rimanere sull'ordine del giorno.

In conclusione, ricorda che gli stili di comportamento che ho analizzato non rappresentano categorie fisse, a tenuta stagna: sono degli "esempi di massima". Conoscendo queste tipologie comportamentali, ritroverai senz'altro degli aspetti comuni nei tuoi partner negoziali, e saprei comportarti di conseguenza.

Le cinque esigenze primarie

L'ho già detto diverse volte, ma voglio ribadirlo ancora: in ogni negoziazione la preparazione è fondamentale, per ottenere un buon risultato.

Purtroppo, spesso non troviamo il tempo necessario, e così non sempre riusciamo a prepararci adeguatamente (o comunque non bene quanto vorremmo).

In questi casi, ci è di aiuto sapere che esistono cinque elementi che accomunano ogni negoziazione; conoscerli in modo approfondito ti permetterà di prendere alcune decisioni rapide.

Questi cinque elementi costituiscono un ulteriore e fondamentale anello nella preparazione di una negoziazione!

Sto parlando dei Five Core Concerns (le cinque esigenze primarie), originariamente esposti da Roger Fisher e Daniel Shapiro in *Beyond Reason: Using Emotions as you Negotiate.* Ho avuto il privilegio di essere spesso in aula con il Professor Shapiro, a Cambridge; ho apprezzato a più riprese il suo approccio innovativo, che nella negoziazione e nella gestione dei conflitti integra principi di psicologia, comunicazione e dinamiche interpersonali. Frequentarlo mi ha permesso di conoscere e riconoscere meglio le cinque esigenze primarie e ha migliorato il modo in cui negozio e la mia percezione della negoziazione.

La personalità di chi è coinvolto in una negoziazione influenza il modo in cui si comporta e reagisce durante il processo di negoziazione. Ad esempio, individui con una personalità dominante possono essere più inclini a cercare il controllo e a esercitare pressioni, mentre individui con una personalità più collaborativa possono essere più orientati a cercare soluzioni di compromesso.

Quindi, la personalità può anche influenzare le emozioni che emergono durante la negoziazione, come l'aggressività o la predisposizione a cercare l'armonia.

Le emozioni svolgono un ruolo cruciale nella negoziazione e possono influenzare sia i comportamenti sia i risultati.

Emozioni come la rabbia, la frustrazione, la paura o l'entusiasmo possono influire sulle decisioni e sulle strategie adottate dalle parti coinvolte. Comprendere e gestire le emozioni in modo efficace può contribuire a una negoziazione più costruttiva e a una maggiore soddisfazione per entrambe le parti.

I comportamenti adottati durante la negoziazione sono spesso influenzati dalle emozioni e dai principali interessi identificati da Shapiro: ad esempio, se una persona si preoccupa della propria appartenenza o del proprio status potrebbe adottare comportamenti assertivi o competitivi per difendere i propri interessi. Se una persona valorizza l'apprezzamento o la relazione, potrebbe invece adottare comportamenti collaborativi e cercare soluzioni che soddisfino entrambe le parti.

Le emozioni sono esperienze. Quando qualcuno dice o fa qualcosa che per te è personalmente significativo, le tue emozioni rispondono; in genere provi una sensazione fisica, un pensiero, un cambiamento fisiologico... e senti l'urgenza di agire.

Le emozioni possono essere positive o negative; quelle positive sono confortanti, mentre le negative sono preoccupanti.

Essere a stretto contatto con Daniel Shapiro mi ha permesso di appassionarmi ancora di più allo studio delle emozioni e del suo *framework* (modello), davvero molto interessante: se applicato correttamente, porta a risultati straordinari. Queste tematiche sono molto interessanti al punto che ho un progetto legato all'analisi delle cinque esigenze primarie, ma sono ancora in una fase embrionale per poterlo descrivere.

Purtroppo, spesso le negoziazioni falliscono perché vengono sabotate dalle emozioni, che sono contagiose, virali: la rabbia provoca rabbia, lo stress genera stress e la discussione animata che sfocia in scontro allontana le parti, che perdono di vista l'obiettivo della negoziazione.

La tendenza comune è quella di preparare una strategia concentrandosi su punti di discussione, offerte e controproposte, mentre raramente si pianifica la strategia emotiva.

In effetti, se ci riflettiamo, le esigenze primarie altro non sono che i *desideri umani.* Oltre a essere importanti per quasi tutti, sono praticamente presenti in ogni negoziazione. Spesso non sono esplicitati, ma non sono meno reali dei nostri interessi tangibili.

In quasi tutte le negoziazioni e/o controversie, sono in gioco una o più esigenze primarie. La comprensione di queste esigenze permette di conoscere e analizzare le emozioni del partner negoziale e allo stesso tempo di fare leva sulle tue emozioni positive. La mancata risposta a queste esigenze primarie, invece, può portare al crollo della negoziazione.

Sebbene forti emozioni negative possano comportare costi elevati al tavolo delle trattative, non tutte le emozioni sono dannose per la negoziazione. Le emozioni positive possono agevolare un risultato favorevole, ma anche sentimenti come ansia o nervosismo possono essere incanalati in modo corretto per contribuire al successo.

Da oltre quindici anni ho inserito le cinque esigenze primarie nella mia checklist in fase di preparazione: sono "aree sensibili" da considerare sempre.

Esigenza primaria	Informazioni su Marc Goldberg	Strategia negoziale
Apprezzamento	Figlio di Robert. Famiglia industriale da quattro generazioni. Laureato in Economia a Stanford nel 1991, ha conseguito un master ad Harvard. Dopo 4 anni in BCG, ha lavorato per 10 anni per diversi *private equity* americani. Per i successivi 12 anni è stato in Blackstone, scalandone i vertici, per poi fondare nel 2017 il suo private equity MSE insieme ad Alexander Bolt.	È sicuramente molto competente in materie economiche, ma non disdegna di entrare in discussioni tecniche; quindi, innanzitutto ascolto attivo e comprensione delle sue aspettative; prima di proporre le nostre idee e soluzioni, valorizzare tutto quello che sarà disposto a condividere. È molto preparato su tutti gli aspetti finanziari, quindi molto attenti a quanto dice e a quanto vogliamo comunicare.

Affiliazione	Gioca a golf (par 4). È un appassionato di cucina orientale e un intenditore di vini; in gioventù è stato bartender a Newport per due stagioni estive. Ha conosciuto la moglie a Stanford. Ha conosciuto il partner Alexander Bolt ad Harvard. Al di fuori di MSE, ama investire direttamente in start-up nel mondo delle AI (Open AI), dei quantum computing (ColdQuanta) e delle biotecnologie (Ginkgo Bioworks).	Avviare la conversazione di apertura sugli argomenti e gli interessi che interessano entrambi, sfruttando le affinità e le conoscenze comuni (come degli amici golfisti). Dirgli che ho fatto dei corsi di cucina al *Blue Elephant* di Bangkok, e che conosco Cambridge molto bene: io e mia moglie ci andiamo spesso, perché nostra figlia studia giurisprudenza ad Harvard. Dirgli che anche io sto considerando investimenti in società innovative.
Autonomia	I suoi collaboratori dicono che farebbe innervosire anche il caffè. È molto curioso e creativo. Ambisce a essere il migliore della sua famiglia. Soffre il confronto con il padre, uomo di grande successo.	Per rispettare la sua autonomia e visto che vuole lasciare il segno, lo lasciamo libero di fare le sue proposte senza imporre le nostre; in alternativa, possiamo coinvolgerlo e chiedergli di contribuire alle decisioni.
Status	Il suo status è determinato sia dai suoi successi professionali, dalle posizioni di leadership in aziende e organizzazioni riconosciute, che dal suo ruolo nella famiglia e dalla sua attività filantropica.	Dare rilievo al suo status sociale e al suo percorso accademico e professionale, chiedendo di mettere tutta la sua esperienza a disposizione per la soluzione delle problematiche connesse alla negoziazione.

Ruolo	Marito (sposato dal 1997). Padre (John, 25 anni, e Jennifer, 23 anni, che soffre della sindrome di Down). CEO di MSE. Nel Consiglio di amministrazione di Open AI, ColdQuanta e Ginkgo Bioworks. Socio del National Golf Links of America. Volontario al Down Syndrome Connection of Long Island. Sostenitore del Gigi's Playhouse.	Rendiamo evidente che gli incontri negoziali sono stati organizzati tenendo in considerazione non solo le esigenze professionali ma anche quelle personali/familiari. Rispettiamo il ruolo di Marc come amministratore del private equity MSE e riconosciamo la sua leadership. Interagiamo formalmente solo quando è necessario e teniamo un atteggiamento informale quando richiediamo il suo intervento e le sue abilità/esperienze per risolvere i possibili problemi.

Le cinque esigenze primarie sono:

1 - Apprezzamento

Ti senti ascoltato, compreso e apprezzato? E il tuo partner negoziale si sente ascoltato, compreso e apprezzato?

2 - Affiliazione

C'è connessione emotiva tra te e il tuo partner negoziale? Ti senti vicino a lui o ritieni di essere trattato come un avversario?

3 - Autonomia

Ti senti libero nel prendere le decisioni oppure c'è qualcuno che le guida? E il tuo partner negoziale, può prendere decisioni in autonomia, senza che qualcun altro gli imponga determinate scelte?

4 - Status

Chi è importante? Chi non lo è? Chi si sente rispettato, per il proprio status? Chi si sente poco rispettato?

5 - Ruolo

Le persone che siedono al tavolo negoziale hanno un ruolo significativo? Sono appagate?

Le cinque esigenze primarie sono universali, e ogni volta che entri in una trattativa, anche quando è la tua prima interazione con una persona, devi tenerle a mente e saperle utilizzare nella negoziazione.

Ricorda che i tuoi interlocutori cercano *apprezzamento*. Cosa puoi dire per farli sentire apprezzati e compresi? Preparati considerando come possono apparire le cose dal loro punto di vista. Apprezza i loro ragionamenti, anche quando non sei d'accordo con loro: «Capisco il tuo ragionamento. Comprendo che per te il prezzo sia troppo alto e apprezzo la schiettezza con cui mi dici che a tuo avviso il nostro margine dovrebbe essere inferiore al 50%».

Ricorda che i tuoi interlocutori non vogliono interferenze con la loro *autonomia*. Assicurati, quindi, che abbiano un certo senso della scelta; non: «Ci vediamo domani alle 10 e 30», ma: «Vorrei incontrarti domani alle 10 e 30, per te andrebbe bene?».

Ricorda che i tuoi interlocutori vogliono provare un senso di *affiliazione*. Indaga sulle possibili connessioni tra voi, cerca di creare un legame. Fai in modo di farli sentire rispettati per il loro *status* e tieni a mente anche che vogliono un *ruolo* significativo nella negoziazione. Cerca sempre di coinvolgerli in modo costruttivo, e se ci sono differenze chiedi loro di provare a risolverle assieme.

Quindi, anche quando il tempo che puoi dedicare alla preparazione è ridotto, affronta seriamente e nel dettaglio le cinque esigenze: entrerai nella negoziazione molto più preparato e potente.

Dove, come e con chi

Il fattore campo

La negoziazione competitiva è una modalità negoziale basata sul raggiungimento di obiettivi a vantaggio di una sola delle parti in gioco; è quindi forse quella più vicina allo sport, dove c'è una squadra vince e un'altra che perde.

Nello sport, il *fattore campo* è il vantaggio di cui gode una squadra che gioca nel proprio stadio; questo vantaggio esiste in molti sport, e le sue cause sono molteplici (l'aiuto del supporto dei tifosi, la conoscenza del terreno di gioco, la semplice sicurezza psicologica che ti dà il "giocare in casa", eccetera).

Anche quando si tratta di fare affari, la scelta del giusto ambiente di negoziazione può essere altrettanto importante, al punto da influire sul processo e sul risultato finale.

Non bisogna mai sottovalutare questo aspetto: nella negoziazione, anche l'ambiente richiede uno studio attento.

La maggior parte delle persone preferisce negoziare nel proprio territorio, perché ciò offre molti vantaggi percepiti: avendo familiarità con il luogo, il padrone di casa può controllare meglio l'ambiente dove avviene la negoziazione; può selezionare la sala che preferisce, scegliere la disposizione dei partecipanti al tavolo delle trattative, avere l'opportunità di impressionare gli altri con le risorse dell'azienda. C'è anche un elemento non marginale legato ai costi di una trasferta, al tempo risparmiato per gli spostamenti e alla possibilità di poter continuare a gestire le altre attività aziendali.

Negoziare in casa, inoltre, allenta la pressione dovuta all'essere lontano dai propri affetti, siano essi famiglia o amici.

Negli anni, ho riscontrato che i negoziatori in trasferta tendono a concludere un accordo (o a interrompere la trattativa) più rapidamente degli altri, spesso a loro svantaggio.

Giocare in casa ha indubbi vantaggi: hai familiarità con l'ambiente, hai accesso alle informazioni, risparmi tempo e denaro per gli spostamenti e, magari, conduci la trattativa seduto alla scrivania del tuo ufficio, cosa che comunica sempre potere.

Ci sono però dei casi in cui può essere conveniente giocare in trasferta.

La scelta del luogo negoziale ha anche un valore simbolico. Entrando nel territorio del tuo partner negoziale mostri il tuo serio interesse, il tuo forte desiderio di arrivare all'accordo; questo a volte può essere un elemento cruciale per convincerlo a firmare un contratto. Il motivo più importante per negoziare in trasferta è comunque l'opportunità di conoscere meglio il partner negoziale e le sue attività, il suo contesto; sotto questo aspetto, giocare in casa non è un vantaggio.

Ci sono poi dei casi dove non si può scegliere: pensa all'acquisto di un'automobile presso un concessionario, o a una negoziazione che avviene in un terreno neutro, come la *meeting room* di un hotel.

Di base ricorda che negoziare in casa è spesso preferito da molti, ma non è necessariamente un vantaggio: potresti non aver alcun bisogno di accedere a informazioni aggiuntive, di consultare dati contenuti nel sistema informativo e di consultare colleghi. O ancora: potresti voler avere la possibilità di tornare nel tuo ufficio per considerare quali informazioni presentare e come farlo, oppure potresti preferire negoziare senza le distrazioni o le interruzioni che potrebbero verificarsi nel tuo ufficio.

Insomma: che tu stia negoziando in casa o che tu lo stia facendo in trasferta (o in campo neutro), ricorda che se ti sei preparato a fondo per una trattativa, il luogo non farà molta differenza.

Negoziazioni virtuali

Prima della pandemia, di norma le trattative venivano gestite di persona, ma dal 2020 il modo in cui sono stati portati avanti gli accordi è cambiato radicalmente, ed è probabile che molte negoziazioni continueranno a essere condotte virtualmente anche in futuro.

Fino a qualche anno fa non avremmo mai pensato di negoziare e raggiungere accordi senza incontrarci fisicamente; ora alcune trattative possono essere condotte da qualsiasi luogo, in qualsiasi momento e con qualsiasi strumento: chat di lavoro, messaggistica istantanea, persino e-mail.

La rivoluzione della comunicazione ha liberato il mondo degli affari globali, ma nonostante il vantaggio di poter comunicare ovunque e con chiunque, le comunicazioni virtuali spesso generano una minore fiducia: l'impossibilità di percepire il linguaggio del corpo rende le negoziazioni impegnative, e si genera il rischio di creare diffidenza.

Da qui la necessità di preparare la negoziazione e lavorare intensamente su tutti quegli elementi volti alla creazione di fiducia, per inserirli opportunamente nelle comunicazioni negoziali.

La creazione di fiducia è fondamentale: la negoziazione virtuale tende ad avere risultati peggiori a causa della comunicazione meno efficace e della maggiore sfiducia tra le parti; anche se negli ultimi anni ho collaborato a molte transazioni di M&A senza incontri fisici tra le parti, posso assicurarti che chi negozia online, rispetto a chi negozia in presenza, ha meno probabilità di raggiungere buoni accordi e di costruire un rapporto, mentre ha maggiori probabilità di perdere la fiducia, durante la negoziazione.

Le persone tendono a essere meno collaborative in contesti virtuali, perché sentono meno la pressione di "dover essere educati".

Le negoziazioni online comportano sfide diverse e non dovrebbero essere gestite con le stesse modalità delle riunioni faccia a faccia. In fase di preparazione occorre tenerne conto e riflettere su come migliorare la comunicazione, ad esempio riducendo la dimensione dei gruppi di negoziazione: ho constatato che le riunioni in video conferenza con quattro o più partecipanti possono andare rapidamente fuori strada.

Utilizzare schermi più grandi e ad alta definizione migliora la qualità delle contrattazioni online e la fiducia interpersonale, ed è banale sottolineare che comunicare con il video acceso è più efficace.

Penso ci vorranno anni per tornare, se mai ci torneremo, ad avere soltanto riunioni e negoziazioni in presenza; quindi, ho messo a punto una routine che a me dà buoni risultati, e mi sforzo di seguirla con metodo.

All'inizio della riunione, dopo un giro di tavolo per le presentazioni, dedico un po' di tempo alle chiacchiere, al fine di stabilire delle connessioni personali; se il contesto me lo consente ricorro anche all'umorismo: scherzare assieme aumenta la fiducia tra le parti.

Poi, definisco l'ordine del giorno della riunione, per assicurarmi che nessuno se ne vada prima o arrivi più tardi; ciò permette di modificare l'agenda, se qualcuno ha bisogno di lasciare la riunione prima della sua conclusione.

Se ho con me altri membri della squadra coinvolta nella negoziazione, vale quanto applicabile alle riunioni in presenza: dedico del tempo alla preparazione, mi assicuro che tutti siano allineati; verifico che ci sia piena comprensione dei compiti assegnati e che tutti sappiano come verranno gestiti imprevisti e sorprese.

In occasione di una serie di dieci *management presentation* a diversi investitori stranieri, ho inventato un piccolo strumento che, durante le fasi in cui gli investitori ci rivolgevano delle domande, mi permetteva di assegnarle ai miei collaboratori al volo.

La situazione era questa: io e i miei collaboratori eravamo fisicamente nella stessa sala, gli investitori erano in videoconferenza.

Ho fissato una matita al tappo di una bottiglia d'acqua minerale, bottiglia che tenevo sotto l'inquadratura della webcam: gli investitori non la vedevano. Quando arrivava la domanda, facevo ruotare la bottiglia in modo che la matita indicasse chi doveva rispondere. Così facendo siamo risultati un team coeso, allineato: a ogni domanda seguiva una risposta puntuale, data in modo disinvolto da chi di dovere, e senza che dovessi essere io a dire: «A questa domanda risponderà Tizio» (ottimo anche per restituire l'idea di una certa leadership da parte di tutti i collaboratori).

La consapevolezza di sé è il superpotere segreto di qualsiasi negoziatore, che spesso durante le videochiamate è tentato di essere multitasking.

Rimuovi tutte le possibili distrazioni, disattivando le notifiche del cellulare e chiudendo tutte le schede del tuo computer, inclusi e-mail e calendario. Più di una volta mi è successo di partecipare a riunioni dove, quando il partner negoziale condivideva lo schermo, accidentalmente vedevo che gli arrivavano e-mail o messaggi privati o comunque sensibili; quindi, io chiudo tutti i programmi non necessari, mentre mantengo un canale di comunicazione chat con i colleghi presenti al tavolo o collegati da remoto, in modo da (eventualmente) inviare in tempo reale informazioni sulle tattiche da adottare e su come gestire la trattativa.

Qualora tu fossi molto critico con te stesso, evita di vederti davanti alla videocamera e disattiva la visualizzazione personale nella chat video. Crea un ambiente che ti consenta di concentrarti sulla negoziazione e di dare il meglio di te, e chiedi al tuo gruppo di fare lo stesso.

Negoziazioni di gruppo

È sempre più raro partecipare a contrattazioni in presenza e online da soli; ci sono negoziazioni troppo complesse per essere affrontate da un singolo individuo, che spesso non è informato su ogni aspetto della trattativa. In questi casi, sicuramente un gruppo garantisce risultati migliori, anche se richiede maggiore coordinazione interna e un grande impegno per mantenere un flusso di informazioni agevole tra le parti.

Alcune negoziazioni, inoltre, potrebbero richiedere diverse abilità (non necessariamente a disposizione di una sola persona) e diverse competenze specifiche, ad esempio tecniche o legali.

Se ti trovi a dover gestire un team, sforzati di dedicare alla preparazione il tempo sufficiente, affinché la tua squadra diventi unita, compatta e affidabile; fai in modo che tutti i tuoi collaboratori possano dedicarsi alla preparazione della strategia come gruppo, prima di entrare in una negoziazione di squadra.

Tieni sempre a mente quanto sostiene Laura Kray della Walter A. Haas School of Business, Università della California di Berkeley, che ritiene sia più facile mentire alle donne. Io ho un'opinione diversa e ho già ribadito che la menzogna non appartiene al mondo della negoziazione.

Nel suo studio, sia gli uomini sia le donne mentivano alle donne più spesso che agli uomini: il 24% degli uomini ha dichiarato di aver detto bugie a una partecipante di sesso femminile, durante gli esercizi, ma solo il 3% degli uomini ha ammesso di averlo fatto con un partecipante di sesso maschile. L'11% delle donne ha ammesso di aver ingannato gli uomini, e la percentuale saliva al 17% quando ci si riferiva alle donne.

Le negoziazioni gestite da più persone non avvengono necessariamente solo per i grandi accordi tra aziende. Immagina di dover acquistare una casa al mare, e di dover negoziare assieme al tuo partner; oppure di dover acquistare un'autovettura per uno dei tuoi figli e di dover negoziare assieme a lui, che magari è interessato più all'estetica e alle prestazioni, mentre tu pensi più a sicurezza e rapporto qualità/prezzo.

Ricorda quindi che devi imparare a negoziare come parte di un gruppo di negoziazione.

È sempre più comune che una delle parti sia un gruppo, anzi: molto spesso entrambe le parti sono rappresentate da più persone, ed è ormai la norma che i negoziati vengano condotti tra più parti.

Una squadra è più efficace, ma i risultati migliori non dipendono dal numero di partecipanti: non basta quindi essere in tanti, anzi: è un discorso di qualità, non di quantità.

In *The Wisdom of Crowds* l'editorialista del New Yorker James Surowiecki esplora un'idea ingannevolmente semplice: grandi gruppi di persone sono collettivamente più intelligenti di singoli esperti. Le conoscenze e le opinioni collettive di un gruppo sono migliori nel processo decisionale, nella risoluzione dei problemi e nell'innovazione rispetto a quelle di un solo individuo… persino nel predire il futuro.

Molteplici sono i vantaggi nel negoziare come una squadra anziché da solista. La moltitudine di attori conferisce al gruppo sicurezza e potenza, oltre al dare all'altra parte l'ovvio messaggio che si sta prendendo l'accordo sul serio; inoltre, è possibile offrire molteplici compromessi e diverse opzioni creative.

Ma non ci sono solo vantaggi.

La presenza di più partecipanti può portare a una mancanza di concentrazione. C'è il rischio di cadere nel "pensiero di gruppo", dove i singoli si sentono spinti a conformarsi all'opinione dominante, rifiutando la possibilità di presentare idee che siano in conflitto con essa. È altresì possibile che si crei un falso senso di coesione che genera una contrapposizione tra le parti: i genuini tentativi di conciliazione proposti dal partner negoziale possono essere mal interpretati, essere così liquidati come trucchi disonesti e quindi respinti, con il risultato di mancare reali opportunità per concludere un accordo.

Come nello sport e nei viaggi, è importante selezionare bene i compagni con cui condividere l'esperienza; in questo caso occorre valutare attentamente alcuni criteri, come l'esperienza di negoziazione, la competenza tecnica e le abilità interpersonali.

La forza del gruppo dipende dalle forze positive, dalla motivazione e dal legame dei singoli, che devono essere tutti mossi da un unico scopo.

Nella fase di preparazione dovresti selezionare persone con competenze e abilità complementari, così da costruire una strategia completa. Il lavoro dei singoli, quando viene consolidato, ha il vantaggio di poter essere messo in discussione dagli altri, che lo giudicano in modo più imparziale.

Nella negoziazione di gruppo è condizione necessaria un'attenzione particolare all'allineamento di tutti i membri della squadra alla stessa strategia: bisogna che tutti siano allineati sugli interessi, gli obiettivi e i vincoli in gioco. Questo è fondamentale per il successo.

Indipendentemente dal numero dei partecipanti, ci vuole sempre un leader, la persona che durante tutto il processo guida la squadra; sarà lui a condurre la negoziazione e a scoprire gli interessi di entrambe le parti.

Il leader potrebbe essere affiancato da figure tecniche altrettanto importanti; a tal proposito, i tecnici vanno gestiti con grande attenzione, perché tendono a parlare tanto e ad ascoltare meno.

La gestione del valore andrebbe attribuita a chi ha dimestichezza con i numeri, ed è abituato a confrontarsi con obiettivi finanziari; di solito si tratta della persona che già lavora a stretto contatto con il team leader per determinare la BATNA e i requisiti minimi per un accordo.

Se la negoziazione è complessa prevedi (a maggior ragione nella fase finale dell'accordo) che sia presente il tuo legale. Io preferisco la sua presenza solo verso la fine, per non irrigidire il partner negoziale. Ho avuto esperienze di negoziazioni alla presenza di legali fin dalle fasi iniziali, e devo dire che sono state particolarmente lente e poco costruttive. I legali dovrebbero entrare in campo solo quando l'accordo tra le parti è stato già raggiunto.

Personalmente, trovo utile disporre di un membro aggiuntivo del gruppo che abbia una forte e consolidata relazione con il partner negoziale. Il suo è un ruolo passivo, nel senso che non interviene; di contro, è molto attivo nell'ascolto delle prospettive e degli interessi dell'altra parte. Sapere cosa è importante per il partner negoziale è una risorsa importante, e le sue intuizioni potrebbero essere di grande valore quando si procede con un'offerta o una controfferta.

Molto spesso, per quanto la negoziazione sia stata bene preparata, vanno pianificate delle pause anche brevi, durante i quali la squadra ha la necessità di allinearsi.

Negoziazione tra più parti

Anche la negoziazione con più parti merita di essere preparata nel dettaglio. Prima della vera e propria negoziazione, le parti devono avere chiaro chi saranno i partecipanti, in modo da poter lavorare sulle coalizioni e sulla definizione dei ruoli. E in quest'ottica vanno preparati e compresi gli interessi delle parti, le opzioni, le alternative, gli standard esterni, le esigenze e gli impegni contrattuali derivanti dall'accordo.

Affinché la negoziazione si svolga in modo efficiente, è importante definire un ordine del giorno e nominare un presidente o un moderatore, per garantire che le prospettive delle parti al tavolo siano adeguatamente rappresentate; a costui sarà demandato anche il compito di gestire gli inevitabili conflitti sui contratti.

Suggerisco, per questo ruolo, di scegliere una persona con forti capacità di risoluzione dei conflitti, capace di disinnescare le situazioni emotivamente cariche e gestire il comportamento dei partecipanti, compreso il tono di voce o il linguaggio irrispettoso.

Compito del moderatore sarà anche quello di mantenere tutti concentrati sul raggiungimento del miglior consenso.

Molte negoziazioni implicano accordi tra più parti. Ciò avviene sicuramente nelle collaborazioni d'affari, dove ognuna delle parti in gioco ha le sue posizioni, i suoi interessi, le sue alternative e tutti gli altri punti da analizzare prima della trattativa.

Ma avviene anche in altri contesti molto più semplici, ad esempio quelli familiari.

Alle mie figlie piace viaggiare, e io cerco di assecondarle… così come cerco di assecondare Caterina (che mi sopporta dal 2010, e che adoro!).

Giulia, mia figlia più grande, ama le vacanze movimentate; l'idea di andare una settimana alle Maldive la rigetta. Alessia, invece, preferisce il relax totale, inteso come: «In vacanza non mi porto neanche un libro». A entrambe non piacciono i viaggi culturali, quindi niente musei e templi.

Caterina, invece, opterebbe per un mix tra una vacanza movimentata e una rilassante, il tutto condito da un po' di cultura. Fosse per me, sceglierei per un po' di tutto, a condizione di non andare dove sono già stato, condizione ardua da rispettare visto che per piacere e per lavoro ho viaggiato parecchio.

Negoziare in contesti come questo richiede destrezza e un'attenzione particolare alle insidie, come le coalizioni che si creano tra le parti!

Queste negoziazioni richiedono una gamma di abilità più ampia, a causa dell'aumentata complessità. Ti verrà richiesto di comprendere, analizzare e costruire relazioni con ognuno dei partecipanti al tavolo, e troverai complicato resistere alla pressione e proteggere i tuoi interessi di fronte a una coalizione.

Farai fatica, quindi preparati. E ricorda che il disagio emotivo porta spesso a decisioni sbagliate.

La strategia si complica con la presenza di molteplici interessi, spesso in conflitto; inoltre, a differenza di una negoziazione a due, ogni parte arriverà sicuramente al tavolo con una miglior alternativa all'accordo negoziato, potenzialmente mutevole al formarsi delle coalizioni.

Non basterà quindi solo valutare le BATNA iniziale dei partecipanti: sarà fondamentale valutare la miglior alternativa all'accordo negoziato (la tua e quelle delle altre parti in causa) continuamente!

Lo scambio di informazioni e la quantità di canali di comunicazione aumenta esponenzialmente secondo la formula n*(n-1)/2, dove n sono i partecipanti alla negoziazione: se al tavolo ci sono tre partecipanti, ci saranno 3 canali, che diventano 6 con quattro partecipanti e addirittura 10 con cinque partecipanti; quindi si tratta di un enorme flusso (che non è solo bi-direzionale, come nella trattativa a due) dove viaggiano informazioni, proposte e compromessi multipli.

È quindi richiesto uno sforzo enorme per poter memorizzare e ricordare tutte le informazioni scambiate, che creano (e mutano di continuo) i rapporti tra i negoziatori, influendo sull'atmosfera e lo stato d'animo che si respira al tavolo negoziale.

Altrettanto critico è il processo che si sceglie di seguire, pieno di insidie legate alla struttura, alle regole scelte, al luogo, alla sequenza dei problemi, come pure alle modalità di decisione e alla percezione di legittimità.

Ho partecipato a negoziazioni dove la posta sul tavolo era davvero importante, e ne ricordo con piacere alcune dove le parti hanno saggiamente scelto di avvalersi di un esperto con il compito di moderare e facilitare il processo.

In questa tipologia di trattative, uno degli obiettivi principali è ancora una volta arrivare preparato e pensare con largo anticipo alle strategie di attacco (come costruire coalizioni vincenti) e di difesa (come mettere insieme una coalizione di blocco).

Le coalizioni, ricordalo sempre, sono come le prime due case dei tre porcellini; le coalizioni sono entità temporanee guidate da interessi personali, è però possibile costruirle in modo solido e stabile se si riesce a far convergere i partecipanti sugli argomenti del contendere e su come affrontarli.

In fase di preparazione, quando costruisci una coalizione inizia identificando tutte le parti interessate, tanto i sostenitori quanto gli oppositori dei tuoi obiettivi: ordinali, aggiungi l'influenza che possono apportare alla coalizione e il loro livello di affidabilità percepita. Inizia da quelli in cima alla lista, per poi passare a guadagnare gli alleati che sono allineati a te ma che non hanno un forte potere: potrebbero guadagnare influenza nel corso della negoziazione.

Presta poca attenzione a quelli assolutamente marginali, o che hanno poca o nessuna influenza, come pure a quelli non allineati a te. Al tempo stesso, pensa a come potresti bloccare i tuoi avversari più potenti tramite, ad esempio, un'alleanza con uno dei loro partner potenziali, che a volte sono motivati dai guadagni di breve periodo.

Negoziazioni internazionali

Se prepararsi a una trattativa con più parti e raggiungere l'accordo è complesso, non meno semplice è la preparazione di una negoziazione internazionale.

Ho sempre letto molti libri. Ricordo quando comprai *Kiss, Bow and Shake your hands* di Terri Morrison. Era il 1994, l'inizio della mia carriera commerciale.

Il testo esplora il modo in cui persone di oltre sessanta Paesi percepiscono le informazioni e negoziano affari; ho trovato di grande spessore e interesse le sezioni relative agli stili cognitivi, alle tecniche di negoziazione e ai sistemi di valori. Il libro, poi, è pieno di preziosi consigli su cosa fare e non fare, su cosa regalare, sugli orari, sull'etichetta, sul linguaggio non verbale e tanto altro. Quando lo comprai, non avrei mai immaginato di visitare oltre ottanta Paesi, principalmente per lavoro.

Dopo venticinque anni di esperienze intense ho concluso che una negoziazione internazionale è assimilabile a quella dove ci sono differenze tra gruppi.

Sebbene sia un bel libro e abbia ancora un posto nella mia biblioteca, pensare di poter standardizzare (e utilizzare una formula magica per trattare con successo con francesi, indiani, brasiliani e così via) risulta eccessivamente semplicistico, e può effettivamente fare più male che bene.

Oggi la sfida (sia per il manager di una multinazionale con sedi sparse nel mondo sia per il piccolo imprenditore che ha un business online con clienti nei cinque continenti) è riconoscere e sapersi confrontare con le diverse culture delle persone con cui si trova a interagire.

Non credo sia possibile stereotipare un professionista nato a Jaipur, ma che ha studiato a Singapore, vive a Zurigo e lavora per una multinazionale americana quotata in borsa.

In effetti, quando ci prepariamo per una trattativa internazionale, tendiamo ad abusare degli stereotipi e dalle generalizzazioni che da queste piccole differenze nascono; questo ci impedisce di focalizzarci su altre importanti informazioni.

Negli anni ho riscontrato che le mie controparti internazionali erano spesso fonti di sorprese, rispetto ai luoghi comuni; ho smesso in fretta di affidarmi agli stereotipi, che mi impedivano di notare importanti sfumature nella loro strategia negoziale.

Ho imparato sulla mia pelle che dovevo solo rendermi conto che l'altra parte non era "strana": semplicemente, si stava comportando in modo diverso a causa delle differenze culturali.

Allo stesso modo, ho vinto il timore di incarnare i cliché negativi propri della mia cultura di riferimento, timore che mi portava ad agire in modo innaturale: io sono semplicemente io, Pietro.

Se negoziazione è spesso sinonimo di comunicazione, in una negoziazione interculturale di successo lingue e comprensione sono fondamentali.

Quante volte ti sembra che l'altra parte capisca esattamente quanto detto, per poi renderti conto che in realtà non ha idea di cosa stessi parlando?

Se durante la negoziazione si utilizzano interpreti, è importante che anche loro abbiano avuto un training in negoziazione, e che venga dedicato tutto il tempo necessario per condividere con loro la preparazione della trattativa, in modo che siano allineati: va ridotto al minimo qualsiasi malinteso per evitare che la negoziazione diventi più lunga e laboriosa del dovuto.

Ricordo che nel 1988 portai avanti una negoziazione con i dirigenti di China Banknote Printing & Minting Corp. nella loro suntuosa sede di Xicheng, a Pechino; si trattava del più grande stampatore di banconote al mondo, per volume.

Ero assistito da un interprete che riassumeva spesso i punti discussi e richiedeva all'altra parte la condivisione dei punti chiave. Condividere più volte tali informazioni potrebbe sembrare ridondante, ma è necessario assicurarsi che tutti coloro che si trovano seduti al tavolo negoziale siano allineati e si capiscano.

Una negoziazione può essere come scalare l'Everest sul versante sud: richiede tanta preparazione, pazienza e soste, per poi ripartire con più energia.

Il Coach

Quando avrai appreso il mio metodo, *Incontro*, ti libererai da falsi miti sulla negoziazione e sarai meno incline a ripetere alcuni errori.

Messi, Hamilton, LeBron, Federer. Ognuno di loro è stato uno dei più grandi interpreti di tutti i tempi in merito al rispettivo sport.

Cosa hanno in comune, questi atleti straordinari? Tutti hanno degli allenatori. I migliori sono migliori anche perché sanno di avere bisogno di aiuto, per essere il meglio che possono essere.

Un coach può guidarti e spingerti ad avere più successo di quanto avresti da solo. In parole povere, un coach ti aiuta a diventare una versione migliore di te stesso.

E così, anche tu e il tuo coach lavorerete insieme per migliorare le tue capacità di comunicazione e persuasione, che non funzionano nel modo in cui pensi. La verità è che noi non pensiamo nel modo in cui crediamo di pensare. Pretendere tanto ed essere molto esigenti, se fatto nel modo giusto, non ci rende sgradevoli agli occhi degli altri: è un preconcetto.

Zoe Chance, che nel 2019 ho avuto il piacere di conoscere a Milano, nel suo stupendo libro *Influence is Your Superpower: The Science of Winning Hearts, Sparkling Change, and Making Good Things Happen* chiarisce benissimo come la nostra influenza sugli altri dipenda dalla sicurezza e dalla consapevolezza delle nostre strategie preferite di negoziazione utilizzate in modo creativo.

In fondo, la negoziazione non è altro che una conversazione tra due o più parti, con lo scopo di arrivare a un accordo.

Dobbiamo e possiamo credere nelle nostre idee per poi chiedere, negoziare e insistere; così facendo, spingeremo il partner negoziale a fare le scelte migliori (per lui e per noi) coinvolgendolo con il nostro entusiasmo.

Si tratta di un approccio etico alla persuasione e all'influenza che ci renderà migliori e che, essendo contagioso, migliorerà anche gli altri.

La chiave di volta è comprendere cosa veramente influenza le tue decisioni, per poi sviluppare e allenare il carisma. Carisma che, attenzione, non è una dote innata: per svilupparlo e allenarlo al meglio è necessario il supporto di un bravo coach.

Insegnandoti i principi e le tecniche necessarie per diventare tanto un negoziatore chiaro e persuasivo quanto un ascoltatore attento, un coach rafforzerà la tua fiducia anche attraverso il gioco di ruolo e la pratica.

Io ho sempre fatto ricorso a un coach nello sport, nella vita privata e in quella professionale: ogni volta che mi sono accorto di avere delle carenze, mi sono fatto aiutare. Nell'ambito della negoziazione, mi è servito per identificare meglio le mie abilità e i comportamenti su cui volevo concentrarmi. Ho trovato particolarmente utili le diagnosi che il coach mi dispensava ogni volta, in particolare sulle possibili insidie del mio stile di negoziazione; diagnosi a cui puntualmente seguivano i consigli sugli strumenti concreti da adottare per prevenire i tranelli ed essere proattivo.

Dopo avermi insegnato nuove idee e nuovi approcci alla negoziazione reale, i coach mi hanno supportato con le loro valutazioni, aiutandomi a imparare dai miei stessi errori, dai risultati ottenuti e dalle opportunità perse: ciò che avevo appreso, poteva essere applicato nelle negoziazioni successive.

Sebbene le mie capacità siano migliorate, faccio ancora ricorso all'assistenza di coach di alto livello, e mai smetterò. Nel frattempo, mi è stato chiesto di allenare altri: amo facilitare i processi di apprendimento, dalla comunicazione efficace all'ampliamento dei punti di osservazione; mi piace promuovere lo sviluppo della creatività e l'acquisizione di nuove prospettive e possibilità. Adoro dare riscontri e incoraggiamenti; per me è anche un'opportunità di sperimentare cose nuove.

Sono stato anche mentore: esperienza gratificante, perché basata su stima e fiducia reciproche. Negli anni, questo mi ha permesso di stabilire sodalizi che si sono protratti nel tempo, sostenuti da una visione di lungo periodo.

Grazie all'ascolto attento degli obiettivi, ho assimilato esperienze e condiviso i risultati.

Altre volte il mio ruolo è stato quello del tutor: ho accompagnato i miei clienti nell'apprendimento, trasmettendo e condividendo le mie conoscenze su interventi di breve periodo, più mirati.

Se da un lato ci sono persone come me (e immagino come te) che condividono la passione per i risultati e si avvalgono di un coach, non c'è nulla di più frustrante di partecipare a una negoziazione e riscontrare che il partner negoziale non si è preparato quanto te, ma si è presentato senza sapere quali sono i suoi reali interessi e la sua migliore alternativa.

È sbagliato pensare che affrontare una controparte non preparata sia una situazione per noi vantaggiosa. In realtà, la condizione ideale è quella opposta, in cui entrambe le parti sono altamente preparate e allineate sul processo e sugli elementi essenziali della negoziazione (interessi, opzioni, BATNA, legittimità, impegno, ecc.).

Se ti trovi ad affrontare un partner negoziale poco preparato, potresti ottenere un vantaggio temporaneo, ma ciò non contribuirà a mantenere una buona relazione, nel lungo periodo.

È preferibile sfruttare la tua preparazione in altro modo: se hai il sospetto che la controparte non sia adeguatamente preparata, puoi stimolare il dubbio facendole delle domande (sia tramite e-mail che al telefono) prima che vi incontriate. Ciò la spingerà a considerare la necessità di prepararsi adeguatamente.

In effetti, la condizione ottimale è quando entrambe le parti sono molto preparate e condividono lo stesso metodo (preferibilmente il mio). In questo modo, saranno allineate sul processo e sugli elementi cruciali della negoziazione, come gli interessi, le opzioni e la BATNA. In alcuni casi, potrebbe essere vantaggioso condividere anche elementi come la legittimità e l'impegno.

Può sembrare un'idea radicale, ma è molto più efficace se entrambe le parti arrivano al tavolo negoziale con queste informazioni in mano: ciò crea una base solida per una trattativa equilibrata e costruttiva, favorendo la possibilità di raggiungere risultati mutuamente vantaggiosi.

Prendi tempo per te e pensa positivo

Ora che hai dedicato tempo alla preparazione, è arrivato il momento di dedicare un po' di attenzioni a te, al tuo corpo e alla tua mente.

Innanzi tutto, dormire bene è fondamentale. La qualità e la quantità del sonno, infatti, impattano su una buona negoziazione. Dormire male comporta una più alta probabilità di essere distratti, di scordarsi le cose, di prendere decisioni sbagliate.

In effetti, negoziare richiede resistenza sia fisica sia mentale.

Le persone affaticate non hanno la stessa prontezza e la stessa reattività di quelle riposate. Se sei stanco e il tuo avversario non lo è, il suo potere negoziale aumenta. Quando sei stanco, tendi a commettere errori e a gestire male lo stress.

A volte la fatica deriva proprio dalle troppe estese sessioni di lavoro (anche notturne) fatte per preparare una negoziazione; altre volte, devi fare una levataccia e prendere un volo all'alba, per arrivare alla riunione; altre volte ancora, la trattativa stessa va per le lunghe.

Sapendo che la fatica ha un costo, qualsiasi negoziatore dovrebbe riposare prima di ogni trattativa.

Il destino di una negoziazione dipende anche da come programmi, sviluppi, mantieni e proteggi il tuo atteggiamento positivo.

La maggior parte delle conversazioni sono con te stesso, quindi presta attenzione alla tua voce interiore. Io ho perso il conto delle trattative partite male, ma ho sempre cercato di mantenere un atteggiamento positivo, concentrandomi sul successo finale.

Così facendo, le difficoltà iniziali svaniscono, mentre procedi verso il tuo obiettivo finale senza mai perdere entusiasmo.

Mi sono reso conto che ciò che dico e come lo esprimo hanno il potere di modellare i miei pensieri. Così, mi preparo a utilizzare un linguaggio dinamico, scegliendo parole cariche di significati, pensando all'impatto che possono avere su di me e sugli altri, preferendo parole e pensieri positivi e d'azione.

Cerco di passare il tempo precedente alla negoziazione con persone che mi vogliono bene, interessate a celebrare il mio successo e la cui amicizia e il cui supporto mi spingono a celebrare il loro.

In fondo, ognuno diventa la persona con la quale trascorre del tempo, e siccome non possiamo scegliere la nostra famiglia di origine, abbiamo la possibilità di scegliere con saggezza il partner e gli amici.

Per sviluppare una mentalità vincente, devi superare la naturale tendenza umana a ingigantire i piccoli problemi senza senso. Mi focalizzo su pensieri positivi, portando la memoria a un momento in cui mi sono sentito imbattibile, in cui sono riuscito in qualcosa che sembrava impossibile. Per me è motivante e potenziante, e richiamandolo alla memoria riesco a cercare e ritrovare questo stato d'animo, quando mi serve.

È semplice. Ad esempio, in vista di un colloquio, utilizzo una tecnica chiamata ancoraggio (da non confondere con l'ancoraggio dell'offerta, anche se ci sono delle similitudini). Attraverso uno stimolo semplice da recuperare (che può essere una canzone, un'immagine, un cibo o una sensazione) si innesca una risposta coerente; ciò consente di sostituire o ancorare eventuali sentimenti e pensieri indesiderati con quelli desiderabili.

Io ne uso diverse, di ancore: ad esempio, mi concentro su un qualcosa che è andato come avrei voluto, su un mio talento, su un pensiero capace di farmi sentire potente.

Nella negoziazione ho trovato utile imparare a gestire il mio stato d'animo e, prima di tutto, a indirizzare il mio pensiero nel modo più proficuo ed efficace.

Ho partecipato ad alcuni corsi, seguendo coach e trainer straordinari che poi ho anche scelto in alcuni progetti aziendali.

Ho il solo rammarico di non aver dedicato un tempo maggiore per approfondire queste tematiche, perché esistono alcuni strumenti pratici per cambiare il modo in cui pensi, leggere gli eventi passati e affrontare quelli futuri, fino a prendere il controllo della tua mente e quindi della tua vita.

Gli intrecci tra queste tecniche e la negoziazione sono molteplici. Basti pensare all'utilizzo di affermazioni come strumento per riprogrammare le credenze subconscie, o alla capacità di identificare quale sistema di pensiero o rappresentativo stia usando una persona (attraverso l'analisi delle sue parole e frasi predicative) per adattare la comunicazione di conseguenza.

Ma c'è anche molto di più, come il processo di creazione di rapporti (imitazioni di comportamenti sottili) che è alla base del fondamento di ogni interazione significativa tra due o più persone.

- Il tempo dedicato a preparare una negoziazione non è mai abbastanza.
- Il successo di una negoziazione consiste per l'80% nella preparazione e solo per 20% nella negoziazione effettiva.
- Individua sempre quali sono i tuoi interessi e quelli del tuo partner negoziale, e ricorda che un accordo è sempre possibile, proprio perché gli interessi sono diversi. Gli interessi sono le necessità, i desideri e, purtroppo, le paure che guidano le negoziazioni.
- Devi avere sempre un'alternativa all'accordo negoziale, e valutare l'impegno conseguente all'accordo stesso.
- Dopo aver determinato "l'intervallo del giusto valore", devi elaborare una strategia per chiudere l'affare entro tale intervallo.
- Ricorda che la posizione è il mezzo, l'interesse è il fine, e che devi focalizzarti sugli interessi anziché sulle posizioni.
- Cerca la collaborazione, sii consapevole dei rischi, abbi fiducia in te stesso e fai in modo che il tempo sia dalla tua parte.
- Prima di sederti al tavolo negoziale, assicurati di aver compreso qual è la zona di possibile accordo e di avere in mente il tuo prezzo di riserva, il limite oltre il quale non puoi andare.
- Prepararsi a persuadere richiede tempo e riflessione, e presuppone l'acquisizione di quelle informazioni che permettono di dimostrare al partner negoziale in modo convincente che i criteri, gli standard e i riferimenti che stai condividendo sono appropriati al contesto.
- La negoziazione è un processo di lungo termine in cui si gioca con la reputazione (la tua) e la relazione (con il tuo partner negoziale).
- Bisogna padroneggiare la comunicazione, per eccellere in tutti i tipi di negoziazione; il messaggio che viene inviato attraverso la nostra comunicazione è attribuibile solo per il 7% al linguaggio verbale, diventa quindi fondamentale saper ascoltare in modo attivo.

- Una pessima relazione può rovinare una potenziale buona negoziazione.
- Prepara sempre un Foglio dei Termini, un'agenda dell'incontro e una bozza unilaterale di accordo finale.
- Cerca di capire chi si siederà di fronte a te al tavolo negoziale.
- Tieni a mente le cinque esigenze primarie: apprezzamento, affiliazione, autonomia, status e ruolo.
- Prepara sempre la negoziazione chiedendoti dove (in casa, fuori casa o in campo neutro), come (in presenza o virtualmente) e con chi (da solo o in gruppo, con o senza tecnici e/o legali) negozierai. Presta particolarmente attenzione alla negoziazione tra più parti (nella quale dovrebbe essere previsto un moderatore e dove dovrai saper gestire le coalizioni che si verranno a creare) e alle negoziazioni internazionali.
- Un coach può guidarti e spingerti ad avere più successo di quanto avresti da solo. In parole povere, un coach ti aiuta a diventare una versione migliore di te stesso.
- Prendersi del tempo per sé stessi e focalizzarsi sui pensieri positivi è fondamentale.

Non negoziamo mai per paura.
Ma non temiamo mai di negoziare.

John F. Kennedy

CAPITOLO 5

NEL CUORE DELLA TRATTATIVA

Nessun genio della lampada potrà aiutarti come potrai aiutarti da solo

Non esiste una taglia unica

Se io fossi Jinn, il genio della lampada in *Aladino e la lampada meravigliosa,* e uno dei tuoi tre desideri da esaudire fosse rivelarti il miglior modo per aprire una negoziazione (o rivelarti le migliori tattiche per gestire con successo tutte le trattive), molto probabilmente ti deluderei.

Penso sia più importante e sicuramente più utile disporre di un approccio sistematico alla negoziazione che risolvere puntualmente una singola trattativa.

Nella mia vita ho commesso errori da cui ho imparato tanto; quegli errori mi hanno permesso di essere più efficace al presentarsi di situazioni e problemi simili.

Ho cercato di raffinare il mio metodo, rendendolo sempre più sistematico ed efficace. Tuttavia, il lavoro non è ancora finito e non finirà mai.

Se impari, cioè se pratichi e acquisisci dimestichezza, quando ti troverai davanti a una situazione simile a una già analizzata in precedenza, ti sembrerà nota e non sarai impreparato. E a quel punto, anche se la pressione sarà molto alta il contesto ti apparirà familiare: ti troverai a tuo agio, e sicuramente sarai un negoziatore più efficace. Diventerai meno dipendente dall'intuito, perché grazie alla comprensione e all'utilizzo di tattiche comprovate potrai raggiungere con coerenza risultati negoziali superiori.

Sarai più consapevole riguardo alla tattica più appropriata da impiegare, che applicherai al momento opportuno; inoltre, durante la negoziazione disporrai di un ventaglio di opzioni sulle mosse da fare.

Ricordati che, anche se concludi trattative con successo (per quanto importanti siano), ogni negoziazione sarà diversa dalla precedente, e dovrai ricominciare da capo.

Negoziare significa ridurre al minimo le preoccupazioni del partner negoziale, spiegando la tua proposta nel contesto del valore che stai offrendo; negoziare è strumentale a creare valore attraverso accordi che rendano entrambe le parti migliori di quanto lo sarebbero senza l'accordo.

Prezzo, valore e costo totale di proprietà

Purtroppo, molte negoziazioni si concentrano sul prezzo, mentre uno degli obiettivi primari di un bravo negoziatore è spostare l'attenzione dal prezzo al valore.

"Valore" è oggi uno dei termini più abusati dal marketing.

In precedenza ho fatto riferimento al prezzo di riserva, corretto quando l'unica variabile è il prezzo ma quando gli elementi sono molteplici si passa al valore e al valore di riserva, e in questo il termine inglese *Reserve Value* è molto più puntuale.

La determinazione dei valori è connessa ai benefici derivanti da un prodotto/servizio. Il valore di un qualcosa a volte va oltre il mero concetto di prezzo: equivale ai benefici percepiti (la soddisfazione degli interessi di chi quel qualcosa desidera) meno il prezzo percepito.

Il calcolo del valore è un'equazione tutto sommato semplice. Si basa su risultati quantificabili, che si distinguono però in due rami: quello relativo ai beni materiali (determinato da scale di valore con specifiche unità di misura, come può essere il denaro) e quello relativo ai beni immateriali (determinato da scale di valore emotive, come può esserlo la soddisfazione personale). Il valore può quindi essere misurato tanto in euro quanto in felicità, o in una varietà di altre unità di misura.

Sempre più spesso spingo i miei interlocutori a considerare di negoziare il costo totale di proprietà di un bene (che equivale al costo totale di acquisizione, utilizzo, gestione e ritiro di un bene durante il suo intero ciclo di vita) allontanandoli da logiche di puro prezzo. Per fare questo, dedico del tempo a ragionare sui numeri e sulle offerte.

Ciak si gira

Se dovessi definire la negoziazione in modo algebrico, la definirei così: Preparazione + Disciplina.

Molti falliscono perché, anche se si preparano, sono privi di metodo; la situazione può diventare critica quando arriva il momento della negoziazione.

Anni fa mi capitava spesso di arrivare al tavolo della trattativa e di provare un po' di imbarazzo, al momento dell'apertura della negoziazione vera e propria: mi chiedevo a chi toccasse fare la prima mossa. Negli anni, anche in contesti molto diversi, ho riscontrato che la maggior parte delle persone preferisce attendere e aspettare che il partner negoziale prenda l'iniziativa, per poi seguirla.

Oggi tendo ad agire per primo, anziché aspettare. Cerco di evitare di seguire il mio interlocutore su di un percorso poco utile, o di dover immediatamente gestire delle richieste e dover mettere sul tavolo delle opzioni e aspettare la reazione dalla controparte.

Scelgo di prendere il controllo, come avviene nel tango argentino, in cui chi guida lo fa con determinazione e sicurezza. In questo caso, faccio ricorso a due elementi fondamentali che sono utilissimi durante l'intera negoziazione, ma soprattutto all'inizio: comunicazione e relazione.

Essere disciplinati significa capire cosa fare e fare ciò che è appropriato; nella negoziazione, implica separare il comportamento dai sentimenti e le emozioni.

Disciplina significa prendersi il tempo per riflettere e stabilire degli obiettivi, definire un programma per raggiungerli e poi seguire quel programma.

È anche l'abilità di celare le emozioni: ad esempio, saper rimanere indifferenti di fronte a una proposta molto interessante, perché è un comportamento più appropriato e strumentale al mostrare entusiasmo o eccitazione.

Infine, è rilevante la capacità di saper resistere al mostrare le emozioni che si provano: si devono mostrare, con assoluta coerenza e credibilità, i segnali collegati alla sola emozione che si vuole esibire, non a quella che si sta in realtà provando!

Non si tratta di rimanere indifferenti a tutte le proposte fatte nelle trattative, ma di essere abbastanza disciplinato da presentare esclusivamente i segnali che vuoi che l'altra parte riceva e legga.

Pensa agli attori: loro sanno come comportarsi quando pronunciano una battuta, sia verbalmente sia non verbalmente. Orchestrano il comportamento dei loro personaggi in modo consapevole, con competenza; sono in grado di mantenere la calma.

La differenza è che gli attori seguono un copione, mentre per il negoziatore esperto non è opportuno seguirlo.

Una volta che ti sarai preparato bene, disporrai di un'agenda che elenca i punti da affrontare e il loro ordine.

L'elenco dei partecipanti ti permette di riflettere su chi sarà seduto al tavolo e sul suo "potere", di ragionare sul suo stile negoziale e di ridurre il rischio di farti trovare impreparato.

Riuscirai ad avere un maggior controllo degli argomenti trattati, anche nell'eventualità di dover affrontare più interlocutori; ad esempio, in Germania e in Cina mi è successo di fronteggiare oltre dieci persone, mentre io ero solo.

Presta sempre attenzione a chi troverai al tavolo, perché il tuo interlocutore non ha necessariamente il potere di decidere; a volte si tratta di agenti, avvocati, consulenti o advisor che spesso hanno un mandato con confini definiti in modo rigido. Questa rigidità implica che raramente l'intermediario si prenderà la responsabilità di superare i limiti del mandato a lui conferito, e la negoziazione verrà interrotta dalla richiesta di un allargamento dei margini di manovra.

Le negoziazioni con gli intermediari sono molto più complesse, perché qualsiasi messaggio subisce un certo grado di distorsione per effetto delle cancellazioni (viene percepita una quantità ridotta di informazioni), delle generalizzazioni (più per effetto di un pregiudizio che per una relazione logica) e delle deformazioni (in assenza di stimolo sensoriale ci pensa la fantasia, oppure a causa di aspettative eccessive e difese psicologiche).

Evita di iniziare con un argomento difficile, per non trovarti subito in una situazione di stallo; dovresti anche inserire all'inizio argomenti dove sei meno flessibile, lasciando per la seconda parte della negoziazione quelli dove sei più aperto a concessioni.

Mi sono spesso trovato a negoziare dei buoni accordi per poi trovarmi a discutere, alla fine, un singolo argomento così spinoso da mettere a repentaglio l'intera negoziazione; ad esempio, le responsabilità contrattuali, le penali o i risarcimenti.

Non c'è una regola precisa. Personalmente, evito di discutere queste clausole alla fine, perché potrebbero mettere a rischio l'intera discussione, anche se nei contratti è prassi trovarle verso la fine.

Il tuo programma di lavoro

Nell'agenda devono esserci tutti i punti da discutere. Indicali sempre con un verbo che evochi un'azione o un'attività, associando loro un responsabile.

1. discussione sulle opzioni per ridurre i reclami: Gianna
2. iniziative per fidelizzare i clienti: Marco
3. presentazione idee per aumentare up-selling: Matteo

Condividi l'agenda qualche giorno prima, se vuoi che il partner negoziale svolga alcune attività per tempo. E se ricevi la sua proposta di agenda prima di essere riuscito a inviare la tua, non ti preoccupare.

Tu sei sicuramente preparato: se necessario, in fase di apertura dell'incontro (o come risposta scritta alla sua proposta dell'agenda), modificherai la sequenza degli argomenti, ed eventualmente ne aggiungerai altri, prendendo così il controllo della riunione prima che questa inizi.

Ascoltare

Ascoltare attivamente richiede empatia, attenzione focalizzata e un grande sforzo. *Udire* è involontario, mentre *ascoltare* è una vera e propria abilità e, in quanto tale, è possibile lavorarci sopra e migliorarla. Concentrarsi completamente sulla persona che hai di fronte ed essere sinceramente interessato a ciò che dice è invece un comportamento intenzionale.

Nella negoziazione, se non ti sei preparato a sufficienza, in realtà stai solo fingendo di ascoltare, o ascolti con superficialità quello che il partner negoziale sta dicendo. In realtà stai pensando ad altro: ad esempio, sei concentrato su quello che dovrai dire.

Diverso è un ascolto selettivo, ovvero quando la nostra attenzione è focalizzata solo su quello che vogliamo sentirci dire, e così usiamo filtri emotivi o paraocchi, perché l'attenzione è sulle variabili sulle quali ci siamo preparati, mentre siamo deboli di udito sulle nuove informazioni.

L'ascolto selettivo è la moneta più importante di ogni negoziazione; un negoziatore efficace, invece, ascolta attivamente, esprime curiosità ed empatia, e soprattutto cerca gli elementi in comune, anziché le differenze.

Un negoziatore preparato e attento è in grado di processare esattamente quello che l'altra parte sta dicendo, arrivando alle intenzioni dietro alle parole.

L'ascolto attivo richiede concentrazione e uno sforzo enorme, perché per arrivare a una comprensione profonda di ciò che viene comunicato bisogna anche leggere ed elaborare il linguaggio del corpo, il tono, il timbro e il ritmo della voce, i vocaboli utilizzati, la struttura delle frasi.

Non è necessario essere un esperto per cogliere gli indizi evidenti: è solo richiesto essere attenti e sintonizzarsi sulle sfumature emotive.

Un ascolto attivo permette di scoprire le esigenze e gli obiettivi del partner negoziale, e queste informazioni sono essenziali per creare risultati vantaggiosi per entrambi. E tali risultati li ottieni chiedendo, partendo dal generale e poi entrando sempre più nello specifico.

Se è vero che nella preparazione c'è una componente importante del successo di una negoziazione, ciò è dovuto al valore delle informazioni: chi le possiede è in grado di controllare la trattativa. Le informazioni non sono mai sufficienti: è saggio definire la quantità di dati del partner negoziale che vuoi ottenere prima dell'inizio della negoziazione.

Ti consiglio poi di non essere mai irruento: lascia che sia il tuo partner negoziale a raccontare per primo la sua storia; lascia che si apra a te, così che tu possa adattare la tua proposta per soddisfare i suoi bisogni e i suoi desideri.

Io ho fatto un grande lavoro su me stesso, e adesso riesco a gestire meglio la mia irruenza e a non interrompere il mio partner negoziale, quando parla. Oggi mi rendo conto di quanto fossi maleducato un tempo, quando interrompevo spesso il mio interlocutore; errore grave, anche perché così facendo interrompevo un flusso di informazioni che sarebbero state preziose in un secondo momento della negoziazione.

Anche se il tuo partner negoziale sta dicendo qualcosa di impreciso, e che magari non condividi, lascialo terminare.

Oltre ad ascoltare, devi anche immagazzinare i dati recepiti.

«Pietro, due mesi fa, nella call di novembre, hai detto che...»

Credo che François, che conosco da almeno venti anni, prenda molti appunti. Io mi impegno a farlo, però non sono ancora al suo livello.

Fai come lui: ogni volta che qualcuno ti dice qualcosa di rilevante, scrivilo, prendi un appunto. Non serve che ti annoti nel dettaglio tutto: è sufficiente una breve nota a cui potrai ricorrere nel corso della negoziazione, e sicuramente in fase di analisi post negoziazione.

Ti accorgerai di quante informazioni importanti e contrastanti emergeranno in un secondo momento. E se sarai in grado di correggere il tuo partner negoziale o di rinfrescare la sua memoria con fatti e cifre condivisi con te in una sessione precedente, guadagnerai un'enorme quantità di credibilità e di potere.

Scrivere richiede poco tempo e dà ritmo alla negoziazione; ti permette di riflettere, di rielaborare quanto ti viene detto. Richiede sistematicità, questo è sicuro, ma i benefici ripagano lo sforzo. Queste informazioni saranno preziose anche negli ultimi (e non meno importanti) step della negoziazione: il debrief e l'archiviazione.

Ascoltare attivamente vuol dire prestare attenzione assoluta; crea un buon ambiente di ascolto, in cui puoi pensare chiaramente, senza interruzioni e distrazioni.

Guarda sempre il tuo partner negoziale negli occhi, mostrando attenzione. Cerca di avere uno sguardo oscillante tra la ricerca di contatto e l'osservazione: così sarai percepito come degno di fiducia, onesto e credibile.

C'è un'offerta per te, ascoltala

Quando ricevi una proposta, non affrettarti a rispondere, ma fallo solo quando l'hai compresa nei dettagli. Cerca di capire in che modo soddisfa i tuoi interessi (e quelli del tuo partner negoziale), come impatta sulla relazione, quali impegni implica.

Prenditi il tempo che ti serve per elaborare le conseguenze.

Presta sempre attenzione a quelle offerte dove gli importi sono molto piccoli, talmente piccoli da perdere il senso delle reali somme di denaro in gioco. Il prezzo dell'oro giallo, così come quello dello zafferano, viene definito al grammo; se fosse al chilogrammo, la percezione sarebbe totalmente diversa. Quindi, fai sempre bene i tuoi conti e chiedi.

Mutuando un famoso esempio di Zig Ziglar, il modo in cui dici qualcosa può alterare drasticamente ciò che intendi comunicare.

Io non ho detto che Barbara ha rubato i suoi soldi.
Io *non ho* detto che Barbara ha rubato i suoi soldi.
Io non ho *detto* che Barbara ha rubato i suoi soldi.
Io non ho detto che *Barbara* ha rubato i suoi soldi.
Io non ho detto che Barbara *ha rubato* i suoi soldi.
Io non ho detto che Barbara ha rubato i *suoi* soldi.
Io non ho detto che Barbara ha rubato i suoi *soldi.*

Queste sette frasi sono diverse?

Se ti limiti solo a leggere le parole, senza cogliere il cambiamento nell'inflessione della tua voce (qui indicato con il corsivo), queste frasi ti suoneranno identiche, anche se non lo sono.

L'ascolto attivo va anche oltre le parole e l'intonazione. Secondo Richard Bandler e John Grinder, figure fondamentali nel campo della psicologia, le persone muovono gli occhi in direzioni sistematiche e specifiche, in funzione di come stanno processando le informazioni.

Osservare attentamente i movimenti oculari di una persona ti consente quindi di capire come questa sta processando le informazioni. Ti permette, ad esempio, di ricalcare lo specifico processo di pensiero, verificarne la congruenza, capire se le informazioni che sta condividendo sono ricordate o costruire e, infine, di elicitare la sua strategia.

Utilizzare questa tecnica è abbastanza complesso, richiede tanta pratica.

In ogni caso, il contatto visivo non basta: fai leva su altri feedback verbali e sul linguaggio del corpo, quindi riassumi e riformula ciò che hai ascoltato e capito, utilizzando saggiamente pause e silenzio, prima di parlare. E quando lo fai, poni domande di verifica pertinenti, basate sulla conversazione.

Ascoltare significa anche resistere a riempire il silenzio.

Puoi annuire con la testa e sorridere in segno di approvazione, quando viene detto qualcosa di particolarmente interessante; questo atteggiamento conferma che stai prestando attenzione e dimostra che sei coinvolto.

Tieni a mente che l'ascolto genera connessioni emotive profonde. Più ascolti, più il tuo partner negoziale si sentirà apprezzato e connesso con te; man mano che questa connessione emotiva si approfondisce la sua fiducia in te cresce, e le barriere emotive cadono. Mentre questo processo si compie, il tuo partner negoziale parlerà di più e rivelerà più informazioni.

L'etichettatura emotiva è l'atto di identificare e codificare un'emozione; nel momento in cui riconosci il suo stato emotivo, fai sentire al tuo partner negoziale che è sicuro e appropriato, che la sua reazione è consona. Gli dimostri che stai prestando attenzione agli aspetti emotivi di ciò che sta trasmettendo.

Questa è una delle abilità più potenti a disposizione dei negoziatori, perché aiuta a identificare i problemi e i sentimenti che guidano il comportamento dell'altro.

Emozioni e relazioni

Le parole che non ti dico

La negoziazione non è un evento singolo. È un processo che inizia molto prima dell'incontro (fisico o in remoto che sia) e in ogni momento le emozioni hanno un ruolo fondamentale.

Le emozioni sono più importanti delle parole.

Le emozioni sono ovunque, sono presenti anche nel silenzio. Accomunano tutti i negoziatori, compresi quelli razionali, calcolatori e calmi.

Il punto di partenza è: essere in grado di riconoscere ed esprimere il proprio stato emotivo, per poi sviluppare empatia, per entrare in comunicazione emotiva con l'interlocutore.

Se ti cimenti a scrivere su carta le emozioni che provi (o che hai provato) durante una negoziazione e dividi la pagina in due colonne, una per le positive e una per le negative, vedrai che non ti basterà un foglio solo, anche se scrivi piccolo.

Giulia, la mia figlia maggiore, monta a cavallo dall'età di sei anni; si è specializzata in dressage, una disciplina in cui il binomio esegue movimenti e figure prestabilite su un campo di forma rettangolare.

Il dressage è una disciplina molto elegante. In scuderia, o durante le gare, ho sentito dire più volte che il cavallo "sente" l'esitazione, l'insicurezza e la paura del cavaliere; mi è stato spiegato che il cavallo mette alla prova chi lo monta e ne approfitta, appena percepisce che la persona ha paura, o ha poca fiducia.

Hellen, l'ultimo acquisto di Giulia, sebbene abbia solo cinque anni pesa circa settecento chili, quasi dodici volte il peso di mia figlia.

È indubbio che la massa e la dimensione siano a vantaggio della giovane cavalla, che potrebbe disarcionare involontariamente Giulia, se dovesse intuire che lei non ha il controllo della situazione.

Lo stesso avviene nella negoziazione: le tue emozioni influenzano quelle del tuo partner negoziale. Se lui percepisce insicurezza, mancanza di fiducia o paura, se ne avvantaggerà.

Alla sfida continua di Hellen, Giulia deve rispondere con un comportamento non complementare, volto a contrastare e a interrompere il modello. La stessa cosa avviene nella negoziazione: se non hai fiducia in te stesso, il tuo partner negoziale non ne avrà in te.

Devi arrivare a sviluppare e a praticare tecniche utili a costruire emozioni opposte alle tue. Non è facile, in quanto implica l'utilizzo del linguaggio verbale e di quello non verbale; è un po' come andare contro natura.

Le emozioni positive nascono se il negoziatore ha stima del partner negoziale, e se la negoziazione sta andando bene; quelle negative nascono, al contrario, se non c'è stima e se la negoziazione sta andando tutt'altro che bene.

All'interno delle negoziazioni, le emozioni sono infettive. Basti pensare a quelle negative e al loro impatto, ad esempio, sulla capacità di analisi della situazione, sulla nascita di conflitti, sulla creazione di impasse.

Inoltre, non sempre le emozioni positive portano benefici a chi le prova: se le tue aspettative sono alte e non arrivi al risultato sperato, si innescano dei meccanismi che ti portano a provare un senso di sconfitta.

E così, torniamo a quanto detto in precedenza: rimanere indifferenti sulle potenzialità di una proposta presentata può essere più appropriato che mostrare entusiasmo o eccitazione; non si tratta di rimanere indifferente a *tutte* le proposte fatte, ma di mandare i segnali che si desidera l'altra parte legga!

Antonio, un mio amico, è un attore davvero molto bravo. Mi ha spiegato cosa prova e come agisce quando pronuncia una battuta, sia verbalmente sia non verbalmente. Tutti gli attori in scena organizzano il comportamento dei loro personaggi come "consapevole e competente", in modo da mantenere la calma. Come ti ho spiegato in precedenza, la grande differenza è che gli attori seguono un copione, i negoziatori no.

Ricorda, quindi: più sarai consapevole di quello che provi, più sarai abile nel comprendere le emozioni e le esigenze dell'altro.

Per le emozioni vale la stessa logica applicata a interessi, BATNA e comunicazione: ogni volta che il focus è sull'altro, più che su te stesso, riesci a raccogliere informazioni.

La parola (messaggio razionale) perde parte del suo significato profondo per lasciare spazio ad altri canali di comunicazione (messaggio emotivo) quali il linguaggio non verbale, il tono di voce, la mimica, le espressioni del volto, la postura e simili.

Nella fase di preparazione hai lavorato per individuare le cinque esigenze primarie, da cui deriva la parte preponderante delle emozioni del partner negoziale (e delle tue); emozioni che molto probabilmente ti troverai ad affrontare, e su cui potrai fare leva durante la negoziazione.

Se è vero che solo il 7% della comunicazione viene attribuito al linguaggio verbale, e se è altrettanto vero che l'80% della negoziazione è preparazione, ne discende che tra preparazione e negoziazione effettiva il 98,6% del tempo è dedicato a studiare, prepararsi e applicarsi, affinché i nostri comportamenti suscitino emozioni positive e riducano quelle negative.

Qualunque emozione il tuo interlocutore esprima, lascia che fluisca senza interruzioni: per tornare a essere collaborativo dovrà averla espressa fino in fondo. Ricorda che più è intensa l'emozione che prova, meno sarà attento; è allora che potrebbe rivelare informazioni utili come, ad esempio, che la sua alternativa all'accordo negoziale non è così solida, o che ha una scadenza. E ricorda anche di utilizzare le informazioni sul tuo partner negoziale (contenute nella tabella che hai preparato) in ogni fase della negoziazione!

Oltre a far leva sulle sue emozioni, puoi fare leva anche sulle tue, di emozioni, a patto che tu le sappia usare ad arte e in modo strategico durante la negoziazione. Ognuna ha un effetto diverso. Ad esempio, se dimostri distacco emotivo potrai ottenere ulteriori concessioni. Se invece appari arrabbiato potresti essere più convincente sulla tua proposta e magari otterrai il controllo della negoziazione. Le possibilità sono veramente ampie.

È essenziale comprendere e controllare le proprie emozioni, decidere cosa e come comunicare in modo alternativo e/o complementare alle parole. Impara a comprenderle e a controllarle, ma non ignorarle mai: ignorare le emozioni è pericoloso. Le emozioni sono sempre presenti e spesso influenzano la tua esperienza. Puoi provare a ignorarle, ma loro non ti ignoreranno.

Una volta compreso cosa prova il tuo partner negoziale, evita le affermazioni in prima persona e usa solo la terza persona, affinché appaiano affermazioni neutre.

Nella negoziazione, grazie all'utilizzo di messaggi efficaci, l'intelligenza emotiva permette l'utilizzo in chiave strategica delle emozioni, agevolando il riconoscimento, la discriminazione e la gestione delle stesse, sia che si tratti delle proprie che di quelle altrui.

Personalmente, trovo fuori luogo affermazioni come: «Tu pensi che...» e similari, perché si assume qualcosa di cui non si è certi e si impatta sull'ego del partner negoziale. Meglio evitare.

C'è una bella differenza tra "sembra che il problema sia" e "penso che tu sia". In entrambi i casi si ipotizza, ma nel secondo si prende una posizione più ferma: chi lo dice si riferisce a un pensiero del quale si assume la paternità. Nel primo caso invece, trattandosi di un verbo impersonale, non c'è un riferimento specifico alla persona.

A questo proposito, quando puoi evita la prima persona singolare, perché darai l'impressione di essere più interessato a te stesso che al partner negoziale; ricorda che il punto centrale dell'etichettatura emotiva è dimostrare interesse verso il partner negoziale.

Nell'ascolto, meglio evitare di reagire a ciò che ti viene detto con frasi tipo: «Wow, non avrei mai immaginato che questa cosa fosse così critica, per te». Oppure: «Oh mio Dio, impossibile!».

Meglio raccogliere l'informazione, farne buon uso e dimostrare interesse, e rispondere con frasi quali: «Capisco quanto la puntualità delle consegne sia importante, per te. Troveremo una soluzione per soddisfare i tuoi interessi e le nostre necessità. Ci sono altri interessi altrettanto rilevanti, per te?».

Domande come questa dimostrano al partner negoziale un interesse sincero. Un interesse volto in alcuni casi alla massimizzazione del risultato della singola negoziazione; in altri, più frequenti, che *la relazione* con l'altra parte è di uguale o maggiore importanza, soprattutto nel tempo.

La relazione

La relazione può realizzare ciò che la conoscenza, a volte, non può realizzare.

Citare un precedente può essere utile per giustificare la tua posizione, la tua richiesta o la tua concessione.

Spesso le parti entrano in conflitto e iniziano a incolparsi a vicenda per avvenimenti negativi successi in passato, e altrettanto spesso considerano la negoziazione come un evento singolo, senza ulteriori conseguenze, dimenticandosi della continuità delle relazioni.

Per fortuna non è sempre così; anzi, nella maggior parte dei casi questo non avviene e si instaurano relazioni importanti tra le due parti, che per un motivo o per un altro cooperano per mantenerle.

Le relazioni non sono responsabili solo del primo accordo, ma di accordi che portano a nuovi accordi, di accordi multipli, secondari, estemporanei, di accordi che si rinnovano.

Una relazione si costruisce nel tempo con fiducia, comprensione, rispetto e, perché no, anche amicizia. Una buona relazione può rendere ogni nuova trattativa più agevole ed efficiente. Il desiderio di sentirti bene con te stesso (e di preoccuparti di ciò che gli altri pensano/penseranno di te) spesso può renderti più sensibile agli interessi di un altro negoziatore.

È evidente che il valore attribuito alla relazione influenza la tua negoziazione sia in termini di obiettivi sia in termini di tattica; se è molto improbabile che tu debba negoziare con lui in futuro, non dovresti preoccuparti troppo di preservarla, e il tuo obiettivo dovrebbe essere la massimizzazione del tuo valore.

Nella situazione opposta, valuta e calcola quali potrebbero essere i vantaggi futuri e definisci la strategia migliore volta a creare valore per entrambi.

Se la conservazione di una buona relazione è l'obiettivo della tua negoziazione, molto probabilmente sarai disposto a fare concessioni su questioni sostanziali, per preservarla o migliorarla.

In realtà, dovresti porti due domande: «Quanto è importante per me la relazione?» e «Quanto è importante la relazione con me per l'altro?».

Dalle risposte dipenderà il peso reciproco delle concessioni.

Trovo particolarmente utile tenere separati gli elementi da discutere (ad esempio prezzi, quantità e livelli di servizio) e quelli relativi alla relazione (obiettivi di lungo periodo condivisi, futuri programmi di miglioramento prodotto condivisi, opportunità future di business), magari stilando due elenchi distinti.

Tante volte ho sentito frasi tipo: «Se tu fossi un buon fornitore e ci tenessi alla nostra relazione allora dovresti...» e poi richiedere una concessione, uno sconto, condizioni di maggior favore.

Il miglioramento e il mantenimento del rapporto non implicano necessariamente una rinuncia o una perdita di valore; anzi, relazione e valore dovrebbero essere in equilibrio, come il giocoliere abile che bilancia con perizia i suoi movimenti. Devi saper rispondere con fermezza, ricordando che il tuo obiettivo è negoziare nel merito dell'accordo, anziché fare concessioni e offrire sconti per costruire un rapporto o mantenere la fiducia.

Quando concedi, il partner negoziale potrebbe pensare di prendere il sopravvento della negoziazione, essere soddisfatto e disponibile a chiudere l'accordo.

In effetti, se ci pensi bene, il fornitore più economico non necessariamente è quello con cui abbiamo la migliore relazione, e viceversa.

Non ti devi sentire obbligato a barattare la relazione per raggiungere un buon accordo; concentrati invece a scambiare informazioni e a generare idee brillanti, così da ampliare le possibilità di concludere un buon accordo e di creare al contempo un clima di maggiore fiducia, in grado di soddisfare gli interessi primari di tutte le parti. La fiducia nasce dalla coerenza tra ciò che dici e ciò che fai.

Riconosci e dimostra rispetto per gli interessi e le cinque esigenze primarie (affiliazione, appartenenza, autonomia, status e ruolo) del tuo partner negoziale.

Se diventi più abile nella negoziazione, arriverai a comprendere il valore della relazione e ti sarà evidente quando un partner negoziale sta negoziando in modo aggressivo. Implicitamente, in questo caso darai meno peso al mantenimento della relazione nel lungo periodo.

Presta sempre attenzione all'essere giudicato onesto, integro, affidabile e paziente: avrai grandi vantaggi anche nella negoziazione.

Non ti limitare a fare leva sulla fiducia, quando questa è presente, e cerca sempre di costruirla quando è assente. E ricorda: il modo migliore per aumentarla è esserne davvero degni. Ci vuole poco: in ambito commerciale, mantieni i contatti con un fornitore che non utilizzi più, fornisci un servizio migliore del previsto, abbassa i prezzi prima che il cliente te lo chieda… questi sono solo alcuni esempi di quello che puoi fare.

Nonostante tutta la buona volontà, può succedere che la fiducia venga meno; se ci tieni a ristabilirla, organizza un incontro in un contesto separato dalla negoziazione allo scopo esclusivo di affrontare l'argomento, concentrandoti sulla relazione e i suoi problemi, identificando i punti di contesa e divergenza.

Se hai commesso un errore sii umile, ma mai sottomesso; assumiti le responsabilità di tutti o di alcuni aspetti: è importante per disinnescare il possibile conflitto.

Per molti è difficile ammettere di avere sbagliato, quando in realtà è facile, efficace e in grado di generare apprezzamento, stima e rispetto.

Raul Gardini mi ha insegnato a chiedere scusa. Fallo sempre anche tu quando hai sbagliato, e a maggior ragione quando a commettere l'errore non sei stato tu, ma la tua organizzazione o un membro della tua famiglia; questo comportamento indica quanta fiducia hai in te stesso e il livello della tua autostima perché ti fai carico di colpe altrui.

Non trascurare l'aspetto emotivo, e lascia che l'altra parte sfoghi o esprima il proprio malcontento nei confronti della tua condotta o delle tue convinzioni. Cerca di evitare di metterti sulla difensiva, ma se serve chiedi chiarimenti, e infine trova un rimedio valido.

«Paolo, sono la persona più ignorante di questo pianeta, su questa specifica materia!»

Non pensare che ammettere i propri limiti implichi che il partner negoziale si avvantaggi; in realtà, lo spingerà ad agire in modo onesto, proprio perché sfrutterà la sua maggiore conoscenza su uno specifico argomento.

Ho confessato la mia ignoranza in molteplici situazioni; quando è successo, sono stato trattato meglio e in modo più equo rispetto a molte altre situazioni.

Ammettere la propria ignoranza può scatenare un grande flusso di informazioni, perché il partner negoziale si sente in obbligo di spiegare e insegnarti. Inoltre, fa leva sull'apprezzamento, una delle cinque esigenze primarie.

Puoi anche chiedere aiuto al tuo partner negoziale; dipende da chi hai di fronte e da come lo chiedi. È un approccio che può funzionare, perché arrivi diretto al suo cuore, alla sua parte tenera e buona.

Chiaro che il tuo interlocutore può rispondere con un bel "no" secco e diretto, oppure con un'offerta condizionata: in fondo, gli stai chiedendo qualcosa.

«Supponiamo che io oggi sia in grado di firmare il contratto per 1230 pezzi… saresti disponibile ad abbassare il prezzo a 1050 euro?»

Prima di accettare un'offerta del genere valuta nuovamente i tuoi interessi: magari l'azienda necessita di risorse finanziarie e faresti felice il tuo CFO con un'offerta che combina prezzo e termini di pagamento.

Babbo, ci racconti una storia?

Se chiedete alle mie figlie quanto ero bravo a raccontare loro delle storie quando erano piccole, probabilmente mentirebbero solo perché mi vogliono bene.

Sceglievo il luogo adatto e tranquillo, creavo un'atmosfera accogliente che predisponeva le bimbe all'ascolto, ma non ero bravo nello scegliere le fiabe giuste. Soprattutto, non chiamavo in causa Giulia e Alessia: uno degli elementi chiave per una lettura efficace.

Le "storie" sono uno degli strumenti più potenti a disposizione dei bravi negoziatori. Non richiedono di diventare poeti o scrittori esperti; al contrario, sono accessibili a chiunque, rendendo il loro potenziale ancora più straordinario.

Per essere un buon narratore devi comprendere le motivazioni primarie degli esseri umani; devi interiorizzare il nostro bisogno di utilizzare la narrativa per comprendere noi stessi e il mondo che ci circonda, per capire da dove veniamo e l'impostazione della nostra visione del futuro.

Nella vita di tutti i giorni c'è narrazione; le storie attivano una parte del cervello che ci aiuta a comprendere il presente e a immaginare il futuro.

L'immaginazione è la chiave per la motivazione.

Quando negozi, il tuo compito è anche quello di aiutare la tua squadra e il tuo partner negoziale a immaginare il futuro che prospetti attraverso la tua narrazione. Ciò significa condensare in forme narrativa eventi passati, successi attuali e aspirazioni future.

Una buona storia ha un inizio, una parte centrale e una fine, con colpi di scena lungo il percorso; è la struttura che uso quando utilizzo la narrazione nella negoziazione. Questa è la chiave per motivare i soggetti coinvolti, per spronarli verso gli obiettivi da raggiungere: li aiuto a immaginare cosa c'è dall'altra parte del traguardo, quando la trattativa sarà finita.

Ci sono persone che hanno una fervida immaginazione, altre che devono essere "aiutate" a vedere oltre; queste ultime cerco sempre di coinvolgerle, di eccitarle e di spingerle all'azione. È il modo migliore e più accessibile per sbloccare l'immaginazione motivante.

Dieci anni fa utilizzavo meno metafore, analogie ed esempi, e sicuramente raccontavo meno storie; adesso ne faccio un grande uso. A volte mi chiedo addirittura se non sto esagerando; del resto, creatività e fantasia non mi mancano di certo.

Le storie trasmettono lezioni ed esempi che tutti possono comprendere. Sono universali, e per millenni sono state il modo in cui le persone hanno imparato.

Secondo la professoressa Jennifer Aker della Stanford Business School, le storie vengono ricordate fino a ventidue volte di più rispetto ai soli fatti!

Nei momenti difficili di una negoziazione, sono utilissime per esprimere sinteticamente il tuo punto di vista; inoltre, ti concedono abbastanza spazio e tempo per stabilizzarti emotivamente, per poi tornare al tuo approccio negoziale generale.

Le storie possono anche spostare la conversazione su altri argomenti, così da "disarmare" l'altro negoziatore; aiutano anche il passaggio da un approccio posizionale a un approccio basato sugli interessi.

Che ti stia preparando per una trattativa o che ti trovi nel bel mezzo di un processo negoziale controverso, ragiona su quali storie potrebbero aiutarti a sbloccare la situazione, e come potrebbero farlo. Impiegale in modo ponderato e strategico per far avanzare la trattativa verso i tuoi obiettivi di negoziazione.

Giochi di potere

Un altro elemento da tenere in considerazione è il potere.

Il potere non va inteso come la capacità di dominare l'altro, ma come l'abilità di influire sulle persone e sulle situazioni.

Le sfaccettature del potere sono molteplici. Può nascere dalle conoscenze, dalle competenze, dal ruolo, dal carattere, dal carisma e... dal non aver nulla da perdere.

«Tanto non abbiamo niente da perdere in questa negoziazione» è una frase apparentemente innocua, ma in realtà è piena di significato: quando affronti un partner negoziale senza interessi, ricorda che è lui ad avere maggior potere.

In ambito lavorativo, la possibilità di concedere premi e riconoscimenti genera in chi la possiede potere al pari di chi, al contrario, ha potere coercitivo. Infine, alcuni attribuiscono potere al genere e alle differenze di genere delle controparti, e su questo potremmo discutere a lungo.

In una negoziazione ci sono altre variabili che influenzano il potere, come la disponibilità di risorse finanziarie, tecnologiche e umane, la necessità di chiudere l'accordo e, ovviamente, una BATNA solida.

In una negoziazione, raramente una parte ha tutto il potere, mentre l'altra non ne ha per niente; probabilmente, una delle due parti in causa avrà più potere, ma la situazione non sarà drammaticamente sbilanciata a suo favore.

Le domande aperte sono utili per comprendere i valori in campo, quanto di questo potere è reale o solo apparente, quanto può essere influenzato dal peso della relazione.

Infine, forse l'elemento più importante è il seguente: il potere esiste solo nel momento in cui viene riconosciuto.

Molte persone hanno più potere di quello che credono, e questo è legato alla propria autostima. Io credo che con una buona preparazione la fiducia in sé stessi possa essere aumentata esponenzialmente.

Anche quando la BATNA del tuo interlocutore è forte e la tua è debole hai molte possibilità per bilanciare la situazione, lavorando astutamente sul partner negoziale e sui tuoi strumenti.

Corri Forrest, corri…

Chiedere è metà dell'avere

Una volta che hai instaurato un canale di comunicazione, costruito (o ricostruito) la relazione e misurato il tuo potere, entra nel merito della negoziazione e inizia a sfruttare tutto il lavoro di preparazione partendo dagli interessi del partner negoziale.

È il momento di lavorare sulla lista degli interessi per chiarire e confermare quelli che avevi elencato nella fase preparatoria, toglierne alcuni e aggiungerne altri, modificarne il peso. Ed è, naturalmente, anche il momento di trasmettere in modo chiaro i tuoi interessi.

Non c'è nulla di male nell'essere diretto e a chiedere: «Quali sono i tuoi principali scopi, obiettivi e preoccupazioni riguardo alle questioni che stiamo discutendo?».

Spesso la risposta a questa o a simili domande sarà una posizione (ciò che soggettivamente il tuo interlocutore chiede), non una logica (il ragionamento obiettivo che giustifica la posizione).

«Il nostro ordine minimo è di 5000 pezzi» è una posizione, mentre: «Il nostro ordine minimo deve coprire i costi di attrezzaggio e set-up della macchina a controllo numerico» è una logica.

La risposta contenente un ragionamento ti fornisce informazioni supplementari che possono tornarti utili per formulare una proposta.

All'inizio, poni buone domande e ascolta in modo attivo il partner negoziale. Tutte le domande hanno un impatto emotivo in base a come vengono poste (la loro struttura), al contesto in cui vengono poste e a chi vengono poste; il loro scopo è quello di aprire la cassaforte contenente un tesoro di informazioni.

Le domande devono catturare l'attenzione del partner negoziale su temi che ti stanno a cuore, e per questo alle domande chiuse, a cui si risponde solo con un sì o con un no, io prediligo le domande aperte, ben calibrate.

Le prime, quelle chiuse, non servono tanto a ottenere informazioni, quanto a iniziare la conversazione e a confermare un accordo o a ottenere una concessione: «Sareste in grado di consegnarci 8 milioni di pezzi entro la fine di marzo?», «Se fossimo noi a fornirvi le materie prime, sareste disposti a contribuire con la vostra manodopera?».

Le domande aperte calibrate, invece, sono domande che iniziano con *chi, cosa, cosa altro, dove, quando, perché* e *come*; orientano la riflessione dell'interlocutore su determinanti aspetti positivi e lo inducono a fornire delle informazioni attese. Così facendo, sposti l'attenzione dalle posizioni agli interessi.

È utile strutturare le domande in questo modo: «C'è altro, oltre i termini di pagamento, che è importante per te?». Oppure: «C'è altro che ti preoccupa, oltre la garanzia dei tempi di consegna?».

Domande di questo tipo fanno sì che il partner negoziale dica di più. Queste domande sono potenti.

Io trovo utile ripetere esattamente, parola per parola, quanto mi dice il mio partner negoziale, ma in forma interrogativa; magicamente, riesco a ottenere nuove informazioni.

Faccio un esempio.

«Mr. Wiley, posso chiederle per quale motivo avrebbe bisogno di un buffer stock presso i nostri magazzini equivalente al vostro consumo mensile?»

«Perché lo stock sarebbe molto utile all'ufficio vendite.»

Attenzione, ora.

«Sarebbe molto utile al vostro ufficio vendite?»

«Sì, Pietro. Esattamente. Il mercato è molto volatile e imprevedibile, e sebbene i clienti ci forniscano previsioni mensili sulla base delle quali vi passiamo gli ordini, molto spesso hanno bisogno di volumi aggiuntivi che in assenza di stock non possiamo soddisfare, con perdite di fatturato ad alto margine. Se invece anticipassimo tutti i volumi possibili avremmo difficoltà finanziarie.»

Quando Mr. Wiley ha affermato che lo stock sarebbe stato molto utile al loro ufficio vendite, io ho solo ripetuto quello che ha detto, aggiungendo un punto di domanda alla fine della frase.

Quando rifiuti una proposta, molti ascoltano quando spieghi i motivi, senza però arrivare alla vera e profonda ragione per cui la stai rifiutando.

Non comportarti così; ricordati sempre di andare a fondo, nelle cose; devi imparare a scavare e a scoprire la vera ragione dietro la resistenza del tuo partner negoziale.

Non è per nulla banale utilizzare una delle tattiche più persuasive del linguaggio: il nome o il cognome di chi ti sta di fronte. Fallo specialmente all'inizio e ogni tanto, durante la conversazione, ma senza esagerare.

Trovo anche particolarmente utile porre tre domande aperte calibrate insieme. Ad esempio: «Qual è l'ostacolo più grande che devi affrontare? Con cosa ti confronti ogni giorno? Qual è la causa più frequente dei fermi macchina?».

Queste domande consentono (e costringono) al tuo partner negoziale di riflettere; i problemi diventano multidimensionali, e così ottieni risposte migliori.

Altrettanto utili sono le domande guida, falsamente innocue: lasciano al partner negoziale una libertà apparente, ma in realtà non lasciano alcuna libertà di rifiuto.

«Per i pagamenti preferirebbe 60 giorni netto oppure sconto 2% con pagamento a vista?»

Se il partner negoziale risponde a una domanda così formulata, si trova implicitamente ad accettare i presupposti di chi l'ha posta.

È un errore comune quello di non domandare pensando a priori che il tuo partner negoziale non risponda; non c'è garanzia di ottenere una risposta, però se lo chiedi nel modo giusto, avrai soddisfazione.

Ricorda che nelle buone domande ci sono già le risposte: non è sufficiente porle, bisogna prestare ascolto; e che tutti adoriamo sentirci ascoltati.

Ci sono persone abituate a ricevere domande e, nel momento in cui rispondono, a non sentirsi ascoltate; quindi, ascolta sempre con attenzione ciò che viene condiviso e ciò che non lo è, per poi riassumere il punto di vista altrui.

Se hai difficoltà nel comprendere gli interessi dell'altra parte, suggerisci possibili opzioni e sollecita critiche; sarà più agevole argomentare, perché una ipotetica soluzione non funziona quanto dichiarare direttamente il suo interesse.

Oltre ad acquisire nuove informazioni, le domande ti permettono di chiarire e verificare i dati già in tuo possesso, oltre che a misurare il livello di impegno del tuo partner negoziale su specifici punti di un accordo.

Trovo peculiare il potere delle domande, perché si riesce addirittura a trasferire informazioni: «Hai visto le previsioni per il dollaro a 1.10 nell'ultimo report di UBS?».

Oppure, puoi suscitare interesse e/o scatenare un ragionamento: «Quando pensi a un ottimo hotel, cosa ti aspetti?».

Domande come queste potrebbero addirittura aiutare a stabilire una relazione.

Quando decidi di trasferire informazioni, sii rigido e ricordati sempre che sono concessioni, e come tali hanno valore; quindi richiedono reciprocità.

Non smettere di porre domande, sii sempre educato e, su certi argomenti, chiedi il permesso di chiedere. Ricorda che più interessi riesci a scoprire, più facile sarà sviluppare e formulare successivamente opzioni creative.

Parti da domande generiche per poi restringere il campo, e non dimenticarti di prendere nota di quanto ti viene detto, perché in una negoziazione vengono dette tante cose, e se le scrivi ne resterà traccia.

Opzione A1, A2, A3... An

Ho visto il film *Forrest Gump* molte volte. Adoro i gamberi e una delle mie scene preferite del film è quando Benjamin Buford "Bubba" Blue, parlando a Forrest in ginocchio, mentre entrambi puliscono un pavimento, gli dice: «Comunque, come dicevo, il gambero è il frutto del mare. Puoi grigliarlo, bollirlo, cuocerlo al forno, saltarlo...» per poi continuare per oltre un minuto a descrivere tutte le modalità in cui i gamberi possono essere cucinati.

Per le opzioni vale la stessa logica: ne esistono un'esagerazione.

E, probabilmente, sono già state individuate nella fase preparatoria della negoziazione, o durante la trattativa, così da evitare di scivolare in una negoziazione competitiva.

Bisogna solo pensarci, pensarci, pensarci e trovarle.

Cheese... *click*

C'è un altro buon motivo per cui penso al geniale film con Tom Hanks: mi fa sorridere.

Il sorriso è uno strumento potente. Quando parli e sorridi, non solo infondi negli altri l'incoraggiamento a rispondere, ma il tuo cervello, in uno stato d'animo positivo, funziona più efficacemente del 30%.

Più piaci, più il partner negoziale è disposto a collaborare; pensa che la probabilità di fare un accordo tra persone che si piacciono è sei volte maggiore!

Dale Carnagie ha dedicato molte pagine del suo grande libro *How to Win Friends and Influence People* a questo argomento.

Il sorriso può mandare molteplici messaggi, anche diversi tra loro. In funzione delle necessità, utilizza un sorriso di soddisfazione che fa capire all'altra persona che quanto ha detto o fatto è gradito; oppure, utilizza un sorriso di affiliazione, per dimostrare la tua vicinanza emotiva.

Quindi... sorridi, se sai già farlo; oppure, impara a sorridere!

Guardami

Anche lo sguardo è estremamente potente.

Ricorda che il primo sguardo, quando incontriamo il partner negoziale, è molto importante.

Deve essere diretto agli occhi del nostro interlocutore, perché tramite questo sguardo comunichiamo la nostra forza emotiva.

Lo sguardo diretto è utile anche quando vuoi far intendere al partner negoziale che hai capito le sue intenzioni, e con te i suoi giochetti non funzioneranno.

Infine, è utile quando vuoi consapevolmente inasprire i toni della negoziazione.

Il libro dei 1000 perché

Altra cosa importante è che il tuo partner negoziale capisca la forza trainante che c'è dietro i tuoi interessi: condividerli può anche spingerlo a fare altrettanto.

Sii attento e selettivo sugli interessi che intendi condividere in questa fase. Se il tuo partner negoziale si è preparato probabilmente già conoscerà o supporterà alcuni dei tuoi interessi, ma è probabile che ce ne siano altri che potrebbero essere usati in modo strumentale.

Personalmente, non direi mai: «Voglio chiudere questo contratto con te perché abbiamo perso il nostro cliente principale».

Molto spesso, almeno all'inizio della negoziazione, non è opportuno giocare a carte scoperte. Allo stesso tempo, devi dare qualcosa, se vuoi ottenere; devi mostrarti, così che il tuo partner negoziale faccia lo stesso.

Se necessario, spiega le logiche senza esporre i tuoi interessi.

Trovo utile condividere gli interessi e condividerli su una lavagna o su un computer, in modo da poterli utilizzare in seguito. Da questo primo elenco di interessi, che potrà subire modifiche e aggiunte, si passa all'analisi congiunta delle opzioni, delle soluzioni che soddisfano tutti gli interessi, o la maggior parte di essi.

Anche in questo caso preferisco prendere il controllo, perché trovo utile gestire io la sessione condivisa di ricerca delle soluzioni ai problemi e di brainstorming, per snocciolare molteplici opzioni partendo dagli interessi.

È questo il momento di utilizzare quanto hai generato durante la fase preparatoria: coinvolgi il tuo partner negoziale in modo che anche lui contribuisca in egual misura, con altrettante opzioni, liberando e scatenando la creatività. Quando entrambe le parti lavorano congiuntamente e condividono la proprietà dell'opera, ne sono gli autori ed è più facile raggiungere un accordo.

In questa fase, le opzioni sono solo possibilità. Non costituiscono né offerte né impegni. Molto spesso non sono associate a numeri o tempi e, proprio per questo, devono solo essere possibili, senza alcuna valutazione rispetto alla tua BATNA o ai criteri di equità.

Se il processo è fluido, è probabile che nel presentare delle opzioni tu riesca a identificare nuovi interessi che non erano stati adeguatamente considerati in precedenza.

Se nell'elenco ci sono opzioni che non soddisfano gli interessi di entrambi, basta eliminarle.

Insieme al partner negoziale, le opzioni vengono convalidate e poi selezionate per arrivare a una lista che contenga solo le opzioni che soddisfano gli interessi di entrambe le parti.

Valore assoluto

Durante la fase di preparazione hai lavorato sodo per avere a disposizione alcuni standard, riferimenti ed elementi oggettivi, ragionevoli ed equi.

Nel frattempo la situazione si è evoluta, perché oltre ai tuoi interessi e alle tue opzioni hai ottenuto un aggiornamento degli interessi del partner negoziale e insieme avete elaborato una gamma più centrata di opzioni.

Saranno utili strumenti di persuasione anche l'utilizzo di fonti esterne e imparziali, di dati e riferimenti e, possibilmente, di uno o più esperti; evita di ricorrere a quelli che favoriscono solo te e scegli quelli che sarebbero equi e ragionevoli: una parte terza esterna e imparziale.

Ogni volta che presenti un riferimento esterno rimarca la tua buona intenzione: lo fai per assicurarti che la decisione finale sia giusta e difendibile.

Se il tuo partner negoziale preferisce un'opzione che non ritieni equa, utilizza gli standard a tua disposizione per argomentare. Spingilo a spiegarti come l'opzione sia giusta e difendibile, mentre i tuoi standard ti suggeriscono qualcosa di molto diverso.

Spesso le parti arrivano al tavolo negoziale con dati diversi, se non opposti e contrastanti; quindi, insieme al partner negoziale, dovrai fare un lavoro che porti a stabilire quali sono quelli più appropriati al contesto.

A volte mi sono trovato in situazioni senza via di uscita; tutti gli standard messi a disposizione da entrambi non erano idonei. In questo caso, se anche sfruttando buona volontà, fantasia e creatività non si hanno risultati attesi, la soluzione migliore è fare un passo indietro e lavorare ulteriormente, definendo altri interessi e opzioni che siano coerenti con gli standard disponibili e condivisi.

Ricordati sempre che attraverso domande che iniziano con determinati termini (*chi, cosa, cosa altro, dove, quando, perché* e *come*) hai la possibilità di capire meglio e, cosa ancora più importante, solo perché un'alternativa è possibile non significa che il tuo partner negoziale voglia davvero percorrerla. Le tue domande hanno il duplice scopo di indebolire l'alternativa e di fargli aprire gli occhi mentre lo prendi per mano.

Non sentirti mai obbligato a chiudere un accordo: ricorda che non arrivare a un accordo non è un fallimento.

Mai negoziare solo per essere d'accordo.

Se non riesci a trovare un'opzione migliore della tua migliore alternativa all'accordo negoziato, ricorri all'alternativa, ma non avere mai fretta di ricorrere all'alternativa solo per il fatto che esiste ed è valida.

Se hai la possibilità di prendere tempo e sei in grado di aspettare, impegnati a sviluppare un'alternativa più forte, o aspetta che l'alternativa del partner negoziale si indebolisca.

Se invece arrivi a individuare diverse opzioni migliori della tua alternativa ma non sei ancora arrivato all'accordo, vuole dire che mancano altri aspetti importanti da considerare, tra cui impegno e impatto sulla relazione.

Devi essere paziente e prenderti tutto il tempo che serve prima di chiudere la trattativa e accertarti di avere la delega per l'accordo che stai raggiungendo.

A volte la trattativa evolve e la delega che ti era stata data non corrisponde all'accordo che si sta delineando in concreto.

Invocare la policy, che noia!

Quando sono stato al vertice di organizzazioni aziendali ho spesso fatto ricorso a documenti che descrivevano nel dettaglio la policy in base alla quale delegare parte della mia autorità al management, secondo i livelli ritenuti adeguati a consentire ai manager di adempiere ai propri compiti.

Questa buona pratica evita ai manager di concludere accordi senza averne rappresentanza o autorità.

Non è detto che tu abbia a disposizione un documento simile, quindi pensa sempre a come agire ed evita di seguire l'euforia di chiudere un buon accordo, ma interrogati sempre se la persona che hai di fronte necessita l'approvazione di altri.

Nel 1998 ho commesso questo errore trattando con Guillaume Carpentier, Responsabile acquisti commodities di un cliente storico. Avevo sempre trattato con lui, dall'inizio della negoziazione fino all'accordo. Sul tavolo c'era il rinnovo del contratto annuale, per 12 milioni di euro; quindi era una discussione su prezzi, volumi e bonus. Il confronto era intenso e per chiudere l'accordo ho evitato concessioni sui prezzi, aumentando invece il bonus sui volumi.

Alla fine dei colloqui, Guillaume, candidamente, disse: «Fantastico! Pietro, apprezzo la tua flessibilità. Fammi parlare con Yannick, per capire cosa ne pensa».

Conoscevo bene Yannick Carton, CPO del gruppo; era un osso duro, e immaginai che Guillaume sarebbe tornato chiedendo ulteriori concessioni.

Ebbi la prontezza di dire, in modo pacato e fermo: «Certo, Guillaume, capisco... prenditi i tuoi tempi e parla pure con Yannick. Quando sei pronto mandami una e-mail con la tua decisione. Io mi impegno a sottoporla a mia volta al Consiglio di amministrazione per l'approvazione».

Con un colpo di coda salvai la trattativa, in quanto Guillaume non chiese nulla di più di quello già negoziato in prima istanza con me.

Fu anche una bella lezione, per me. Al mio rientro da Parigi condivisi l'accaduto con i miei collaboratori, sottolineando quanto fosse importante negoziare prima il processo, poi la sostanza.

La *sostanza* sono i termini che compongono l'accordo finale, mentre il *processo* è come arriverai, da dove sei oggi, a quell'accordo.

Tieni conto che chiarire l'autorità del tuo partner negoziale ha anche senso dal punto di vista legale: potresti trovarti a negoziare con qualcuno che non ha la rappresentanza effettiva, quindi non può vincolare a un contratto la parte che rappresenta.

Ci sono trattative brevi che iniziano e finiscono in una riunione, dove i partecipanti possono prendere (e prendono) tutte le decisioni e gli impegni relativi; poi ci sono negoziazioni (specialmente nel mondo degli affari e delle politiche pubbliche) molto più complesse, che richiedono non solo una serie di incontri per discutere i vari punti, ma anche delle attività da svolgere prima e dopo ogni seduta, per garantire che vengano raccolte tutte le informazioni necessarie, consultate le persone giuste ed esplorare le potenziali insidie.

Gestire questa sequenza di interazioni (alcune dalla nostra parte, altre dalla loro) richiede un coordinamento perfetto e una comunicazione adeguata, e questo si ottiene solo con una buona preparazione anticipata.

«Mi dispiace, non posso concedere i termini di pagamento che lei mi chiede perché abbiamo una policy.»

Personalmente, quando sento questa frase provo fastidio; spero che tu reagisca in modo diverso.

La mia irritazione è dovuta alla parte ribelle di me: faccio fatica ad accettare regole dettate da persone che non godono della mia stima, o che hanno autorità senza avere autorevolezza.

Detto da me, può apparire strano, visto che per lavoro definisco regole, esigo disciplina e il rispetto delle stesse… però è così.

In questo caso, accetta quello che ti va bene e negozia le divergenze, acconsenti se ottieni qualcosa in cambio oppure lascia perdere questo fornitore e trovane un altro.

Ci siamo quasi

Verifica i tempi, i termini, le condizioni e tutte le implicazioni derivanti dall'accordo; accertati di aver considerato ogni conseguenza all'accordo.

Infine, prima di prendere qualsiasi impegno, verifica se sarai in grado di venderlo alle principali parti interessate (ad esempio in azienda o in famiglia) perché potrebbero sollevare preoccupazioni o avere idee che tu non hai considerato.

In fase di preparazione della negoziazione devi analizzare la maggior parte degli elementi connessi ai tre criteri (delega, implicazioni/completezza e controllo), ma lo devi fare anche successivamente, perché durante la trattativa potrebbero scaturire altri e diversi fattori.

La cosa migliore è riuscire a rifletterci durante la discussione, in silenzio tra te e te, senza però che questo diventi un fattore limitante della tua concentrazione e della tua attenzione durante la negoziazione.

Non farti condizionare da questi tre fattori nel chiudere il miglior accordo possibile, e sentiti libero di chiedere una pausa per riflettere ed eventualmente parlare con altri, prima di prendere un impegno.

A questo punto, se tutto è andato bene, dovresti avere un accordo finale soddisfacente, completo di tutti quegli elementi che, con metodo, hai preparato in anticipo.

Voce, linguaggio del corpo e onestà

Tre, due, uno… via!

Adesso torniamo indietro. Torniamo al momento in cui ti siedi al tavolo negoziale.

Non ci sono regole su come iniziare una negoziazione.

Se ti trovi a tuo agio con le conversazioni di circostanza, parlare del più e del meno può essere utile a rompere il ghiaccio, a ridurre le distanze interpersonali e a mostrare interesse; in caso contrario, evita e vai diretto all'argomento da negoziare.

Cerca intenzionalmente dei punti di contatto con il tuo interlocutore, cose che potresti avere in comune con lui, interessi condivisi. Fai un gesto, per costruire un legame; quindi, chiedi informazioni su una vacanza, sui figli, gli studi svolti, un hobby. Otterrai risposte, e così costruirai una connessione e creerai una relazione.

La chiacchierata inziale potrebbe fornirti informazioni sullo stile dell'altro negoziatore. In questa fase, limitati a seguire lo stile del partner negoziale: se è formale, metti gli altri a loro agio con te presentandoti o ripresentandoti alle persone che hai incontrato in precedenza, anche se pensi che dovrebbero già conoscere il tuo nome.

«Ciao, Marco! Pietro Parmeggiani… forse ci siamo già incontrati al congresso della CMA, a Miami, dove eri nell'interessante panel sulle energie alternative.»

Riportando alla memoria il luogo o l'evento in cui lo hai visto, farai leva positivamente sulle sue emozioni.

Fare un giro di presentazioni al tavolo aiuta, perché spesso tu non ricordi i nomi di alcuni dei presenti e lo stesso può valere per il tuo partner negoziale.

Io mi posiziono i biglietti da visita del partner negoziale sul tavolo, da sinistra a destra, così come vedo le persone di fronte a me; in questo modo posso controllare velocemente i loro nomi e il ruolo che ricoprono all'interno dell'organizzazione.

Per ognuno di loro sul biglietto da visita mi segno a matita la data dell'incontro e un numero variabile di asterischi, da uno a cinque, in funzione dell'autorità che hanno all'interno del gruppo. Per finire, appunto anche qualche elemento caratteristico della loro fisionomia, per ricordarmi meglio di loro in futuro.

Non negoziare se non ti sei preparato, e se il partner negoziale inizia a negoziare prima che tu ti senta pronto non farti scrupoli e rimanda l'incontro.

Se c'è tensione, parti con il piede giusto e cerca di allentarla. Esprimi al partner negoziale apprezzamenti sulla sua esperienza e sulla sua competenza, inquadra il contenuto dell'incontro, dichiara la tua disponibilità e il tuo impegno a lavorare insieme per soddisfare gli interessi di entrambi e ascolta le preoccupazioni del tuo interlocutore, per tranquillizzarlo al riguardo.

Lo puoi fare a inizio negoziazione o in qualsiasi momento, magari proponendo uno stile di condotta dell'incontro più informale, senza filtri o convenzioni, così da negoziare più efficacemente.

Altra cosa importante: sii sempre onesto e chiaro. Dichiarare apertamente e onestamente i vantaggi e gli svantaggi di una negoziazione favorisce la creazione di legami solidi e alimenta la fiducia: il partner negoziale non se lo aspetta e guadagni dei punti.

Immagina di essere il proprietario di una concessionaria di auto. Arriva una coppia (con due bambini al seguito) che si innamora di una Porsche sportiva decappottabile che hai esposta. L'auto è davvero bella, ma parlando con loro capisci che lei non guida, e quella sarà la loro unica auto. Se sei onesto, farai notare che, con due bambini piccoli, per quanto la Porche sia magnifica non è la soluzione adatta a loro: meglio orientarsi su un SUV sportivo, con tanto spazio dietro.

E ancora: mentre ti dimostri aperto e disponibile, ripercorri mentalmente quello che desideri ottenere. Può sembrare ovvio, quasi banale, ma non lo è affatto, credimi: man mano che la trattativa avanza si rischia di perdere di vista l'obiettivo.

Ricorda che mettere tutto nella proposta iniziale è un errore da principiante. Se ci caschi ti resta ben poco da negoziare, e se la tua offerta viene scartata, l'unica strada percorribile sarà quella di fare concessioni su concessioni.

Più complicata è la tua proposta, più difficile sarà per la controparte elaborarla e decidere se accettarla o meno; quindi, usa un linguaggio chiaro, semplice ed esplicito.

Sii specifico su ciò che vuoi e su ciò che sei disposto a offrire in cambio. Evita discorsi deboli e offerte vaghe. Rendi le tue variabili a prova di idiota, ancorandole alla realtà.

Quando suggerisci un'opzione o presenti un'offerta, fai sempre riferimento a uno standard/riferimento, condividendo il tuo ragionamento. Evita monologhi e discorsi lunghi, ma suddividi le proposte complesse in parti più piccole: l'interazione frequente migliora il processo e assicura alti livelli di attenzione.

Dai il tempo di poter assimilare i concetti, di poter riflettere e porre domande; fai domande tu stesso, ogni tanto, per verificare di essere stato compreso. Essere concisi è importante, fondamentale.

Se dovessero nascere divergenze o incomprensioni, rallenta il processo e chiarisci; torna sui tuoi passi, se serve.

«Alessia, ti porto in scuderia se metti in ordine i tuoi vestiti negli armadi.»

Alessia sentiva solo una parola: "scuderia". La seconda parte della frase le entrava da un orecchio e le usciva come un proiettile dall'altro.

Il suo concetto di "ordine" è molto diverso dal mio, e parlando con altri genitori ho capito che per i bambini il concetto di organizzazione della camera ha un valore universale.

Le tue proposte devono essere sempre condizionate: non devi dare per ottenere, ma ottenere per dare.

Spiegati sempre in modo chiaro cosa ti attendi, cosa ti aspetti che l'altra parte faccia per svincolare la tua concessione.

Nella voce il tocco dell'artista

Specialmente per la prima proposta, concentrati affinché rifletta la tua preparazione e la tua fiducia. Seleziona con attenzione le parole e pronunciale con un tono di voce da cui traspaia la tua convinzione. Tono che non deve mai essere pieno di scuse o remissivo: la tua deve essere letta come un'affermazione, non come una domanda.

Personalmente, cerco sempre di avere un tono deciso. Inoltre, sebbene quello che voglio mi è ben chiaro, quando parlo non corro: pronuncio le mie parole piano, come se stessi scrivendo, per permettere al partner negoziale di processare il messaggio e dargli la possibilità di prendere appunti, se lo ritiene opportuno; il tutto condito da un linguaggio del corpo coerente, che accompagna parole e tono di voce.

Nella negoziazione, il tono di voce è il "tocco dell'artista".

Chris Voss (ex negoziatore di ostaggi dell'FBI e autore di molteplici libri di successo, di cui ho seguito alcune lezioni) suggerisce di utilizzare un tono brillante e amichevole, perché promuove la collaborazione, i guadagni reciproci, il terreno comune e un atteggiamento positivo di dare e ricevere.

Questa dovrebbe essere la tua voce preferita durante le negoziazioni, almeno l'80% delle volte. Per il restante 20%, sempre secondo Chris Voss, è consigliabile utilizzare un tono di voce diretto, con un ritmo rilassante; una voce calda e discendente è utile quando hai bisogno di calmare l'interlocutore.

Questa è la tecnica: per avvicinarti alla voce profonda che desideri, prova a respirare con il diaframma.

Stai in piedi e assumi una buona postura, per aprire il diaframma e fornire più spazio, affinché l'aria si muova liberamente attraverso il corpo. Questo ti aiuta a sviluppare un tono che trasmette un piacevole senso di calore e riflette la tua personalità, mai monotona e sempre espressiva, coinvolgente.

Per mostrare all'altra persona che sei simile a lei è utile anche ricorrere al mirroring vocale.

Parole non dette

Se la voce è importante, il linguaggio non verbale lo è altrettanto, anche se la comprensione di questa componente comunicativa è difficile.

Devi acquisire consapevolezza della tua gestualità ed essere cosciente dei messaggi che trasmetti al partner negoziale; inoltre, devi migliorare la comprensione dei gesti del tuo partner negoziale e del loro significato.

Il linguaggio non verbale riflette i veri sentimenti delle persone. Quindi, quanto più diventi fluente in questa lingua, tanto più sarai in grado di usarla a tuo vantaggio, e farai attenzione a non arrivare a frettolose conclusioni su come si sente il tuo partner negoziale senza prima aver raccolto ulteriori informazioni.

Non sempre le braccia incrociate comunicano chiusura; magari il tuo partner negoziale ha solo freddo, oppure è timido. Prenditi il tempo che ti serve per analizzare il contesto, cerca segnali di congruenza.

Ho letto molto sull'argomento, e ho trovato illuminanti *Digital Body Language: How to Build Trust and Connection, No Matter the Distance* di Erica Dhawan e *Read People Like a Book* di Patrick King, specialmente riguardo all'evoluzione degli incontri da remoto.

Personalmente preferisco di gran lunga le riunioni in presenza, ma nell'ultimo periodo non è stato sempre possibile effettuarne, tanto che ho condotto transazioni e chiuso accordi (anche molto importanti, incluse operazioni di M&A) senza aver mai incontrato le controparti, che neanche conoscevo.

Alcune ricerche confermano che in presenza le persone sono più oneste, perché hanno un timore maggiore di essere scoperte. La negoziazione via e-mail, sempre più frequente, si traduce spesso in discussioni senza via di uscita, che fondamentalmente nascono da malintesi e dall'impossibilità di verifica della comunicazione non verbale, mancando la possibilità di trasmettere il tono e di gestire l'umore. Le trattative a mezzo telefono, invece, sono una via di mezzo.

In definitiva, ricorda che devi arrivare ad ascoltare con gli occhi, oltre che con le orecchie.

Puoi anche assegnare una persona della tua squadra a monitorare la negoziazione. Ad esempio, come l'altra parte reagisce a determinate opzioni, o come il tuo partner negoziale risponde ai messaggi che stai inviando.

Questa tecnica può essere utile nella quinta fase del metodo *Incontro*, quando ti occuperai dell'analisi della negoziazione.

Quale bianco muovi?

Chi deve fare la prima offerta? Bella domanda.

È più facile mettere d'accordo tutti i tuoi amici sulla pizzeria migliore della tua città e andarci a cena che concordare su chi debba fare la prima offerta.

C'è chi sostiene che non dovresti mai fare la prima offerta e attendere sempre quella del tuo partner negoziale.

Io, invece, penso che non ci sia una regola rigida e assoluta. Se ti sei preparato bene e punti a un accordo vantaggioso, non dovresti avere nessuna paura a presentare la prima offerta. Il primo offerente, di norma, ottiene risultati migliori rispetto a chi invece non fa offerte.

Ci sono però delle accortezze da tenere a mente: non iniziare con i numeri, perché non sono i soli elementi a dare valore a un'offerta.

Offrendo per primo, getterai un'ancora e stabilirai un punto di riferimento che verrà utilizzato come parametro primario per la controfferta, influenzando il risultato della trattativa. Molte ricerche hanno dimostrato che le persone si ancorano ai numeri e alle idee.

Facendo la prima offerta, sei tu a definire gli interessi da discutere. E non devi avere paura quando la risposta del partner negoziale è una sola sillaba: «No». Non devi viverla male, perché il rifiuto è solo l'inizio del negoziare. Sentirsi dire di no è molto meglio di sentirsi rispondere: «Forse».

Un bravo negoziatore, infatti, davanti al no chiede le motivazioni, e spesso da quel momento inizia un percorso dove il partner negoziale (a volte provando anche un certo senso di colpa) si apre, parlando di interessi non esplicitati, di dubbi, di remore, di sentimenti e di altri dettagli; tutte basi solide su cui costruire l'accordo negoziale.

«Mr. Cox, le dispiace se le illustro la mia idea?»

Molto probabilmente la sua risposta sarà un: «No» che in realtà equivale a un: «Sì, me la spieghi pure». Questo è un "no positivo" che ha il potere di trasformare la negoziazione: permette di dire di sì a ciò che conta, primariamente a soluzioni che soddisfino i nostri bisogni e i nostri interessi.

Il no, soprattutto se positivo, ha quindi un grande potere, e non devi averne paura.

Diverso, ma altrettanto valido, è il "sì negativo" che riesci a far pronunciare al partner negoziale ponendo ancora una volta le domande giuste. In pratica, devi formulare la domanda in modo che il no abbia il significato del sì.

"Non pensi che questa clausola sia troppo restrittiva?"

"Non credi che dovremmo considerare alternative a questa soluzione?"

Nella sequenza degli argomenti da trattare, dopo aver trovato l'accordo su alcuni punti importanti, può essere utile stimolare obiezioni e rifiuti, quindi un utilizzo strategico del no.

Nel corso della mia carriera ho negoziato frequentemente con i clienti, arrivando preparato; per evitare che fosse il cliente a iniziare ho gestito le trattative iniziando la conversazione su aumenti di materie prime, difficoltà logistiche, dichiarazioni di forza maggiore, aumento della domanda in Asia e uragani nel golfo del Messico, creando un terreno favorevole alle mie successive richieste.

Se avessi lasciato l'iniziativa al cliente, molto probabilmente avrebbe chiesto una riduzione di prezzo.

Parlare per primo mi permette di inquadrare la discussione al meglio, mettendo sul tavolo le questioni che preferisco ci siano. In effetti, non ho mai detto esplicitamente che volevo aumentare i prezzi, ma ho cambiato la prospettiva, focalizzando l'attenzione sulle esigenze del cliente.

In questo modo, c'è anche un impatto sulla relazione: se sei tu a fare la prima offerta la relazione migliora; altrimenti, con il tuo partner negoziale che fa la prima offerta, la relazione peggiora.

Se tu fai la prima offerta, toccherà al partner negoziale controbattere, reagire ed evidenziare cosa non gli piace; se invece è lui a fare la prima offerta, spetterà a te argomentare la sua proposta, e non è opportuno iniziare una trattativa attaccando il partner negoziale.

A nessuno piace essere contestato. Durante una negoziazione, un appunto può essere la scintilla che innesca una serie di accuse reciproche; questo porta a spegnere l'entusiasmo e la disponibilità a collaborare.

Le domande devono essere strutturate in modo chiaro, mettendo in discussione le logiche e non il tuo interlocutore.

Ricorda che una domanda non è mai un appunto, e per evitare che venga interpretato come tale fai leva sull'intelligenza emotiva, ad esempio prestando attenzione alle parole che usi: «*Questa* argomentazione...» è diverso da «*La tua* argomentazione...».

Puoi anche fingere di non aver capito, evitando il confronto diretto: l'incomprensione sembrerà dipendere da te e spingerà l'altro a spiegarsi meglio.

Le posizioni riflettono quello che il partner negoziale vuole e non ciò di cui ha bisogno. Non accettare mai posizioni senza porti domande, magari pensando di conoscere i ragionamenti su cui sono fondate.

Può essere utile avere il coraggio di evidenziare in modo esplicito i punti di contrasto; se lo fai per primo, apparirai come la parte che ha meno da perdere, quella più diligente e sincera.

In ottica relazionale, preferisco sempre essere il primo a offrire e a gestire le reazioni. Mi preparo anche un piano delle concessioni che potrebbero essere necessarie. Esso contiene gli elementi su sui sono disposto a cedere.

Esiste anche la possibilità in cui ti preoccupi di non avere abbastanza informazioni sulla ZOPA.

In questo caso è più saggio posticipare l'offerta a quando le avrai ottenute, e magari lasciare al partner negoziale l'iniziativa di fare la prima offerta. Sicuramente avrai perso i vantaggi del primo offerente, ma al tempo stesso non avrai corso il rischio di aver ancorato in modo troppo aggressivo o non sufficientemente aggressivo.

Se ti sei ben preparato, non dovrebbe mai succedere che lasci al partner negoziale questa possibilità. Infatti, non dovresti mai trovarti nella situazione in cui non hai informazioni sufficienti per fare la prima offerta.

«Pietro, ho fatto quanto mi hai suggerito, la ZOPA mi è chiara. Quanto gli devo chiedere come prima offerta?»

«Dipende, Carlo. Devi fare un'offerta tale da sfruttare tutta la ZOPA. Se fai un'offerta che cade al di fuori della ZOPA, quando la vera trattativa inizia è probabile che il partner negoziale negozi a suo modo, portandoti dentro la ZOPA, mentre se la prima tua offerta è già dentro la ZOPA hai sicuramente perso un'opportunità pari alla differenza tra la tua offerta e il prezzo di riserva del tuo partner negoziale. La tua offerta deve essere la più aggressiva che puoi giustificare. Tieni conto che quando hai grandi ambizioni farai una prima offerta più prepotente, che a sua volta ti permetterà di raggiungere risultati migliori.»

Quando fai un'offerta bellicosa rischi di offendere il partner negoziale e di essere valutato come persona non seria, oppure dai l'idea che non ci sia spazio per un accordo. Questi rischi sono tutti possibili, ma non ti preoccupare.

Molto dipende dalla situazione e dal peso della relazione, perché la tua offerta e le tue argomentazioni dovrebbero tenere conto tanto dei tuoi bisogni quanto dell'importanza della relazione. In sintesi, la tua offerta dovrebbe essere tale da farti raggiungere il miglior affare possibile rafforzando al contempo la relazione.

Esiste anche la possibilità di fare una prima proposta imperfetta o esagerata per poi ritirarla, riconoscendo che è stata costruita per non soddisfare tutti gli interessi del partner negoziale; a quel punto, si deve presentare una versione migliorata della proposta, che invece soddisfi gli interessi dell'interlocutore.

In questo modo apparirai attento ai suoi interessi; dopo aver presentato la proposta migliorata, la percezione che ha di te il tuo partner negoziale sarà positiva... molto probabilmente sarai riuscito a far cadere alcune barriere, anche perché avrai presentato una versione migliorata della proposta senza che ti venisse richiesto!

Se il partner negoziale ti anticipa e fa la prima offerta, non preoccuparti: nulla è perduto, perché hai molte possibilità.

Innanzi tutto, ricorda di non accettare mai frettolosamente la prima offerta, anche se fosse molto vantaggiosa: questo induce il partner negoziale a riflettere sull'offerta e a pensare che forse avrebbe potuto comportarsi diversamente, chiedere di più; cosa che potrebbe fare nelle negoziazioni future, e che potrebbe rovinare la relazione.

Meglio apparire sorpresi, perplessi e disorientati, specialmente se ritieni che l'offerta possa essere migliorata (e nella maggior parte dei casi può esserlo).

Se cadi nell'errore e hai il tempo e la prontezza di reagire puoi sempre rimediare: intendevi dire che era accettabile, ma ritieni che possa essere migliorata. Se ci pensi, è la classica "frase da negozio": «Mi sembra un affare, ma prima di decidere torno con mia moglie!».

Questo, comunque, è un caso estremo.

È molto più pratico ignorare la sua offerta, o fare una controfferta immediata, in modo da evitare qualsiasi tentativo di ancoraggio da parte dell'altro.

Puoi porre domande sulla sua offerta, o rilevare gli errori; questo però può essere pericoloso, perché la discussione conseguente verterebbe sempre sulla prima offerta (che a quel punto diventerebbe una vera e propria ancora forte), da cui invece tu vuoi svincolarti.

In alternativa, puoi concentrarti sugli aspetti positivi della sua offerta e separarli dal resto; poi negozi in modo costruttivo i punti non accettabili, suggerendo alternative valide. Così, ai suoi occhi, stai accettando l'offerta che ha fatto, ma con qualche modifica: molto meglio che "fargli digerire" la tua, anche se questa resta un'opzione praticabile solo in alcuni casi e non in altri (specialmente se gli elementi negativi eclissano i positivi).

Quando in una trattativa ti viene offerto qualcosa che per te non ha alcun valore o che non ti interessa, esprimi comunque un apprezzamento: sii educato e cordiale. Questo permetterà al tuo interlocutore di salvare la faccia e a te di essere ricontattato nel caso avesse un'offerta migliore.

Se invece opti per il silenzio, c'è la possibilità che il tuo partner negoziale condisca la sua offerta con dettagli e informazioni.

Ogni offerta è un mix di informazioni e influenza; elementi disgiunti che, prima di reagire o rispondere, devi imparare a separare, filtrando quanto il partner negoziale comunica per orientare le tue percezioni.

Piccolo trucco. Chiediti: "Cosa ho imparato di nuovo? Come posso valutare quello che mi ha detto in funzione dei miei interessi?". Se non trovi nulla di valido, non sono informazioni: è sicuramente influenza.

Mio padre era abbastanza severo: «Pietro, se non fai i compiti, non vai a giocare con i tuoi amici».

Questa frase suona completamente diversa se messa in questo modo: «Pietro, se vuoi andare a giocare con i tuoi amici, prima devi fare i compiti».

Abituati a riformulare mentalmente quanto ti viene detto.

In quelle poche volte che mi sono trovato in questa situazione, ho reagito all'offerta ricevuta con una controfferta composta da tre offerte che devono essere: multiple, equivalenti e simultanee.

Multiple perché sono più di una: si tratta di tre opzioni (A, B e C). Equivalenti perché hanno un valore totale simile, anche se il partner negoziale attribuisce loro valori diversi. Simultanee perché devi offrire le tre alternative una accanto all'altra, contemporaneamente.

Questa tattica, nel mio caso, ha spesso funzionato, anche se è più complessa da costruire rispetto a una singola offerta. Funziona perché genera un potentissimo effetto di ancoraggio (ricorda che il primo valore messo sul tavolo diventa il punto di riferimento durante tutto il processo di negoziazione), volto a mitigare il vantaggio che l'offerta iniziale del partner negoziale aveva generato.

Questo tipo di approccio con offerte multiple, inoltre, a differenza dell'offerta singola non mette il partner negoziale nell'angolo, e non viene percepito come un ultimatum; in fondo, gli dai la sensazione di poter scegliere!

Ci sono anche altri vantaggi, come poter fare un'offerta aggressiva apparendo cooperativo e flessibile, oppure il poter gestire gli interessi a pacchetto anziché affrontarli separatamente, negoziandoli a uno a uno.

Discutere ogni singolo punto separatamente porta le parti a trattarli come se ognuno fosse il punto più importante della negoziazione. A volte alcuni negoziatori insistono nel voler utilizzare questa modalità e, in funzione del contesto, può essere utile ricordare che nulla è concordato finché tutto non è concordato.

Nelle trattative di lavoro trovo particolarmente utile ricorrere a offerte multiple, equivalenti e simultanee perché ti fanno apparire flessibile, migliorano la relazione e massimizzano i risultati; ma lo stesso principio è applicabile anche con clienti, fornitori, M&A e persino in famiglia.

Proporre più alternative risulta utile quando non sei riuscito a chiarire bene gli interessi del partner negoziale; le sue scelte ti permetteranno di raccogliere maggiori informazioni su priorità e preferenze. È un po' come essere in un'escape room ed elaborare codici e indizi per trovare la soluzione.

Anche nelle negoziazioni, ogni alternativa contiene più elementi, di cui uno è contrario agli interessi del tuo interlocutore, mentre gli altri elementi variano da opzione a opzione.

Poter scegliere gli dà la sensazione di essere in controllo; è probabile che la sua preferenza vada per una delle alternative, e anche se dovesse chiedere una concessione su uno degli elementi dove tu sei inflessibile, non rinuncerà a perdere quelle che soddisfano i suoi interessi. Inoltre, la comparazione adesso è tra le alternative che hai scelto tu: non si ragiona più della proposta iniziale.

A volte, però, il partner negoziale non accetta nessuna delle alternative da te proposte; la cosa potrebbe non costituire un problema, a patto che tu chieda prontamente quale si avvicina di più alla sua idea e quale è invece la più distante, e il perché.

Ancora una volta, le risposte ti permettono di ottenere informazioni preziose per iniziare il *logrolling*, lo scambio reciproco su più interessi in una trattativa.

Molti hanno paura di ricorrere alle offerte multiple, temendo che il partner negoziale scelga a suo piacimento singole componenti da ogni offerta; anche questo potrebbe non essere così negativo, perché la sua selezione ti fornirà informazioni importanti, anche se c'è il rischio di venire ancorato da essa.

Le offerte multiple equivalenti dicono molto sui tuoi interessi; costruisci le tre offerte in modo che tutte eccedano i tuoi obiettivi, così da lasciarti del margine per eventuali concessioni.

È anche importante avere un piano di concessioni sulle offerte multiple che non appaia preconfezionato, e che le modifiche costituiscano una nuova offerta, la proposta D.

Non necessariamente la tua ancora deve essere ottenuta tramite offerte multiple equivalenti, perché ciò avviene anche con l'offerta iniziale singola, che diventa il riferimento per le successive discussioni.

Quando rispondi all'offerta iniziale proponendo un valore aggiustato, stai conferendo credibilità alla prima offerta; è ancora più grave se chiedi chiarimenti e giustificazioni.

Puoi ottenere risultati significativi anche dall'uso corretto del framing. Si tratta di una scorciatoia cognitiva per dare un senso a informazioni complesse: permette di organizzare problemi complessi in pacchetti di informazioni coerenti e comprensibili che possono essere facilmente compresi, e consente di inquadrare una situazione che spinge il nostro partner negoziale a cogliere proprio ciò che vogliamo mettere in evidenza.

Di recente ho aiutato un mio cliente importante a preparare una negoziazione in un'azienda familiare di successo. Doveva convincere la proprietà a investire oltre 10 milioni di euro in un impianto di cogenerazione, anche se la proprietà era preoccupata dal costo. Abbiamo cercato di sottolineare i risparmi energetici derivanti dall'impianto e la sostenibilità, così l'anziano proprietario ha compreso che l'investimento proposto era la cosa giusta da fare per il pianeta, e lo ha approvato.

In pratica, devi focalizzare l'attenzione del tuo interlocutore su un aspetto del problema e tralasciare tutti gli altri perché irrilevanti.

Ricorda sempre che le persone tendono a prendere decisioni più rischiose quando si tratta di evitare perdite che quando c'è la possibilità di ottenere nuovi guadagni: quando si tratta di rischiare per evitare perdite si "gioca in attacco", quando si tratta di rischiare per ottenere nuovi guadagni si "gioca in difesa", con un atteggiamento più conservativo.

Alla base del framing c'è l'avversione al rischio, l'umana tendenza a evitarlo.

Devi presentare le richieste come tue necessità per evitare perdite, e le concessioni come perdite che dovrai subire.

«Sabrina, non mi capacito di quanto mi chiedi... 42.500 euro per questa cucina sono un'esagerazione.»

«Signor Delucca, capisco quello che mi sta dicendo; altri acquirenti hanno fatto lo stesso commento fino a quando hanno verificato la professionalità dei nostri installatori e non hanno iniziato a usarla.»

La risposta di Sabrina è un'opera d'arte di empatia secondo la struttura *feel, felt, found,* perché dà soddisfazione al cliente, dichiarando di averlo ascoltato e compreso: gli dice che capisce come si sente, che non è solo. Poi, comunica che altri clienti si sono trovati in condizioni analoghe e, infine, racconta al cliente i benefici che altri hanno riscontrato in una situazione paragonabile.

L'alternativa, a fronte di una prima offerta estrema o di un'offerta lontana dal tuo prezzo di riserva, è di contro ancorare la negoziazione, ignorando e respingendo la proposta in questione e facendo una controproposta altrettanto aggressiva.

Il punto estremo di questa logica è arrivare a essere irrazionali, molto bizzarri (non ho specificato *molto creativi*, perché quello vale sempre); è una strategia che porta i suoi buoni risultati: il tuo partner negoziale accetterà di accordarsi solo per liberarsi di te!

Ma cosa succede se invece le parti si chiudono e raggiungono un vicolo cieco?

Le due offerte iniziali sul tavolo, indipendentemente da dove si collocano lungo l'asse, delimitano la zona di possibile compromesso.

Per arrivare a un possibile accordo, indipendentemente dal posizionamento delle rispettive ancore, entrambi devono rinunciare a parte delle loro richieste, così da rientrare nella zona di possibile accordo (salvo optare per il mancato accordo).

Ricorda, quindi, che puoi mitigare il rischio con una controfferta aggressiva e dichiarare la disponibilità a lavorare insieme per colmare le differenze, argomentando la tua offerta.

Un altro modo per ottenere lo stesso risultato è fare un'offerta in un intervallo, ad esempio 120.000-125.000 euro, dove il vero ancoraggio potrebbe essere 120.000, 125.000 o 122.500 euro; quindi, è importante riflettere bene sui valori dell'intervallo da proporre.

È sempre la stessa tecnica, anche quando fai una concessione per evitare che il partner negoziale scelga il valore più favorevole.

Ti suggerisco quindi di farla in modo condizionato.

Un tipico ancoraggio "forte" è quello che c'è nel settore immobiliare, dove a volte il prezzo viene dichiarato esplicitamente come trattabile, ma molto spesso il prezzo finale poco si discosta dal prezzo iniziale richiesto.

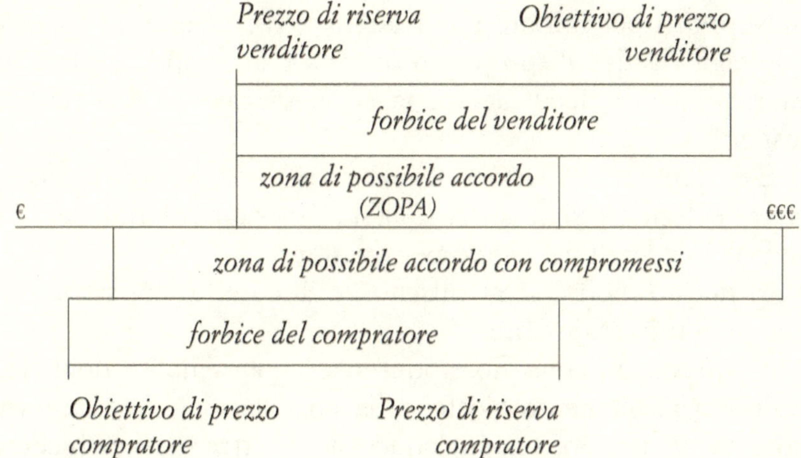

Quanto offrire? Se l'obiettivo fosse massimizzare il valore, tatticamente dovrebbe essere un valore prossimo al valore di riserva del compratore, in modo tale da poterlo aggiustare senza scatenare un contro ancoraggio, facendolo rientrare nella zona di possibile accordo per effetto della trattativa. Quindi, un'offerta estrema ma ragionevole, al limite della credibilità.

Se vuoi qualcosa, chiedi di più e sii disponibile, se necessario, a fare concessioni.

Siamo portati a pensare che un'offerta aggressiva verrà rifiutata, sebbene il rifiuto in sé non sia negativo.

Ovviamente, una richiesta troppo aggressiva non è priva di rischi, perché potrebbe far pensare che sia impossibile raggiungere un accordo e potresti offendere il partner negoziale; questo può accadere se hai stimato male la zona di possibile accordo.

L'ancoraggio è tanto più potente ed efficace quanto maggiore è l'incertezza, e se ti trovi ancorato è possibile ridurre la forza dell'ancoraggio raccogliendo e portando informazioni oggettive al tavolo della negoziazione.

Se ritieni che l'offerta sia inappropriata, meglio spostare la conversazione lontano da numeri e proposte e dirigerla invece verso interessi e opzioni, per poi ritornare ai numeri quando disponi di maggiori informazioni.

Un'ulteriore opzione per gestire un'offerta aggressiva del partner negoziale è di affermare apertamente che non ci sono i presupposti per iniziare una trattativa, corredando la risposta di dettagli relativi al tuo punto di vista e accompagnandola da una richiesta di riconsiderare la cosa, magari da una diversa prospettiva.

È evidente che il partner negoziale, per non perdere la faccia, potrebbe decidere di rimanere sulla sua posizione; quindi, sarebbe saggio concedergli del tempo per riflettere.

In questo modo, sarai riuscito ad ancorarlo, ma senza trasmettere il tuo disappunto.

«È questa la tua migliore offerta?» è una semplice domanda che, posta al momento giusto della negoziazione, accrescerà il valore per te, o ti porterà una concessione extra senza richiedere una contropartita.

Puoi ottenere risultati simili facendo confronti con i concorrenti del partner negoziale, che magicamente sono sempre migliori, più veloci ed economici di lui; oppure, minimizzando una richiesta importante: «In fondo ti sto solo chiedendo un 2% di sconto».

Anche «Prendere o lasciare!» è una frase ricorrente e intenzionalmente destabilizzante che può essere gestita.

La tua BATNA e l'analisi su quella del partner negoziale (che hai ben preparato) ti dovrebbero fornire la forza per gestire questa situazione.

Le opzioni sembrano due: prendi, concedendo e basta, oppure lasci, accollandoti, in termini di relazione, la responsabilità per aver terminato i negoziati.

In realtà c'è molto altro: non interrompi il negoziato e poni delle domande volte a capire se sei davanti a un bluff e cosa porta il partner negoziale a questa scelta forte; cerchi altresì di capire cosa succede, per entrambi, se si opta per il "lasciare", con un occhio sempre agli interessi.

E se ti capitasse di essere al tavolo delle trattative e il tuo partner negoziale smette di negoziare, ti lancia un ultimatum o batte i pugni sul tavolo?

Avviene spesso che qualcuno ti minacci di interrompere le trattative per avviare un'azione legale, andare dal tuo capo, chiudere l'accordo con un tuo concorrente e tanto altro ancora.

Contrattaccare porta spesso a un'escalation del conflitto, mentre concedere mostra debolezza e promuove ulteriori intimidazioni; quindi, sono entrambe pessime soluzioni.

Di solito queste situazioni sono frutto di stress, rabbia e tensione, e ciò vuol dire che il tuo partner negoziale ha le funzioni cognitive alterate, perché il momento ha una forte carica emotiva, per lui. Difficilmente farà dietro front.

Devi fare ricorso a quanto hai preparato, deviare le minacce, usare il silenzio e riportare la negoziazione su interessi e obiettivi comuni.

Anche in questo caso, come in tutti gli altri casi simili, devi far ricorso a due strumenti potenti quali l'uso intelligente delle domande e la tua BATNA.

In aggiunta, può essere utile un'analisi fredda e distaccata della situazione: fare ricorso all'empatia, comprendere la prospettiva del partner negoziale (anche se questo è particolarmente difficile dopo che sei stato minacciato).

Una sua variante è l'approccio buono/cattivo che viene tipicamente utilizzato nelle negoziazioni di squadra, in cui il buono finge di essere dalla tua parte e sembra aiutarti a concludere l'affare. Ma, ogni volta che raggiungi un accordo, ricorre al cattivo per l'approvazione finale, e questi rinegozierà tutto quello che avevi negoziato con il contraente buono.

Qui ti potresti divertire e dire chiaramente a che gioco stanno giocando e ignorare il cattivo; oppure, riferendoti al cattivo, sospendere la trattativa, perché secondo te non ci sono le condizioni per una buona negoziazione.

Se ti trovi davanti a più persone potresti trovare anche altri ruoli, presta quindi attenzione a riconoscerli. Nella mia esperienza i più comuni sono l'esperto, il propositivo, l'intransigente e il leader.

L'esperto è una persona che possiede una vasta conoscenza ed esperienza nella sua area di competenza. Solitamente è molto sicuro di sé e tende a prendere decisioni basate sulla logica e sui dati. Tuttavia, può essere incline a diventare troppo tecnico o dettagliato durante una negoziazione, rischiando di annoiare gli altri. Per gestire un esperto, è importante mostrare rispetto per la sua conoscenza e approfondire le sue argomentazioni, ma anche assicurarsi di mantenere una visione d'insieme e comunicare chiaramente l'importanza di una soluzione equilibrata.

Il propositivo è un negoziatore creativo e orientato alla soluzione. È abile nel trovare alternative innovative e nella negoziazione di accordi vantaggiosi per entrambe le parti. Tuttavia, il propositivo potrebbe essere eccessivamente entusiasta delle proprie idee e avere difficoltà ad accettare compromessi. È necessario incoraggiare e valorizzare la sua creatività, ma anche ricordargli l'importanza di un approccio collaborativo e flessibile. È utile incoraggiare il proponimento di molte opzioni, ma anche stabilire dei criteri per valutare e selezionare la migliore soluzione.

L'intransigente è noto per essere duro e inflessibile nelle trattative. Solitamente punta al massimo vantaggio personale e può essere poco incline a considerare le esigenze dell'altra parte. La gestione dell'intransigente richiede calma e pazienza. La chiave è trovare punti di interesse comuni e spiegare come un accordo vantaggioso per entrambe le parti può portare a risultati migliori rispetto a una posizione rigida. È importante stabilire una comunicazione aperta e rispettosa, cercando di coinvolgere l'intransigente nel processo di ricerca di soluzioni accettabili.

Il leader è un negoziatore abile che è in grado di influenzare e guidare gli altri verso un obiettivo comune. Mostra empatia, comunicazione chiara e capacità di ascolto. Un leader negozia in modo collaborativo, incoraggiando il coinvolgimento attivo di tutte le parti coinvolte. Per negoziare con lui, è importante riconoscere e apprezzare le sue abilità di leadership, offrendo spazio per contribuire alle decisioni e all'elaborazione delle strategie. Allo stesso tempo, è essenziale mantenere un dialogo aperto e trasparente, assicurandosi che tutte le parti si sentano ascoltate e coinvolte nel processo di negoziazione.

Ricorda sempre che ogni individuo è unico e potrebbe manifestare caratteristiche di più profili, e che la chiave per una negoziazione di successo è adattarsi e adottare un approccio flessibile per soddisfare le tue esigenze (e quelle del tuo partner negoziale) in ogni caso o situazione!

Restringimento di carreggiata

L'accordo può essere raggiunto solo quando entrambe le parti trovano un punto accettabile tra le loro posizioni individuali di partenza. Se manca l'accordo, la negoziazione rallenta; diventa tattica, le parti sono deluse e aumentano i giochi di potere.

A questo punto la negoziazione rischia di fermarsi completamente. La soluzione consiste nel parcheggiare la causa dello stallo e accettare temporaneamente che non c'è un accordo su un argomento, senza farne un dramma.

«Massimo, se sei d'accordo sospendiamo la discussione relativa alle penali in caso di ritardo, per il momento. Ne possiamo parlare dopo?»

Così facendo riesci a preservare l'energia della negoziazione; hai comunque acquisito una serie di informazioni importanti e strumentali all'accordo che potrai anche approfondire successivamente, trattando altri argomenti.

Il problema spinoso verrà trattato in seguito, quando le parti avranno raggiunto un accordo su tutto il resto, o quasi. A quel punto il partner negoziale farà valutazioni diverse, più ponderate; non rischierà di perdere l'intero accordo per un solo elemento di divergenza, e sarà più accomodante.

Ci sono poi frasi come queste, abbastanza tipiche: «Non mi conviene accettare la tua proposta, perché a parità di condizioni ho un fornitore che mi concede migliori termini di pagamento e una clausola take-or-pay meno onerosa.»

Succede. Arrivati a un'opzione che soddisfa gli interessi di entrambi le parti, uno dei due negoziatori esplicita di avere un'alternativa migliore. Normalmente, viene detto per cercare di trovare insieme un'opzione diversa, migliore di quelle finora trovate, e non come minaccia… però c'è il rischio che nascano fraintendimenti.

«Neanche a me conviene accettare. I miei impianti sono già saturi e ho almeno due clienti che condividono previsioni mensili molto affidabili.»

Uscire da questa situazione di impasse richiede molta destrezza. Da un lato, entrambe le parti hanno fornito elementi nuovi (termini di pagamento, clausola take-or-pay, impianti saturi, ordini previsionali) su cui possono ulteriormente lavorare, definendo meglio interessi e opzioni; dall'altro entrambe le parti, alla luce delle informazioni raccolte durante la negoziazione, hanno la possibilità di valutare la qualità dell'alternativa.

Una volta che le prime offerte sono state fatte, le parti generalmente faticano a muoversi dalla posizione iniziale e ad abbandonarla, perché equivale a inviare un segnale di debolezza, quasi di resa.

L'attenzione deve rimanere su interessi, BATNA e valore di riserva del partner negoziale, anche se la voce interna ti dice di considerare la tua BATNA, che però ti porta a ridurre il livello delle tue aspirazioni e a valutare come buono qualsiasi risultato migliore del tuo valore di riserva.

Per migliorare la propria posizione negoziale, si può prendere in considerazione il comportamento umano comune, che tende verso la comodità e l'inerzia. Perché darsi da fare, impiegare risorse ed energie per cercare nuovi interlocutori e alternative quando la soluzione è già disponibile, a portata di mano? Devi solo astutamente inoculare il virus del dubbio, far sorgere qualche preoccupazione facendo leva sulla tua influenza, che sarà tanto più efficace quanto le tue argomentazioni appariranno sincere e disinteressate. Se riesci a fare arrivare lo stesso messaggio da terzi neutrali e credibili sarà ancora meglio, e sarai a metà dell'opera.

Altra cosa importante: non pensare che se la tua alternativa è debole quella del tuo parte negoziale sia forte: non è detto che sia migliore della tua! Cerca quindi di stabilire la qualità delle sue alternative (supponendo che ce ne siano) e ricordagli tutti i vantaggi che perderebbe se non si arrivasse a un accordo; spiega cosa farai tu, ma senza entrare nei dettagli, sottolineando invece che preferiresti arrivare a stringergli la mano.

Durante il meticoloso lavoro di preparazione hai fatto una serie di ipotesi, ma la negoziazione è il momento in cui hai l'occasione per verificarle; quindi, cerca di capire quali sarebbero le sue mosse, se dovesse andarsene.

Fai sempre la tara, tenendo conto che il tuo partner negoziale potrebbe essere generoso sulle sue alternative. Se qualcosa non ti torna, fai domande.

Infine, ricorda che non tutto quello che è nel mondo del possibile avviene davvero.

Fai domande che mettano in discussione la bontà della sua alternativa e, se sei bravo, rendi evidenti aspetti che non è in grado di accettare (o che non vorrebbe accettare). Magari non lo convinci, ma sicuramente lo spingi a riflettere.

Immagina l'inizio della negoziazione come una gara sportiva di velocità: all'inizio tutti coloro che sono seduti al tavolo hanno energia per scattare dai blocchi, ma non appena le offerte sono sul tavolo gli atleti diventano dei pachidermi; sono lenti nelle loro concessioni, a volte lentissimi, e spesso solo in risposta a concessioni ricevute.

Per fortuna questo immobilismo è agevolato da una norma non scritta secondo la quale le parti si aspettano e sanno che a turno dovranno fare concessioni.

Nella negoziazione, la reciprocità è un potente strumento persuasivo; la reciprocità è la pratica di scambiare cose per mutuo vantaggio. Ricevendo, dovresti ricambiare le concessioni fatte dal partner negoziale. È abbastanza normale.

«Pietro, non sto infrangendo la norma, sto solo testando la tua elasticità» mi disse il capo degli acquisti di Assa Abloy, leader mondiale dei sistemi di serratura.

Succede che alcuni, secondo la mia esperienza, tendano in modo seriale a sottovalutare o a ignorare le concessioni ricevute per attenuare o annullare l'obbligo di ricambiare.

Per ogni concessione, fai presente cosa significa per te, a quanto valore stai rinunciando, quali sono i maggiori costi associabili.

Kathy Aaronson, fondatrice e Amministratore delegato di Sales Athlete Executive Search, utilizza un'espressione stupenda quando, riferendosi alle concessioni, dice che «per quanto piccole, dovrebbero essere date con molta attenzione, avvolte nell'argento e presentate come il regalo di un monarca».

Trasmetti in modo chiaro che per te quella concessione rappresenta un costo, un sacrificio; così facendo diventa più difficile per il partner negoziale sottrarsi al principio di contraccambiare. Evitando qualsiasi ambiguità, elimini il rischio che il partner negoziale se la cavi con poco.

Dei miei studi di diritto privato all'ateneo di Bologna ho due ricordi indelebili: il primo è l'articolo 924 del Codice Civile, che dà diritto al proprietario di uno sciame di api di inseguirlo su un fondo altrui; il secondo è il termine *sinallagma*.

Tralascio di raccontarti tutto quello che ho imparato delle piccole e laboriose creature dai cinque occhi (sicuramente interessante, ma non pertinente).

Diverso il discorso per il termine sinallagma, detto anche "nesso di reciprocità"; si tratta di un elemento costitutivo implicito del contratto a obbligazioni corrispettive, ma nell'etimologia dal greco c'è tanto di più: contrarre, stipulare, prendere o dare in cambio.

Quindi, mutuo scambio, scambio vicendevole.

Il tuo fornitore ti chiede delle penali per ritardato pagamento? Tu allora avanza una richiesta di penali per ritardata consegna dell'impianto. Il tuo cliente pretende una concessione sul prezzo? Tu allora esigi volumi aggiuntivi.

Reclama un corrispettivo simmetrico a quello del partner negoziale, la cui logica sia condivisibile. Se non è disposto a concedere un corrispettivo simmetrico al tuo, non accettare mai di concedergli qualcosa. Fallo puntualmente, e non concedere mai qualcosa nell'ottica di ottenere un corrispettivo simmetrico successivamente.

Essere a credito non funziona. Se proprio ti trovi in questa situazione, ti consiglio di ottenere la tua contropartita equivalente, che poi eventualmente scambierai successivamente con altro.

Di fronte alle pressioni di un partner negoziale che continua a chiedere poco, ma con costanza e ripetutamente, spesso si finisce per cedere. Anche nel caso di piccole concessioni, chiedi sempre una contropartita.

Ogni volta che raggiungi un accordo su qualcosa, segnalo in modo chiaro, e smarca un punto importante dell'agenda. Riassumi per sommi capi, in modo sintetico e chiaro, i termini; se hai deciso di utilizzare il Terms Sheet, riporta nella colonna a destra quanto concordato, ancora meglio se lo fai direttamente nel documento visibile a video (o in call conference) da tutti i partecipanti.

Questo ti permette di congelare i progressi fatti insieme e gli accordi raggiunti, ma anche di mantenere il controllo dell'agenda, di sottolineare ciò che ha guadagnato il tuo partner negoziale (o che perderebbe, se l'intero processo non andasse a buon fine) e a evitare malintesi.

Molti dei conflitti che nascono a un tavolo negoziale sono frutto dei malintesi che scaturiscono dall'interpretazione sbagliata di ciò che viene detto e dalle deformazioni dei filtri di chi ascolta, spesso per assenza di informazioni precise e chiare o di mancanza di dettagli fondamentali.

Quindi ricorda che non devi dare mai nulla per scontato; spiega sempre perché dici certe cose, le tue intenzioni e il tuo comportamento, al fine di eliminare la diffidenza e di aumentare lo spirito collaborativo.

Di recente, un mio cliente mi ha riferito di avere un partner negoziale (con il quale negozia spesso e da almeno da dieci anni) che ogni volta, in modo sistematico, nega di aver accettato un punto già concordato in precedenza, al fine di riaprire la discussione e guadagnarci qualcosa in più.

Per preservare la relazione, gli ho consigliato di cercare sempre di capire la fonte del malinteso, di riaprire la discussione e di riportare i punti discussi e concordati su carta, o ancor meglio su di una lavagna ben visibile a tutti; in questo modo, sarà possibile evitare agevolmente fraintendimenti vari e la "solita" negazione di punti precedentemente concordati.

Io sono cresciuto con la serie del tenente Colombo, e adoro il suo atteggiamento apparentemente perso e confuso.

Era geniale il modo in cui otteneva aiuto dall'assassino di turno che, passo dopo passo, inconsapevolmente, gli rivelava tutto. Colombo non chiedeva direttamente aiuto ai sospettati, ma con il suo comportamento li metteva a loro agio, quasi in obbligo di collaborare.

La cosa interessante è che questa modalità dissipava completamente ogni tensione, ogni conflitto. Colombo sfruttava l'ego, la sensazione percepita di dominio e di intelligenza superiore.

Presentarti “perfetto”, con computer, dati e quant’altro, oppure mostrare quanto sei brillante o intelligente... sono cose che possono tornarti indietro come un boomerang.

Arrivare a una riunione senza carta e penna e tanto altro, dando l’impressione di essere quello che non si è, ossia quasi uno sprovveduto? Ribaltare l’acqua o il caffè, per apparire goffo, o in difficoltà? Fare domande di cui conosce già la risposta solo per verificare la correttezza di alcune informazioni e l’onestà del partner negoziale?

Comportamento simile è quello del partner negoziale che intenzionalmente confonde facilmente problemi, fatti e cifre, in modo da perdere traccia degli elementi critici. In questo caso la soluzione migliore è quella di chiedergli educatamente, di tanto in tanto, di fare un riassunto. Questo comportamento è al limite dell’onestà.

E, a tal proposito, che succede se la tua onestà viene messa in discussione? Questo può essere dovuto a un malinteso, o perché il tuo partner negoziale è a corto di argomenti e cerca di attaccarti, sperando di ottenere qualche concessione.

Per risolvere subito la cosa meglio chiarire, facendo domande appropriate sui motivi che lo hanno portato a dubitare della tua integrità; in funzione delle sue risposte, cerca di sistemare il problema, per poi tornare a discutere degli interessi.

«Ti fidi di me?»

Tutti ricordiamo la domanda che Jack fece a Rose nel film *Titanic*... Io però ricordo ancora quando questa domanda venne fatta a me venticinque anni fa a Parigi, nell’ufficio di José Flavigny, CEO di Arjowiggings. Al contrario di quanto Rose rispose al personaggio interpretato da Leonardo di Caprio, la mia risposta fu negativa, secca e totalmente inappropriata.

Questa domanda è una trappola per topi... e all’epoca io ero un topino giovane e inesperto.

C’è anche da dire che di fronte a questa domanda, in ambito negoziale, come fai, sbagli. Se dici che ti fidi, poi ti devi fidare... e diventerà difficile confutare quello che afferma. Se rispondi di no, come feci io, stai praticamente insultando il partner negoziale, e ne potrebbe nascere una discussione accesa, un conflitto che farebbe allontanare rapidamente ogni possibilità di arrivare a un accordo.

Da quell'errore enorme ho imparato che il modo migliore di reagire a domande del genere è non rispondere alla domanda con un'affermazione "chiusa" e binaria come sì o no, ma trovare una via di uscita.

Oggi a José risponderei così: «José, il problema non è la fiducia: sai quanto ti apprezzo e ti stimo! Il problema è che in merito a...»

In ogni negoziazione, il contesto, il processo e il succedersi degli eventi sono diversi, quindi non posso darti regole applicabili universalmente; però è vero che le persone preferiscono ricevere notizie positive o benefici in modo frazionato, anziché in un'unica soluzione.

«Giacomo, vista la situazione delle materie prime ti suggerisco di passare tutti gli aumenti in un colpo e, quando il ciclo si invertirà, di abbassare i prezzi un po' alla volta.»

A parità di valore, per aumentare la soddisfazione del tuo partner negoziale dovresti frazionare il suo guadagno e, per ridurre la percezione del sacrificio, dovresti cumulare le perdite.

«Pietro, ho un cliente che da anni mi dice di avere alternative migliori, ma stranamente i miei volumi con lui aumentano più dei suoi consumi annuali e della crescita del mercato...»

Uno degli errori più comuni è fare una consistente concessione iniziale per dimostrare la propria buona volontà; i bravi negoziatori fanno concessioni multiple di valore sempre inferiore, al fine di aumentare la soddisfazione del partner negoziale.

Torniamo al caso di Francesco, Giorgia e la loro Porsche. I due hanno deciso entrare in trattativa con il loro concessionario di fiducia e tenersi come alternative le auto trovate a Stoccarda, Vienna e Milano; l'alternativa di Stoccarda è la migliore, quindi è la loro BATNA.

La Porsche 911 Turbo S Cabrio che hanno nel mirino, come già detto, è perfetta: ha meno di tremila chilometri.

Sebbene siano super preparati, non se la sentono di fare la prima offerta; grave errore. Il concessionario, molto abile, avanza una prima richiesta a 259.000 euro; incalzato dalla coppia, scende prima a 254.000 euro, poi a 252.000 euro e infine a 251.000 euro, per concludere con il classico: «Non posso scendere di più».

«Pietro, secondo te il concessionario ha veramente raggiunto il suo limite? Ha fatto bene a dire che è arrivato al suo limite inferiore?»

«Giorgia, puoi rivelare il limite inferiore solo quando l'hai raggiunto o quasi... e se lo dichiari, fallo con enfasi e fermezza e da lì non muoverti, altrimenti non verrai preso seriamente in questa e in altre negoziazioni, e ti verrà sempre chiesto di fare un'altra concessione verso l'accordo finale.»

In quel caso, io proverei a farmi dare delle risposte ad alcune domande, per capire se veramente non può vendere la Porsche a un prezzo inferiore.

Ha un'alternativa? Perché non l'ha detta? Qual è? È arrivato al limite della sua autonomia, magari il proprietario può fare meglio?

A volte i negoziatori fanno concessioni finali, ma poi le ritirano, o le legano all'ottenimento di una nuova concessione. All'inizio di ogni negoziazione io suggerisco di stabilire una regola chiara e condivisa, per la quale una concessione non può essere ritirata a meno che non sia stata esplicitamente offerta come concessione temporanea o condizionata.

La dimensione delle concessioni diminuisce all'avvicinarsi del valore di riserva; questo è un comportamento tipico, e quindi rappresenta un segnale che il valore di riserva si sta avvicinando, elemento utile per aggiornare le tue ipotesi iniziali sulla dimensione della ZOPA.

Quando hai a disposizione diversi argomenti, ordinali mentalmente, come faresti su un foglio di Excel; usane solo due o tre di quelli più forti, esponendoli senza un ordine fisso, né crescente né decrescente.

Nel primo caso, partendo dal più debole, rischi di essere subito interrotto e attaccato; nel secondo, iniziando dal più forte, probabilmente la reazione del tuo partner negoziale sarà focalizzata sull'ultimo (quindi il più debole), di cui ha un ricordo più fresco: saresti così costretto a "proteggere" il meno convincente.

Argomentare, indipendentemente da ciò che si dice, legittima la richiesta/concessione; quindi, ogni volta che chiedi/offri qualcosa aggiungi sempre la parola magica: «Perché».

Nelle tue richieste, sforzati di argomentare con dettagli semplici, comprensibili, logici, concreti, verificabili e dimostrabili; fai lo stesso quando concedi, affinché non sembri un gesto di debolezza.

Ricorda di fare concessioni singole e richieste cumulative.

Anche il fattore tempo è rilevante: se la prima concessione consistente viene fatta troppo presto dopo la prima offerta, la tua credibilità e quella della tua offerta saranno a rischio.

Silenzio, pause e accordi contingenti

Silenzio e pause

Ultimamente ho osservato molte negoziazioni, più di quanto abbia mai fatto prima; ho notato che la maggior parte delle persone è molto a disagio con il silenzio, e questo crea una pressione per riempire l'enorme "spazio di quiete".

Questo porta i negoziatori a parlare quando non dovrebbero, e spesso avviene qualcosa di ancora più grave, specialmente nelle negoziazioni non in presenza: hai fatto la tua offerta e il partner negoziale sembra prendersi molto tempo per risponderti; anziché aspettare in rispettoso silenzio, diventi nervoso e decidi di prendere l'iniziativa. Senza dargli il tempo di ragionare ed esprimere un dubbio o una perplessità, ripeti la tua offerta come se lui non l'avesse capita o, cosa ancora più grave, fai un'ulteriore concessione, assumendo che il silenzio del tuo partner negoziale equivalga al rifiuto della tua offerta.

Il silenzio (o come lo definisce Aaronson il "silenzio aggressivo") è uno strumento potente e destabilizzante. Gli otto anni vissuti in Asia hanno cambiato alcuni dei miei comportamenti. In Oriente stare in silenzio è una modalità comune e, se non sei abituato, quel silenzio sembra eterno.

Di recente sono stato in Islanda e, camminando sul ghiacciaio di Vatnajökull, ho provato le stesse sensazioni provate anni prima visitando il monastero di Taktsang, in Buthan: il silenzio assoluto.

Viviamo in un mondo di rumore, un mondo in cui il silenzio ha quasi cessato di esistere: una significativa maggioranza di persone si sente a disagio, in sua presenza.

Quando chiedo ai miei clienti di usare il silenzio come strumento, dicono di sentirsi terribilmente in imbarazzo a farlo; in alcuni casi, anche solo dopo un paio di secondi.

Devi imparare a gestire il silenzio e a prenderti il tempo che serve per riflettere; ciò che stai pensando in quel momento è blindato, inaccessibile. Il tuo partner negoziale non può accedervi, e si sente più vulnerabile.

Quando taci, la tua offerta resta inalterata, non ci sono concessioni.

Il silenzio è scomodo, genera fastidio; il tuo interlocutore probabilmente si sentirà a disagio e lo interromperà, piuttosto che rimanere a sua volta in silenzio.

Ricorda che il silenzio spesso regala concessioni.

Il silenzio può essere preceduto da altri segnali non verbali quali soffiare, scuotere la testa, muovere la bocca o gli occhi... vanno tutti bene, se li ritieni appropriati al contesto; devi solo imparare a usarli in modo appropriato.

Rimanere in silenzio di fronte al silenzio è una delle tecniche migliori, nel caso fosse il partner negoziale a iniziare questo particolare gioco; in alternativa, puoi optare per le offerte multiple equivalenti, che a me piacciono molto, utilizzare le domande aperte e chiedere spiegazioni, oppure chiedere: «Hai bisogno di altro tempo per riflettere?».

Ho incontrato negoziatori assai abili nell'utilizzare il silenzio, ed è da loro ho cercato di imparare. Non essendo un'abilità naturale sono migliorato attraverso la pratica, oppure grazie a dei coaching esperti. Ci ho lavorato sopra, perché credo migliori la capacità di interrogazione e il livello di intelligenza emotiva.

Secondo la mia esperienza, la stragrande maggioranza delle persone (oltre il 90%) non usa affatto il silenzio, perché non è consapevole del suo potere; oppure lo usa male, in modo tipicamente goffo. In quest'ultimo caso, si può ottenere un certo successo contro negoziatori sottomessi, poco assertivi o inesperti, ma la maggior parte delle volte il risultato ottenuto sarà semplicemente quello di irritare la controparte, e arrivare a una situazione di stallo.

Il silenzio, quindi, va usato nel modo giusto. Se ti applichi, saprai come utilizzare semplici segnali per far parlare il tuo interlocutore: un piccolo cenno del capo, un incoraggiante monosillabo, una semplice parola... poi, dovrai ascoltare attentamente e attivamente la risposta.

Il silenzio non deve essere confuso con la pausa. Potresti avere la necessità di reintegrare la scorta di zuccheri, di bere, di andare in bagno, di fumare una sigaretta, di allentare la tensione, di consultarti con un collega o di verificare alcune informazioni che non hai a disposizione.

La lunghezza della pausa può variare da una decina di minuti alle 24 ore o al fine settimana.

«Ci dormo sopra e ne riparliamo domani» non è un segno di debolezza; anzi, permette alle parti di prendere distanza dalla discussione e, spesso, di continuarla con più energie e creatività. Quindi, quando proponi una pausa fallo con fiducia e senza sensi di colpa. Anche in questo caso, se hai chiesto una sospensione della trattativa usa il tempo in modo saggio: esci dalla stanza, in modo che sarai sempre tu a decidere quando riprendere la trattativa.

Diverso è il caso in cui vuoi chiedere una pausa senza chiederla esplicitamente, o non vuoi mandare un segnale sbagliato; in questo caso però ti sono richieste grandi doti da attore, ad esempio il fingere di dover rispondere a una telefonata urgente, di dover prendere una medicina o quant'altro.

Se non hai tali doti, puoi sempre dire che devi mandare un'e-mail, andare in bagno o scuse simili. Attenzione, però: in questo modo avrai poco tempo a disposizione, e rischierai di non essere credibile. Questa tattica può essere utile quando hai ricevuto un brutto colpo dal tuo interlocutore e hai bisogno di uscire fisicamente dal luogo della negoziazione per qualche minuto.

Quando si affrontano negoziazioni corpose, all'inizio trovo utile (parlo del momento in cui vengono definiti agenda e processo) stabilire che ognuno può chiamare una o più pause quando lo desidera, come fossero dei jolly, o i classici "time out" sportivi.

In questo modo la pausa non sarà percepita come anomala o singolare e la tua richiesta di una pausa dopo aver ricevuto una proposta che non gradisci sarà del tutto normale.

Un consiglio: se fosse il tuo interlocutore a chiedere una pausa e se il contesto lo permette, chiedigli il motivo della pausa. Potrebbe lasciarsi scappare qualche informazione importante, e se non dovesse avere cura di fissare la durata della pausa fissala tu, preferendone una molto corta.

Rotto il silenzio o ripresa la trattativa, la discussione riprende regolarmente; in alternativa alla reciprocità, puoi ricorrere alle offerte condizionate, che puoi considerare una variante, perché leghi una tua concessione all'ottenere qualcosa dall'altro. Le offerte condizionate sono sicure, però possono essere lette con sospetto dal partner negoziale, quindi fai attenzione: se ne abusi, potrebbero minare la fiducia e, nel lungo periodo, ledere la relazione.

«Potrei ridurre il prezzo a fronte di un pagamento anticipato.»

Per avere successo, devi avere chiari i tuoi interessi e quelli della controparte.

Accordi contingenti

Un'altra forma simile alle offerte condizionate è l'uso di accordi contingenti che consentano a entrambe le parti di scommettere sulle loro convinzioni sul futuro. Li ho utilizzati spesso: sono tipici nel mondo delle M&A (Mergers & Acquisitions), perché adatti a compensare le diverse aspettative di prezzo e di acquisto, situazione che si crea spesso quando le due parti valutano diversamente la performance futura dell'azienda, principalmente gli utili ma li ho utilizzati in tante altre occasioni, dalle negoziazioni di immobili, cavalli, automobili, opere d'arte e altro ancora.

Immagina che l'azienda Alfa abbia sviluppato un prodotto innovativo e abbia iniziato a produrlo e a venderlo. I profitti sono importanti e la direzione si attende utili elevati, quando il prodotto sarà venduto a livello internazionale. Secondo l'evoluzione del business, il prezzo dell'azienda Alfa dovrebbe essere di 35 milioni di euro. Purtroppo, Alfa non ha le risorse per investire in capacità produttiva addizionale, mentre l'azienda Bravo, interessata ad acquisirla, ha abbondanza di cassa, ma è scettica sulle alte previsioni di vendita. Bravo, quindi, è disposta a offrire 28 milioni di euro, definendo il fatturato come variabile di misurazione oggettivamente verificabile: se nei dodici mesi successivi all'acquisto arriverà a 10 milioni di euro, pagherà ad Alfa 7 milioni in aggiunta al prezzo di acquisto immediato di 28 milioni. Se Bravo raggiunge almeno 8 milioni di euro, pagherà ad Alfa 3 milioni di euro. Se invece non si raggiungono gli 8 milioni di euro, Bravo si limiterà al prezzo di base.

Un altro ambito in cui applicare gli accordi contingenti sono i contratti di fornitura, dove l'alea è nell'andamento dei prezzi di alcune materie prime, o nei volumi di acquisto, oppure nella definizione dei prezzi per un impianto e delle penali per ritardi di consegna.

Quando riconosci che il tuo partner negoziale ha una visione molto diversa dalla tua, puoi creare un contratto che ti consenta di scommettere sulle informazioni che ritieni imprecise.

Questi accordi sono estremamente utili quando le parti non riescono a raggiungere un accordo su elementi importanti della trattativa ma desiderano comunque chiudere l'accordo, o quando la ZOPA assume valori negativi, oppure (è una tattica eccellente) per verificare la veridicità di quanto l'altra parte ti sta proponendo, o ancora per dimostrare la tua estrema fiducia in quanto stai offrendo.

Accordi di questo tipo possono essere pericolosi se le informazioni sono asimmetriche, situazione abbastanza comune quando una delle parti è molto più esperta.

Se il più esperto sono io (Alfa), presto molta attenzione a chiarire all'altra parte meno esperta (Bravo) quali potrebbero essere gli effetti e le conseguenze, di solito monetarie; l'accordo deve essere compatibile con lo spirito della trattativa, altrimenti potresti sì chiudere il negoziato, ma trovarti poi a dover gestire una disputa legale senza fine.

Negoziare e fare concessioni, di qualsiasi tipo e forma, non deve essere confuso con il raggiungere un accordo a mezzo di compromessi.

Il peggiore accordo che si possa raggiungere è quello dove una o entrambe le parti accettano meno del loro valore di riserva solo allo scopo di evitare di non raggiungere un accordo. Ciò avviene perché ricorrere alla migliore alternativa all'accordo negoziato fa paura, specialmente in un clima di incertezza.

Meglio qualcosa che niente? No! assolutamente no!

Hai preparato con coscienza questa negoziazione in tutti i suoi elementi e durante la discussione con il partner negoziale la tua BATNA non è più così sexy? Meglio prendersi una pausa, verificare tutti gli elementi che ti hanno portato alla creazione dell'alternativa e, se necessario, costruirne una diversa, migliore. E poi tornare al tavolo della negoziazione.

Un buon accordo è il risultato di una chirurgica valutazione di ciò che rappresenta per te. La relazione e la fiducia non si acquistano usando come moneta i propri interessi e, se accetti accordi sfavorevoli, se cedi alle pressioni del partner negoziale pensando di aver costruito una solida relazione, nel tempo capirai che hai solo insegnato al partner negoziale ad aspettarsi da te ancora di più in futuro, utilizzando la stessa moneta.

«Russell, ti offro 12.000 euro per la Fiat 1.2 Lounge.»

«Jane... va bene che sei amica di Leonardo, ma io voglio almeno 14.000 euro, mi spiace; per chiudere la cosa potremmo incontrarci a metà strada?»

«Hai appena dichiarato di essere disposto ad accettare 13.000 euro; io sono disposto a dartene 12.000... perché non facciamo a metà e chiudiamo a 12.500 euro?»

Le offerte a volte contengono elementi immateriali, ad esempio l'utilizzo di software, marchi o know-how importanti per il partner negoziale; spesso però a queste cose viene riconosciuto poco valore, proprio perché immateriali. Nel preparare le offerte, cerca sempre di sottolineare e chiarire bene al tuo interlocutore l'unicità di quello che stai offrendo, anche se è evidente.

Di solito la tua disponibilità di elementi immateriali è il risultato di impiego di risorse ingenti che creano una situazione unica.

Nelle offerte, meglio se multiple ed equivalenti, formula almeno due ipotesi, di cui una non contenga elementi immateriali; in questo modo non stai dicendo che non sei disposto a concederli, ma forzi il tuo partner negoziale a valorizzarli.

Il fattore tempo

In una famosa tavola rotonda con Bill Gates ospitata da Charlie Rose, in merito al tempo l'investitore miliardario Warren Buffett disse: «È l'unica cosa che non puoi comprare. In pratica, posso comprare tutto ciò che voglio, ma non posso comprare tempo».

Questo vale anche per le negoziazioni; quindi, se devi negoziare un contratto importante, arriva di buon'ora sul luogo dell'appuntamento, ed evita di avere i tempi stretti, ad esempio con i voli o altri appuntamenti.

«Giovanni, oggi a che ora hai il volo?»

«Stuart, il mio volo è domani; abbiamo tutto il tempo che ci serve, e se finiamo prima farò due passi. Londra è stupenda, in questa stagione.»

Conoscere le scadenze del tuo partner negoziale è un vantaggio, per te; un vantaggio tanto più grande se lui non conosce le tue. Inoltre, il fattore tempo viene utilizzato per aumentare la pressione, quindi giudica sempre se la scadenza è reale e inamovibile.

Sebbene molti negoziatori fissino una scadenza per prendere una decisione e per chiudere la negoziazione, ricordati che quasi tutte le scadenze possono essere spostate. Invece di prendere frettolosamente una decisione sbagliata sotto la minaccia di una scadenza, considera piuttosto di cambiarla.

Se il tuo partner negoziale è stato coinvolto a lungo in una trattativa, tende a essere più disponibile e comprensivo, in quanto entra in gioco come riferimento il costo del mancato accordo; si tratta di un costo sommerso che impatta sul processo decisionale, anche se idealmente non dovrebbe averne alcuno, poiché i costi sono sostenuti indipendentemente dall'esito della scelta.

In realtà, per queste decisioni (e purtroppo per molte altre) le scelte future sono condizionate da decisioni prese in passato.

Negli anni ho riscontrato che la negoziazione ha un certo dinamismo iniziale; poi rallenta, per poi accelerare progressivamente all'avvicinarsi del tempo limite, con conseguente aumento dei livelli di stress e delle concessioni.

In effetti, l'80% delle concessioni (concessioni addirittura impensabili in apertura di negoziato) avvengono nell'ultimo 20% di tempo dedicato alla negoziazione.

La pazienza paga sempre, ricordatelo.

Aspetta per agire al momento giusto, e quando questo arriva ricorda che la velocità è tutto: cogli l'attimo con destrezza, determinazione e sicurezza.

A seconda delle situazioni, il tempo e le scadenze possono favorire entrambi i partner negoziali.

Diventa importante saper gestire il tempo nel momento in cui arrivi a pressare il partner negoziale con aperture, promesse e concessioni, alternandole sempre e con arte a differimenti. Presta anche attenzione a non indurre l'ansia di concludere, sarebbe controproducente.

Se è invece il partner negoziale a temporeggiare, può essere utile chiedere: «Quali informazioni ti servono per essere convinto di questa operazione?».

Alcuni studi dimostrano che accettiamo più facilmente offerte che hanno una scadenza, perché fanno leva sulla paura di perdere l'occasione; non tutti i contesti permettono di associare un'offerta importante a una data limite, spesso più corta del tempo richiesto per l'implementazione dell'alternativa. Se concedessi troppo tempo, il partner negoziale potrebbe utilizzarlo per migliorare la sua BATNA.

Se la negoziazione è stata ben preparata e le cose sono andate bene, arriva un momento in cui ti senti abbastanza soddisfatto del risultato, tanto da pensare che sia il momento di concludere. Attenzione: lo stesso potrebbe non valere per il tuo partner negoziale. In questo caso, sarebbe utile far capire all'altro (senza minacciarlo, specialmente in negoziazioni con un continuo ping-pong di offerte e controfferte) che non c'è molto margine per ulteriori concessioni. Lo stesso vale quando sai che la persona di fronte a te dovrà confrontarsi con altri soggetti, e quindi molto probabilmente ti chiederà un'ulteriore concessione.

C'è poi il caso in cui ci si trova davanti a una richiesta di concessione dell'ultimo minuto: dopo un'intensa negoziazione si è praticamente giunti all'accordo, ma ti viene posta un'ulteriore condizione per chiudere il contratto.

Il tuo partner negoziale scommette sulla tua disponibilità a cedere piuttosto che rischiare di far saltare l'accordo che ha richiesto tanto tempo e tante energie.

Si tratta di un bluff architettato per crearti fastidio o imbarazzo.

Un bluff è una vanteria infondata, una montatura o una finzione.

Per me, il principio base della negoziazione è comportarsi in modo onesto; quindi cerca sempre di ottenere sufficienti informazioni a supporto di quanto viene affermato.

Io non accetto mai, salvo chiedere e ottenere qualcosa in cambio: se fino a quel momento esisteva un equilibrio, l'introduzione di un nuovo elemento porta a rimettere in discussione l'intero accordo, che altrimenti risulterebbe sbilanciato.

Se invece il tuo interlocutore non sta bluffando ma è in buona fede, a maggior ragione sarà disposto a uno scambio reciproco.

Il libro *La mente di Pinocchio* di Gianfranco Denes è davvero stupendo. Descrive sapientemente i metodi (con la loro validità e i loro limiti) clinici e strumentali, usati per riconoscere una bugia, come lo studio della natura e delle basi anatomiche delle bugie in buona fede, delle confabulazioni e dei falsi riconoscimenti presenti nel linguaggio.

Tu, comunque, non mentire. Nella negoziazione non è permesso mentire. Mai. Non c'è bisogno di farlo, anche quando si è tentati.

Il fatto che tu non lo faccia non esclude però che il tuo partner negoziale sia motivato a farlo, magari per chiudere un accordo migliore.

Ma tu ti sei preparato, e bene. È evidente che ti sei preparato tanto, e già questo dovrebbe scoraggiare il partner negoziale dal mentirti.

Nel dubbio, fai riferimento a tutte le fonti di informazione che hai trovato prima, durante e dopo la negoziazione. Puoi porre domande di cui sai già la risposta, oppure fare domande incrociate. Presta sempre attenzione alle risposte, perché spesso chi mente non risponde organicamente alle domande.

Se temi sia stata detta una bugia, fai ricorso a offerte condizionate. Inoltre, se pensi che il tuo partner negoziale ti abbia mentito, ricorda che ci può essere sempre la buona fede. In questo caso, hai la possibilità di mandargli un segnale chiaro e di fargli capire che hai qualche perplessità su quanto detto.

Di fronte a menzogne importanti, tali da ledere la fiducia, puoi invece anche arrivare a mettere fine alla negoziazione.

Oltre alle bugie devi considerare e gestire le mezze verità e le omissioni.

In molti casi, sarai tu a dover gestire domande difficili. A volte è più opportuno offrire la disponibilità di rispondere a domande diverse, oppure dichiarare educatamente il motivo per cui non intendi rispondere.

Le trattative sono piene di cose bizzarre. Dopo una lunga trattativa pensi di essere pronto per chiudere, invece il tuo interlocutore (che forse non era preparato come avrebbe dovuto) vuole ricominciare a trattare dall'inizio, perché ha acquisito una serie di informazioni a lui utili per raggiungere un accordo migliore.

Seguire bene il mio metodo dovrebbe evitarti di affrontare questa situazione, ma supponendo che ciò avvenisse, anche in questo caso devi riportare la discussione agli interessi e far comprendere che, ripartendo da zero, tutto ciò che è stato raggiunto sarà rimesso in discussione, senza alcuna garanzia che il nuovo accordo sarà migliore di quello già raggiunto. Se è opportuno, ricordagli che hai un'ottima BATNA.

A volte, anche se hai tutta l'intenzione di chiudere l'accordo, vuoi dare al tuo partner negoziale l'impressione contraria; questo "ritiro apparente" ti permette di mantenere il controllo della trattativa. Puoi ottenere il medesimo effetto ritirando la tua offerta (specialmente quando ritieni che l'altra parte si stia approfittando di te o stia spingendo verso un accordo poco vantaggioso per te).

C'è poi il caso in cui il tuo partner negoziale crei appositamente un problema su una cosa di poco conto per distrarti, oppure perché è interessato ad altro (ad esempio a un'ulteriore concessione sul prezzo), o per chiedere una concessione su un elemento dell'accordo (e una volta ottenuta, prova a barattare il suo valore con altri termini).

Raramente questi interventi hanno un fondamento logico; valutali, e dopo aver fatto le opportune verifiche, se non ne hanno, evita di affrontarli.

Se alla fine di una trattativa le posizioni sono ancora distanti, si può tentare di lasciare la porta aperta e chiedere al partner negoziale di avere l'opzione di acquisto, ad esempio nel caso trovasse un acquirente a un valore inferiore.

In pratica, se questa possibilità ti viene concessa, potrai acquistare a condizioni migliori, senza fare la fatica di negoziare, senza rilanciare e senza ulteriori concessioni.

- Negoziare è strumentale a creare valore attraverso accordi che rendano entrambe le parti migliori di quanto lo sarebbero senza l'accordo.
- Uno degli obiettivi primari di un bravo negoziatore è spostare l'attenzione dal prezzo al valore.
- Se dovessi definire la negoziazione in modo algebrico, la definirei così: Preparazione + Disciplina. Laddove *disciplina* significa prendersi il tempo per riflettere e stabilire degli obiettivi, definire un programma per raggiungerli e poi seguire quel programma.
- Se è vero che nella preparazione c'è una componente importante del successo di una negoziazione, ciò è dovuto al valore delle informazioni: chi le possiede è in grado di controllare la trattativa. Le informazioni non sono mai sufficienti.
- L'etichettatura emotiva è l'atto di identificare e codificare un'emozione; nel momento in cui riconosci il suo stato emotivo, fai sentire al tuo partner negoziale che è sicuro e appropriato, che la sua reazione è consona. Gli dimostri che stai prestando attenzione agli aspetti emotivi di ciò che sta trasmettendo.
- Devi imparare a saper riconoscere e gestire le emozioni (tue e del tuo partner negoziale), a saper coltivare le relazioni (responsabili non solo del primo accordo, ma di accordi che portano a nuovi accordi, di accordi multipli, secondari, estemporanei, di accordi che si rinnovano).
- L'immaginazione è la chiave per la motivazione. Per essere un buon narratore devi comprendere le motivazioni primarie degli esseri umani.
- Cerca sempre di capire i rapporti di forza in campo, chi ha potere.
- Sposta l'attenzione da posizioni a interessi con domande aperte e calibrate; tutte le domande hanno un impatto emotivo in base a come vengono poste (la loro struttura), al contesto in cui vengono poste e a chi vengono poste; il loro

scopo è quello di aprire la cassaforte contenente un tesoro di informazioni.

- Esistono sempre moltissime opzioni; queste opzioni devono essere analizzate congiuntamente e dovrebbero soddisfare tutti gli interessi, o la maggior parte di essi.
- Se non riesci a trovare un'opzione migliore della tua migliore alternativa all'accordo negoziato, ricorri all'alternativa, ma non avere mai fretta di ricorrere all'alternativa solo per il fatto che esiste ed è valida.
- Le tue proposte devono essere sempre condizionate: non devi dare per ottenere, ma ottenere per dare.
- Spiegati sempre in modo chiaro cosa ti attendi e cosa ti aspetti che l'altra parte faccia per svincolare la tua concessione.
- Presta sempre molta attenzione a come sorridi e a come guardi il tuo interlocutore, e fai attenzione tanto al tono della tua/sua voce quanto al linguaggio non verbale.
- Se ti sei preparato bene e punti a un accordo vantaggioso, non dovresti avere nessuna paura a presentare la prima offerta.
- Il no, soprattutto se positivo, ha un grande potere e non devi averne paura.
- Impara a gestire le offerte multiple equivalenti e simultanee.
- L'alternativa, a fronte di una prima offerta estrema o di un'offerta lontana dal tuo prezzo di riserva, è di contro ancorare la negoziazione, ignorando e respingendo la proposta in questione e facendo una controproposta altrettanto aggressiva.
- Se il tuo partner negoziale diventa aggressivo devi fare ricorso a quanto hai preparato, deviare le minacce, usare il silenzio e riportare la negoziazione su interessi e obiettivi comuni.
- Rimanda la risoluzione dei problemi spinosi a dopo, senza far arenare la negoziazione.
- Non pensare che se la tua alternativa è debole quella del tuo parte negoziale sia forte: non è detto che sia migliore della tua! Cerca quindi di stabilire la qualità delle sue alternative (supponendo che ce ne siano) e ricordagli tutti i vantaggi che

perderebbe se non si arrivasse a un accordo.

- Nella negoziazione, la reciprocità è un potente strumento persuasivo; la reciprocità è la pratica di scambiare cose per mutuo vantaggio.
- Anche nel caso di piccole concessioni, chiedi sempre una contropartita.
- La dimensione delle concessioni diminuisce all'avvicinarsi del valore di riserva; questo è un comportamento tipico, e quindi rappresenta un segnale che il valore di riserva si sta avvicinando, elemento utile per aggiornare le tue ipotesi iniziali sulla dimensione della ZOPA.
- Ricorda che il silenzio è uno strumento potente e destabilizzante; impara a gestirlo.
- Una forma simile alle offerte condizionate è l'uso di accordi contingenti che consentano a entrambe le parti di scommettere sulle loro convinzioni sul futuro.
- Non sottovalutare mai l'importanza del "fattore tempo"; la pazienza paga sempre, ricordatelo. Aspetta per agire al momento giusto, e quando questo arriva ricorda che la velocità è tutto: cogli l'attimo con destrezza, determinazione e sicurezza.

Concludere una negoziazione
è come di risolvere un cruciverba:
parole giuste, alcune sbagliate
e forse ne inventerai anche di nuove.

Stephen Colbert

CAPITOLO 6

L'ACCORDO

Chiudere, non chiudere, impasse

Non chiudere

Non sempre tutte le trattative arrivano al risultato atteso dalle parti: l'accordo.

La negoziazione è un percorso a ostacoli, quindi non ti devi scoraggiare, ma devi rimanere determinato nel tuo obiettivo per raggiungere la fatidica stretta di mano anche quando inizi a percepire che le cose non stanno procedendo nella direzione desiderata.

Quando invece la trattativa sembra arrivata a un punto morto si generano emozioni negative: quando si intravede la possibilità che il possibile accordo possa sfumare, spesso nascono risentimenti da ambo le parti.

Se non arrivi al risultato sperato, cerca un… accordo sul disaccordo! No, non è un gioco di parole, ma una tattica matura e consapevole: può essere utile chiarire insieme e con trasparenza le ragioni del fallimento della negoziazione che, sebbene ben preparata e iniziata nel migliore dei modi, purtroppo non ha portato all'esito atteso da entrambe le parti.

Qui non si vuole trovare il colpevole. Si cerca, con tutte le buone intenzioni del caso, di investigare a fondo per capire l'origine del fallimento.

Ad esempio, le motivazioni erano differenti, uno dei due (o entrambi) aveva un'eccellente BATNA, la pessima relazione ha determinato poca collaborazione o un processo non efficace.

Questo chiarimento è utile sia qualora si dovesse tornare a negoziare in futuro (se quando si abbandona il tavolo si lascia la porta aperta) sia se si dà peso alla relazione.

È anche possibile che una singola negoziazione non vada a buon fine, ma la relazione va sempre salvaguardata, per non precludere nessuna opportunità futura.

Se la negoziazione non è conclusa in modo definitivo e resta spazio per ulteriori discussioni, un confronto sereno sui progressi fatti può risultare una buona base da cui ripartire in occasione di incontri futuri, magari definendo già luogo e data del prossimo incontro.

Trovo utile anche definire subito i compiti che ogni parte deve svolgere prima della prossima riunione, in modo da renderla ancora più fluida e fruttifera.

Impasse

Quando ti sei preparato e hai analizzato bene le cinque esigenze primarie, sei sempre sicuro e consapevole di non calpestare i sentimenti del tuo partner negoziale. Questo è fondamentale, ed è essenziale durante i momenti critici di un'impasse!

Se dovessi trovarti in una strada apparentemente senza uscita, resta calmo e convinto di poterne uscire. Fai ricorso al tuo lavoro preparatorio, rimani aperto e flessibile. Non smettere di ricercare e allo stesso tempo proporre soluzioni creative.

In funzione del contesto, potrebbe essere funzionale cambiare luogo dell'incontro: magari andare nell'ufficio del partner negoziale o in un luogo neutrale potrebbe modificare la dinamica della negoziazione. Potrebbe sembrare poco logico, ma a volte funziona.

Potresti rivedere la squadra di negoziazione, mettendo anche te stesso in discussione.

Considera anche la possibilità di inserire un mediatore, se la difficoltà è molto seria; ovviamente, deve trattarsi di una persona che abbia la fiducia di entrambi.

Se necessario fai una pausa e riassumi quanto convenuto fino a quel momento. Se mostri la distanza esigua che vi separa dal raggiungere l'accordo complessivo, genererai un clima positivo.

Ricorda che la negoziazione può dare dipendenza, e in ogni trattativa importante si è così coinvolti che non si accetta di lasciare il tavolo, perché diventa una sfida.

Tale atteggiamento porta a una diminuzione del potere negoziale. In questo contesto diventa importante ascoltare le proprie emozioni per capire che sentimento proveremmo, oltre all'inevitabile rimorso, se decidessimo di abbandonare il tavolo.

Io mi chiedo sempre cosa farebbe un osservatore esterno, non emotivamente coinvolto nella trattativa; tento di rispondermi onestamente, e mi comporto con altrettanto distacco e la medesima freddezza.

Chiudere

Nel chiudere una trattativa ci sono tanta scienza e tanta arte, così come ne occorrono per prepararla, avviarla e condurla.

Arrivare a questo punto della negoziazione vuol dire essere riuscito a gestire situazioni anche complesse, dato che molte trattative raggiungono un vicolo cieco in cui le discussioni si prolungano senza concludere nulla.

Nella fase di chiusura si intrecciano risultati, relazione e gli impegni che derivano dall'accordo.

È importante e critico prendersi il tempo necessario per verificare che nessun interesse sia stato trascurato, anche se a volte il tempo manca perché, semplicemente, è esaurito.

Per mettere la parola fine, una delle parti deve fare una concessione di qualche tipo; stai attento a non strafare, aspettandoti che sia il tuo partner negoziale a farla: meglio dare la sensazione di aver scelto con cura la variabile che sei disposto a concedere.

«Come si raccolgono i frutti di un incontro? Come si conclude in modo efficiente? Come formalizzi un accordo?»

Se utilizzi il Terms Sheet, annota sulla colonna di destra l'accordo finale, per poi condividerlo con il partner negoziale; altrimenti, riassumi verbalmente quanto concordato. In effetti, lo hai già fatto dopo ogni progresso importante della negoziazione, quindi non dovresti incontrare problemi, ma è meglio evitare di rischiare quanto hai ottenuto presumendo che quanto detto si trasformi magicamente in "azione e fatti concreti".

Purtroppo, il percepito e i ricordi delle persone inevitabilmente divergono, e fissandoli in un documento eviti future controversie e inutili perdite di tempo.

Una bozza condivisa di accordo è assai utile, a maggior ragione se sarà poi un legale a dover redigerne la bozza, in quanto si tratta dello strumento per passare dal virtuale al reale e arrivare a impegni concreti.

L'attenzione agli aspetti relazionali è fondamentale anche per terminare la trattativa mantenendo buoni rapporti con la controparte. È sicuramente un buon segno quando la conclusione dell'accordo genera sollievo e felicità tanto che le parti desiderano festeggiare.

Tuttavia, a volte questo momento non è così euforico, poiché per arrivare a una distribuzione del valore equa ci sono state tensioni legate alla volontà delle parti di arrivare a portare a termine la negoziazione.

In entrambe le situazioni è importante organizzare una seduta informale, che segni un ritorno alla sfera interpersonale. Questo rituale ha molte forme, tra cui: una celebrazione con un buon Franciacorta, una cerimonia di firma, fotografie... o anche qualcosa di meno formale, come una semplice cena, o un semplice drink.

Le preferenze variano, ma l'obiettivo principale è lo stesso: rafforzare i rapporti in vista del futuro.

Nel corso della trattativa il rapporto ha attraversato varie fasi: diversi scambi, possibili momenti difficili e divergenze di opinioni; e infine, quando magari sembrava improbabile, arriva l'accordo.

È importante rivivere quest'avventura, appianare i potenziali punti "di delusione" e celebrare, se possibile, una vittoria condivisa su un problema comune.

Personalmente, mi è capitato più di qualche volta di portare a casa un accordo *super*, ma ho evitato di strafare perché il mio pensiero era sempre rivolto al dopo.

Il migliore accordo è quello dove nessuno si impegna eccessivamente, per sé stesso o per altri, a fare più di quanto sia in grado di fare, come rimborsare un prestito che non ci si può permettere, produrre e consegnare più della capacità produttiva o acquistare senza averne bisogno.

Considera sempre la chiusura di un buon accordo come l'inizio di un bel rapporto di collaborazione, e non smettere mai di lavorare con il partner negoziale fino alla completa implementazione dell'accordo stesso.

Ai tempi dell'università, nelle fredde serate d'inverno, dopo un maccheroncino panna e wurstel giocavamo a Risiko.

Stefano vinceva più spesso degli altri, sicuramente perché era più bravo (o, chissà, forse era solo il più fortunato con i dadi). Nei giorni successivi, non perdeva occasione per rammentarci di aver vinto.

Non comportarti mai come lui, in modo presuntuoso. Non gongolare, ma resta sempre umile, anche quando i contratti chiusi sono importanti.

Se non sei modesto e schivo, la prossima volta gli altri giocatori faranno di tutto per non farti vincere, anche a costo di rinunciare a qualcosa.

Negoziazioni con più parti e Post Settlement Settlement

Negoziazioni con più parti

I negoziati tra più parti sono più comuni di quanto si possa pensare.

Non riguardano solo il mondo del lavoro e delle aziende, ma anche questioni familiari, rapporti con amici e gestione del tempo libero.

Dividere un'eredità, dove andare in vacanza o a cena, la scelta di un fornitore o definire il premio di risultato annuale con i sindacati sono solo alcuni esempi di negoziazioni con più parti.

Quando la contrattazione coinvolge più persone ci sono più problemi, più interessi e più potenziali soluzioni; ne consegue che le dinamiche di comunicazione diventano più impegnative e complesse.

Come ho già spiegato nel Capitolo 4, peculiare è la formazione di coalizioni, che cambiano man mano che la negoziazione progredisce; tra di esse si creano conflitti che ostacolano l'evoluzione della stessa negoziazione, rendendola imprevedibile e difficile da gestire.

Ne ho gestite parecchie e seguendo alcuni miei suggerimenti ti sarà certamente possibile aumentare le possibilità di ottenere un risultato positivo.

Gli elementi da considerare in fase preparatoria sono identici alla negoziazione con solo due parti, ma il compito è chiaramente più gravoso a causa del maggior numero di parti coinvolte. Occorre dunque organizzarsi meglio e, ovviamente, considerare quali coalizioni si potrebbero creare. Lo stesso vale per gli strumenti da impiegare.

Seguendo un ordine del giorno ben definito, il gruppo dovrebbe nominare un leader con il ruolo di moderatore, per garantire che le diverse prospettive tra tutte le parti al tavolo siano adeguatamente rappresentate; poi si può passare alla vera e propria fase di negoziazione, in cui i partecipanti cercano soluzioni utilizzando i metodi classici.

È tipico che ci siano conflitti importanti, ed è qui che il moderatore entra in gioco. Il suo compito è quello di disinnescare situazioni emotivamente cariche e di gestire il comportamento dei partecipanti (compreso il tono di voce o il linguaggio irrispettoso) in modo da mantenere tutti concentrati sul raggiungimento del miglior consenso.

Quando il gruppo sceglie una soluzione, sviluppa e implementa un piano d'azione.

Qui il framing è fondamentale, perché la percezione delle singole parti influenza notevolmente le scelte e gli esiti di una negoziazione.

I tentativi di cooperazione possono essere fraintesi facilmente. La costruzione di coalizioni è inevitabile nella maggior parte dei negoziati multipli, e di solito si formano prima della negoziazione, in occasione di incontri informali separati. Quando alcuni gruppi hanno interessi simili è probabile che uniscano le forze, ma le coalizioni sono inevitabilmente instabili, perché si basano su interessi che possono cambiare durante il processo negoziale. E quando si verificano questi cambiamenti, l'atmosfera diventa competitiva e difensiva.

Ti suggerisco di focalizzarti sulla comunicazione e di concordare le procedure di risoluzione dei problemi, di ascoltare attentamente, di formulare le critiche in modo costruttivo, di esplorare idee creative fuori dagli schemi.

Anche qui, l'obiettivo è quello di stabilire una zona di possibile accordo (ZOPA), all'interno della quale i partecipanti passino dall'essere competitivi all'essere collaborativi: devono rendersi conto che aiutarsi a vicenda rende più facile per tutti raggiungere i propri obiettivi.

Sebbene un risultato perfetto non sia garantito per tutti, una ZOPA è fondamentale per trovare soluzioni che eccedano la BATNA di ognuno.

Con l'aiuto di un moderatore, le regole di base aiutano a definire in che modo le parti arrivano a scegliere la proposta migliore.

Per semplificare queste negoziazioni è utile frazionarle in una successione di trattative con solo due parti, indipendentemente dal numero di attori in gioco.

Post Settlement Settlement (PSS)

Pensare di aver fatto tanta fatica per arrivare all'accordo e poi decidere di iniziare una nuova negoziazione...

Sembra un'idea folle, non credi?

In realtà no, non lo è.

In una trattativa ben fatta, esistono molteplici fasi in cui si crea valore, attraverso risultati parziali che poi vanno a riunirsi in un patto più ampio, complessivo. Se alla fine c'è la possibilità di migliorare l'efficienza complessiva e migliorare l'intesa raggiunta, forse l'idea non è per niente folle.

Quante volte, dopo aver lasciato il tavolo della trattativa, ti sei chiesto e detto: «Se solo avessi...», constatando che un po' di valore era stato lasciato sul tavolo e che, se ci fosse stata la possibilità di trattare ulteriormente, saresti stato in grado di negoziare un accordo migliore, diverso da quello già raggiunto? A me è successo molte volte, fino a quando non ho imparato a utilizzare al meglio il Post Settlement Settlement da Daylian Cain, che alla Yale School of Management mi ha aperto gli occhi e la mente su molteplici aspetti della negoziazione, sebbene avessi già compreso il meccanismo leggendo il libro *The Art and Science of Negotiation: How to Resolve Conflicts and Get the Best Out of Bargaining* di Howard Raiffa.

In effetti, lo scopo ultimo che vogliamo ottenere negoziando non è quello di raggiungere un accordo. Nulla di più sbagliato. In realtà, vogliamo conseguire il miglior accordo possibile, il "punto di ottimo" che aumenta la soddisfazione di una parte senza diminuire quella dell'altra.

Nel quotidiano, di norma sei portato a pensare che l'accordo raggiunto sia effettivamente la migliore soluzione possibile e vuoi solo tornare in albergo, farti una doccia calda e festeggiare.

In realtà, esso dovrebbe essere visto come un punto di partenza su cui costruirne altri accordi migliori... ma è raro, penna stilografica alla mano, chiedere al partner negoziale: «C'è un modo per renderlo migliore per entrambi?».

Puoi farlo solo successivamente al raggiungimento dell'intesa con il partner negoziale, perché da quel momento la pressione psicologica diminuisce e sei in grado di pensare in modo più rilassato e creativo.

Durante la negoziazione, le molteplici forze in gioco (prime tra tutte le emozioni) non ti permettono di negoziare sempre al meglio e di arrivare al migliore risultato possibile; aver ottenuto ciò che le parti desideravano permette invece di affrontare ogni discussione successiva con molta sicurezza.

La logica è molto simile alla valutazione della miglior alternativa all'accordo negoziato, dove inizi con identificare un'alternativa per poi migliorarla fino ad arrivare a un punto in cui non riesci ad andare oltre.

Qui è uguale. Hai raggiunto un buon accordo, quello è sicuro, nessuno lo può modificare; si è creato un vincolo tra le parti, e non viene certo messo in discussione.

«Signor Gabrielsen, sono molto soddisfatto del lavoro che abbiamo svolto insieme e dei risultati raggiunti. Ci sono stati dei momenti critici, a dimostrazione di quanto entrambi tenessimo a questa collaborazione… però li abbiamo superati egregiamente, e in questo il suo contributo e quello della sua squadra sono stati determinanti, e la ringrazio. Il Terms Sheet che abbiamo appena completato verrà presentato ai nostri legali lunedì prossimo per la stesura della bozza di contratto; ma prima che ciò avvenga… avrei una proposta da farle. Senza modificare quanto concordato, che non è in discussione e non si tocca, vorrei valutare insieme a lei la possibilità di scavare ancora più a fondo le nostre motivazioni, pensare fuori dagli schemi ed esplorare nuove opzioni per arrivare a un accordo migliorativo per entrambi. Un accordo ottimale!»

«Grazie per averlo proposto, Pietro; avevo avuto la sua stessa idea. Teniamo il Terms Sheet in sospeso. Quando possiamo vederci? Per noi anche giovedì o venerdì della prossima settimana, se a voi va bene.»

Non è necessario riaprire la negoziazione appena dopo averla chiusa; ci puoi dormire sopra, aspettare qualche giorno, una settimana o quello che credi opportuno.

È importante interiorizzare che ci sono opzioni che le parti possono esplorare in modo diverso e che c'è del valore che le parti possono ancora creare e spartire.

Il primo accordo raggiunto dà alle parti un forte senso di sicurezza, consentendo di utilizzare al meglio quanto messo sul tavolo in precedenza. Entrambe le parti hanno così la possibilità di negoziare in modo più rilassato e produttivo, arrivando ad aumentare il valore ottenuto da ognuna grazie a soluzioni nuove e creative, perché spingono all'estremo l'analisi degli interessi e delle motivazioni.

In questa fase, le parti si sentono più aperte alla condivisione delle informazioni, il che apre la strada a opportunità migliori (le condizioni sono più favorevoli al processo di integrazione).

Se ci pensi, la BATNA delle parti è quanto hanno concordato; quindi, nella peggiore delle ipotesi si atterranno a quello, mentre nella migliore raggiungeranno un accordo migliore per entrambe.

Nel peggiore dei casi i negoziatori danno corso alle pattuizioni iniziali, nel migliore si raggiunge un super accordo, con implicazioni positive anche sulla relazione.

Ogni volta che ne parlo, percepisco che questa tecnica è nuova a molti, non conosciuta e al limite dall'essere sottoutilizzata.

Le domande più frequenti che mi vengono rivolte riguardano i dubbi nel dover rinegoziare o le perplessità di ottenere dei benefici reali.

Alla prima rispondo di no, non si deve rinegoziare: la negoziazione precedente è "congelata e non si tocca", e rappresenta la BATNA di entrambe le parti.

Alla seconda rispondo che da questa tecnica possono esserci solo benefici reali (e se proprio non ci dovessero essere, non si sarà comunque perso nulla rispetto all'accordo raggiunto).

- Anche quando non chiudi un accordo cerca, con tutte le buone intenzioni del caso, di investigare a fondo per capire l'origine del fallimento.
- Se dovessi trovarti in una strada apparentemente senza uscita, resta calmo e convinto di poterne uscire. Fai ricorso al tuo lavoro preparatorio e rimani aperto e flessibile. Non smettere di ricercare e allo stesso tempo proporre soluzioni creative.
- Nella fase di chiusura si intrecciano risultati, relazione e gli impegni che derivano dall'accordo.
- Quando la contrattazione coinvolge più persone ci sono più problemi, più interessi e più potenziali soluzioni; ne consegue che le dinamiche di comunicazione diventano più impegnative e complesse.
- Nelle negoziazioni tra più partecipanti, fai in modo che le parti in causa passino dall'essere competitive all'essere collaborative: devono rendersi conto che aiutarsi a vicenda rende più facile per tutti raggiungere i propri obiettivi.
- Se alla fine c'è la possibilità di migliorare l'efficienza complessiva e migliorare l'intesa raggiunta, forse l'idea di decidere di iniziare una nuova negoziazione quando si è giunti all'accordo finale non è per niente folle.

Non hai vinto la gara, se vincendo la gara hai perso il rispetto dei tuoi concorrenti.

Paul Elvström

Capitolo 7

DEBRIEFING

Grazie per il riscontro

Boom! Dalla barca del comitato di regata parte un colpo di cannone: è la conferma che abbiamo vinto la regata e il campionato. A bordo sale l'emozione, mentre la tensione scende; il timoniere abbraccia chi ha intorno, altri si danno il cinque. Terminata l'euforia per un altro successo, alcuni danno una mano ad ammainare il genoa. Poi si pulisce la prua, si ammaina la randa.

«Bravo, Pietro! Quando hai chiamato l'ultima lay-line ho avuto paura che fosse un po' magra, e invece hai fatto bene» mi dice Tiziano, il tattico.

Si accende il motore, mentre la barca poggia e fa rotta verso il porto. «Ragazzi, debriefing tra cinque minuti. Poi mettiamo la barca in ordine e chi vuole può mettere qualcosa sotto i denti» continua Tiziano.

In mare ho imparato che non tutte le giornate sono buone: alcune finivano per essere segnate da diversi errori evitabili, dovuti alla mancata coordinazione; in altre sembravamo addirittura dei principianti.

Dopo ogni regata, positiva o negativa che fosse, ripercorrevamo tutti assieme i momenti principali, le manovre eseguite, le scelte fatte. Cercavamo di guardarle da una nuova prospettiva, per capire cosa ci avesse spinto a prendere certe decisioni e ragionare su come migliorarci, soprattutto riguardo a ciò che non era andato come previsto.

Nonostante i miei errori, ho contribuito a rendere vincenti diversi equipaggi. Navigare al fianco di velisti professionisti mi ha aiutato molto per diventare metodico e abile nel costruire routine utili nella vita di tutti i giorni.

Per quanto riguarda il lavoro, quando mi sono appassionato alla negoziazione ho cercato di essere altrettanto sistematico.

Una volta conclusa la negoziazione (e una volta che le parti si siano eventualmente incontrate per una o più sessioni di Post Settlement Settlement), ha inizio uno dei momenti più interessanti del metodo *Incontro*.

Un proverbio giapponese recita: “A volte vinci, tutte le altre volte impari”. Io credo che, se si presta molta attenzione a tutto ciò che si fa, si ha la possibilità di imparare sempre, qualunque sia l'esito.

Nello sport e nei “giochi finiti” (come dice abilmente Simon Sineek nel suo libro *Il gioco infinito*), i giocatori sono noti, le regole fisse, l'obiettivo chiaro e vincitori e vinti sono facilmente individuabili. Nei “giochi infiniti” invece (come il business o la vita stessa) i giocatori vanno e vengono, senza un obiettivo di breve periodo definito.

Nella negoziazione le regole sono mutevoli. Non ci sono né vincitori né vinti, non esistono concetti come “vincere il business” o “vincere la negoziazione”, ma c'è solo chi è più avanti e chi rimane un po' più indietro, come in una corsa senza traguardo.

Provo da sempre un certo disagio a confrontarmi con sistemi di gratificazione istantanea, così come a partecipare a “giochi finiti” (sebbene capisca benissimo come in tutto il mondo questa sia diventata, ahinoi, la cultura prevalente). Preferisco i “giochi infiniti”, che ho imparato a riconoscere.

Ho sempre cercato di frequentare e di contribuire a costruire realtà durature; così adesso le conosco intimamente e le apprezzo maggiormente.

Trovo più congeniale al mio carattere e alla mia forma mentis operare in contesti dove l'obiettivo è la creazione di valore nel lungo termine. Purtroppo, mi sono spesso confrontato con realtà opposte e ho avuto a che fare con analisti e investitori che mi mettevano pressione, insistendo perché venissero soddisfatte le aspettative trimestrali e mensili.

Nel corso degli anni mi sono reso conto che, spesso, in molte organizzazioni le difficoltà nascono dal fatto che chi le guida affronta un gioco infinito con una mentalità finita; così facendo le opportunità d'innovazione, la motivazione e le performance si rivelano inadeguate.

In compenso ho anche conosciuto leader che abbracciano una visione infinita, capaci di costruire imprese forti, innovative e ispirate. Infine, ho compreso come leadership e negoziazione siano elementi assai uniti.

Chi lavora sul costante miglioramento di queste attitudini nutre fiducia nei confronti di colleghi e manager, e tende a creare organizzazioni dotate di resilienza, capaci di prosperare in un universo in continua evoluzione.

Ma torniamo alla nostra negoziazione.

Un accordo non raggiunto è sempre il risultato di un processo, di una scelta; non è una sconfitta, perché hai scelto la migliore alternativa all'accordo negoziato.

E un buon contratto non è una vittoria assoluta, perché probabilmente potevi prepararti e negoziare meglio: la capacità di negoziare non è un'abilità che può essere acquisita dalla sera alla mattina, richiede un perfezionamento continuo. Non ti annoierai e non finirai mai di imparare.

Ci sono trattative che hanno esiti migliori solo se sviluppi un metodo, uno stile; e ricorda che la tua curva d'apprendimento salirà di più o di meno in momenti diversi del tuo percorso evolutivo.

In ogni caso, comunque sia finita la negoziazione, una volta che si è conclusa avrai la possibilità di riflettere, di imparare, di farne tesoro e di condividerla con altri, per poi mettere in pratica quanto appreso nel momento in cui dovrai affrontare situazioni, scenari e contesti simili.

Ho lavorato in diverse multinazionali e ho partecipato a moltissime negoziazioni, alcune delle quali davvero importanti; ebbene, ho riscontrato che raramente i partecipanti avevano l'abitudine di analizzare le trattative appena terminate. I gruppi, anche quelli grandi, non fanno quasi mai un buon lavoro di debriefing, dopo le negoziazioni. Il che (come a questo punto dovresti aver capito) è un grave errore: così facendo perdono un'opportunità straordinaria per migliorare le loro trattative in futuro.

La verità è che sono in pochi a essere consapevoli del potenziale di apprendimento che hanno a disposizione: ci sono tante lezioni gratuite che sono lì per essere prese, sfruttate e fatte proprie.

Terminata la trattativa, questa conoscenza è fresca, limpida e ricca; poi svanisce rapidamente, a meno che non venga memorizzata e diventi parte delle linee guida per il futuro.

Personalmente, ogni volta che ne ho avuta la possibilità (e sempre, quando ero io alla guida di organizzazioni) mi sono impegnato a creare una vera e propria "cultura della negoziazione", monitorando e valutando continuamente le capacità dei miei collaboratori, preparandoli con corsi dedicati, condividendo esperienze reali (come casi di studio comune) e sfruttando i risultati, negativi o positivi che fossero. Ho sempre avuto la conferma che così facendo la competenza specifica cresceva a vantaggio della conoscenza e dell'esperienza del gruppo.

Per me è diventata una routine, indipendentemente dal tipo di negoziazione; per questa finalità la posta in gioco, il contesto e le controparti non sono rilevanti.

Al termine di ogni trattativa mi prendo almeno trenta minuti (di più, se necessario) e rimango da solo, o con tutta la squadra che ne è stata coinvolta.

Trovo utile scrivere tutto, annotare cosa ho imparato, evidenziare abilità ed errori, idee e spunti di riflessione. Questi appunti sono sempre molto utili, compresi quelli dell'osservatore esterno, se presente.

Ogni componente della squadra apporta il suo prezioso contributo, perché ognuno si è costruito una mappa che non è il territorio: ognuno ha una sua visione, la sua versione, la sua interpretazione diversa di quanto ha visto, ascoltato, detto e provato. Ogni diverso punto di vista (cioè la personalissima mappa dei singoli, l'interpretazione soggettiva di ciò che è avvenuto), non corrisponde a quella che è la realtà (cioè il territorio, quello che è avvenuto oggettivamente); ci sono svariate forme e diversi modi per intendere le cose... praticamente uno per ogni partecipante!

Riflettere su quanto accaduto è un'opportunità che non va persa: è molto utile e ti consiglio di farlo sempre. E se proprio non riesci a convincere i tuoi colleghi (che magari temono di essere giudicati, o criticati), abituati a svolgere questa sessione di debriefing anche da solo. Non rinunciarci mai. E ricorda che deve essere un momento di critica: una critica meditata, articolata e neutra.

Qui non ci devono essere pregiudizi e neppure giudizi (che sono istintivi, immediati e di pelle). I primi riguardano le persone, mentre i secondi le cose; anche se attraverso le seconde si vuole, talvolta, colpire le prime.

Processo al processo

Lo scopo ultimo è criticare il processo, non le persone. L'obiettivo è imparare, poiché l'analisi si focalizza sui fatti (fatti che, lo ribadisco ancora, devono essere disgiunti dalle persone). E per imparare è necessario esaminare minuziosamente ogni aspetto della negoziazione.

Trovo utile analizzare tutto il processo, partendo dalla scelta del luogo e dei tempi per arrivare all'agenda, entrando nel merito della sua costruzione, della sua condivisione e della sua utilità, di quanto è stata seguita dalle parti e se siamo stati bravi o meno a gestirne i vari punti.

Analizzo anche come i tempi, le tempistiche e l'uso delle pause abbiano influito sulla negoziazione; mi chiedo se il tempo a disposizione era ampio, come si poteva farne miglior uso per raggiungere gli obiettivi, testare diverse strategie, esplorare risultati alternativi.

Mi chiedo cosa ha funzionato bene e cosa meno bene, cosa poteva essere gestito meglio e cosa si poteva gestire in modo diverso.

Cerco sempre di distinguere le due situazioni: cosa *potevo* fare e cosa *potrò* fare; cosa *potevamo* fare e cosa *potremo* fare. Dal passato (che ormai non si cambia) si impara, in modo da poter incidere sul futuro!

L'agenda è anche legata allo stile di negoziazione personale: cosa abbiamo imparato dal negoziatore che avevamo di fronte, in merito agli stili di negoziazione? Quali strategie ha attuato (se ne ha attuate) che noi non avevamo preparato o previsto?

Trovo utile elaborare delle agende standard a cui fare riferimento, per evitare ogni volta di ripartire da zero, da un foglio bianco.

Valuta anche come ha funzionato l'uso del Terms Sheet e cosa può essere migliorato in futuro.

Io, normalmente, inizio ad analizzare con scrupolo cosa ha fatto di buono il mio partner negoziale. Innanzi tutto, mi chiedo perché ritengo che ciò che sto analizzando e giudicando come "buono" lo sia, dal mio punto di vista. Scavo fino ad arrivare all'origine, fino a che non comprendo le motivazioni che lo hanno spinto a comportarsi in quel modo e, conseguentemente, fino a che non individuo le soluzioni migliori per affrontare situazioni simili in future negoziazioni.

Allo stesso modo, mi domando cosa il partner negoziale ha sbagliato, cosa poteva fare in modo diverso e con quali conseguenze. Il metodo non cambia: mi chiedo sempre il perché delle cose andando a fondo, cercando le motivazioni che sono dietro a ogni comportamento.

Terminata questa importante fase, l'analisi passa all'esame della performance (o della propria squadra), sempre andando alla radice dei comportamenti.

Cerco di capire se il tempo dedicato alla preparazione è stato sufficiente, e se allocando maggior tempo avremmo potuto negoziare meglio. Non voglio avere rimorsi e cerco di eliminare qualsiasi dubbio: punto a comprendere come mi sarei potuto preparare meglio, se ero competente in ogni argomento in agenda e se la qualità della preparazione mi aveva conferito tutta la fiducia necessaria (fermo restando che, come ho detto più volte e ripeto ancora, il tempo impiegato a prepararsi non è mai abbastanza).

Avere fiducia nella propria preparazione è fondamentale, è una delle chiavi per un esito positivo: solo il 19% dei negoziatori che non hanno questa fiducia riescono a raggiungere gli obiettivi prefissati.

Risulta quindi utile (specialmente nella discussione post negoziazione di squadra) scandagliare la fiducia reale. Alcuni componenti del gruppo tendono ad affermare di aver dedicato alla preparazione tempo a sufficienza, e che non si sarebbero raggiunti risultati migliori se la durata della preparazione fosse stata maggiore. Andando a fondo, a volte succede che queste stesse persone ammettano che la preparazione, la pianificazione, lo studio di strategie e tattiche e l'uso di abilità comportamentali efficaci non era stato preparato al meglio, e che quindi mancava la massima fiducia possibile.

In questa analisi cerco di valutare se, connessa alla fiducia e alla sua assenza, ci sia carenza di alcune abilità; se ciò è confermato ne prendo nota e, successivamente, cerco di colmare le lacune (che siano mie o degli altri componenti della squadra), in modo da essere più abile/abili in futuro.

Metto sempre in discussione la squadra che ha gestito la trattativa (me compreso), chiedendomi se fosse la più idonea in termini di diversificazione di conoscenze, di creatività, di capacità di risolvere i problemi e creare valore; valuto sempre se all'interno dell'organizzazione c'erano alternative migliori nei vari ruoli.

Questa fase è assai delicata, perché viene criticata la squadra e il suo operato. Fai sempre attenzione che la critica sia costruttiva e che si riferisca ai comportamenti, non alle persone.

Evita di dire frasi come: «Ti ricordi quando hai risposto all'offerta di John? Ecco, sei stato un maleducato».

Frasi del genere suonano come un attacco alla persona. Molto meglio dire: «Quando hai risposto all'offerta di John ti sei comportato da maleducato, perché non gli hai permesso di terminare la sua offerta e gli hai chiuso la bocca».

Questa è una critica al comportamento, non alla persona. Ricorda che se una critica non riguarda un comportamento specifico, allora è una critica distruttiva, e come tale non va né fatta né presa in considerazione, perché non è né adeguata né significativa.

Le informazioni raccolte sul partner negoziale erano corrette e complete? Quali informazioni aggiuntive sarebbero state utili?

Mi preoccupo sempre dell'impatto negoziale dei pregiudizi, delle generalizzazioni e del rifiuto/chiusura sull'intero processo, perché la distorsione cognitiva tipica del ragionamento umano (che sfocia in scorciatoie di pensiero ed errori sistematici) potrebbe avere un impatto sul processo decisionale e sulle fasi del processo di negoziazione.

Mi chiedo quindi se ci sono state situazioni poco chiare e non delineate a sufficienza che mi hanno (ci hanno) portato a reagire frettolosamente, se non addirittura spinto a decisioni affrettate; mi chiedo se ciò non sia dovuto a dei pregiudizi inconsci, a dei giudizi prematuri basati su argomenti insufficienti, a una non completa o indiretta conoscenza.

Situazioni di questo tipo sono più comuni di quanto tu possa immaginare: pensa a quando fai ricorso alla tua intuizione per prendere decisioni rapide e i preconcetti possono portarti a una mancanza di oggettività, o a un errore di valutazione. Se, grazie all'analisi post negoziazione, raggiungi maggiore consapevolezza di questo e ti accorgi di essere stato prevenuto, in futuro sarai più abile a prendere decisioni più intelligenti e accurate.

Io cerco sempre di comprendere le differenze tra gli interessi, le necessità e le opzioni di entrambe le parti valutate in fase di preparazione e quelle effettivamente riscontrate durante la negoziazione; cerco di seguire la loro evoluzione, e cosa avrebbe potuto essere migliorato e come (ad esempio l'efficacia delle domande).

Mi chiedo quali domande, aperte e chiuse, hanno funzionato meglio per scoprire gli interessi del partner negoziale e cosa poteva essere gestito in modo diverso (ad esempio il brainstorming delle opzioni).

Mi domando poi se sono riuscito ad accedere a tutta la creatività e a liberare tutta quella del partner negoziale.

Spesso durante l'analisi, a negoziazione conclusa, vengono in mente domande che avremmo potuto rivolgere al nostro interlocutore; domande che ci avrebbero fornito informazioni importanti su interessi e necessità, domande in grado di generare idee per opzioni da proporre al partner negoziale.

Dovresti fare mente locale e calcolare il rapporto tra il tempo in cui hai parlato e hai ascoltato, che dovrebbe essere inferiore a 1 se è vero quello diceva Zenone: «Due orecchie, una bocca».

Dovresti pensare se hai fatto buon uso del tono della voce, del silenzio, del linguaggio non verbale e del sorriso; se tra le parti ci sono stati problemi con la lingua e più in generale con la comunicazione.

Dopo gli interessi considero la qualità e la quantità di informazioni disponibili, le alternative, l'equità dell'accordo raggiunto e l'impegno che ne deriva. Ripercorro mentalmente la trattativa e consulto il materiale preparato in anticipo, cercando di capire dove ho sbagliato, cosa avrei potuto fare meglio.

Se hai fatto tu la prima offerta, chiediti criticamente queste cose: se eri veramente nella condizione di farla; quanto sei stato aggressivo nel farla; quanto sei riuscito a difenderla efficacemente.

Mi chiedo anche se l'ancora ha funzionato e cosa avrei dovuto fare per renderla più forte, più solida; lo stesso vale nel caso in cui il partner negoziale abbia tentato un contro-ancoraggio, per poi passare ad analizzare l'utilizzo delle proposte di offerte multiple equivalenti simultanee, la velocità con cui sono state proposte e l'impiego di offerte e richieste non monetarie.

Facendo queste analisi sono spesso arrivato alla conclusione che, grazie alle nuove e maggiori informazioni disponibili, avrei potuto approcciare il partner negoziale e proporgli una sessione di Post Settlement Settlement.

Questa è già da sola una validissima ragione per dedicare del tempo al debrief; molte negoziazioni concluse, indipendentemente dall'accordo raggiunto, contengono ancora del valore; e se un'analisi attenta è in grado di evidenziare questo valore... i trenta minuti da dedicarle, anche se coinvolgono più persone, costano meno di quanto sono in grado generare!

Cerco anche di valutare la trattativa. Si è portati a considerare RV (valore di riserva) o ZOPA definiti durante la preparazione come valori di riferimento. Grande errore! Entrambi i parametri sono utili come punto di partenza, ma ricordati sempre che RV e ZOPA possono essere oggetto di revisione, e spesso devono essere aggiornati durante la negoziazione, soprattutto se acquisisci informazioni aggiuntive non disponibili prima della negoziazione stessa. Se RV e ZOPA cambiano (e, credimi, cambiano) devi aggiornarli e ti devi confrontare con quanto valore avresti potuto realmente ottenere.

Metto in discussione il lavoro fatto sulla BATNA (mia e del partner negoziale) e analizzo la sua evoluzione, se presente, durante la negoziazione.

Questo lavoro è particolarmente interessante nelle trattative in cui non si arriva all'accordo per nostra scelta (avevamo un'alternativa migliore all'accordo negoziato) o del partner negoziale; in entrambi i casi, l'analisi dovrebbe puntare a verificare se la nostra scelta è stata quella corretta e se, alla luce di maggiori elementi, è possibile proporre al partner negoziale una sessione di Post Settlement Settlement.

L'analisi deve coprire anche gli elementi connessi alla relazione: dovresti confrontare il rapporto, la fiducia e la stima che ci sono tra te e il tuo partner negoziale sia prima sia alla fine della negoziazione, basandoti su molteplici elementi tra cui la fiducia, l'impegno nella risoluzione congiunta dei problemi, la buona gestione delle divergenze.

Una volta analizzato questo aspetto passo alle emozioni, altrettanto rilevanti.

Cerco di fare un elenco delle emozioni provate durante la negoziazione collegandole al contesto, alle situazioni e agli eventi, un po' come se fosse la sintesi di una partita di calcio.

Se invece è stata una negoziazione di squadra, uso una matrice a doppia entrata: si definiscono insieme i momenti salienti, quelli che per i partecipanti sono stati più significativi; poi, separatamente, ogni partecipante elenca su di un suo foglio le emozioni provate, sia le positive sia le negative. Infine, le liste vengono confrontate con gli altri membri del gruppo negoziale e nascono spunti interessanti, perché le reazioni sono diverse, a parità di stimolo.

Per praticità utilizzo una checklist, un elenco di centinaia di emozioni (positive e negative) che aggiorno continuamente. Quelle positive derivano spesso da aspetti procedurali del processo di negoziazione (ad esempio procedure eque durante la negoziazione, o confronti sociali positivi); al contrario, quelle negative generalmente hanno conseguenze sfavorevoli per le trattative.

Ricordo bene la genesi della mia prima lista. Fui sorpreso, perché mai avrei immaginato di poter elencare così tante emozioni diverse. È incredibile come si riesca a descrivere puntualmente l'emozione provata e a declinarla con precisione.

Questa analisi è fondamentale, perché sebbene forti emozioni negative possano comportare costi elevati, al tavolo delle trattative, non tutte le sensazioni sono dannose per la negoziazione. Quelle positive possono effettivamente facilitare un risultato migliore, ma anche sentimenti come ansia e nervosismo possono essere incanalati per raggiungere il successo.

Poi passo alle cinque esigenze primarie (apprezzamento, autonomia, affiliazione, status e ruolo), ponendomi domande e confrontando le risposte con il materiale disponibile in fase preparatoria.

Mi chiedo se le informazioni che avevo raccolto e la strategia di negoziazione abbiano funzionato, relativamente alle emozioni; in caso negativo cerco di comprendere le cause e di aggiornare il profilo del mio partner negoziale, in vista di negoziazioni future o Post Settlement Settlement. Con il passare degli anni, dedico sempre più tempo all'analisi delle esigenze primarie, perché mi permettono di comprendere cosa è successo emotivamente.

Infine, quando ho raggiunto l'accordo, verifico chi l'ha promosso, se è stato ottenuto troppo presto o troppo tardi, e le motivazioni.

Nel tempo, ho riscontrato che tale lavoro sistematico mi ha permesso di migliorare la mia preparazione e grazie alla mia emotività oggi sono più abile nel leggere le emozioni.

In fondo, anche la negoziazione è un processo; un processo composto da singole attività che trasformano input in output di maggiore valore totale. Come tutte le successioni di eventi, è un processo che può essere migliorato, automatizzato e reso più efficace. Non c'è quindi da stupirsi che anche alla negoziazione possano essere applicate logiche di miglioramento continuo (con effetti straordinari, tra l'altro).

Secondo il mio metodo, quando pianifico, negozio, analizzo e agisco inconsciamente seguo un ciclo di miglioramento conosciuto anche come "il ciclo di Shewhart" (noto anche con l'acronimo PDCA), di cui William Edwards Deming (ingegnere, docente, saggista, manager e consulente di gestione dell'organizzazione, vissuto fino al 1993) era un poliedrico allievo.

Questo ciclo è uno strumento popolare per l'implementazione di un processo di miglioramento continuo che io ho trovato utile per arrivare alla migliore versione di me stesso.

Mi piace avere una memoria digitale che diventi sempre più ampia, significativa e utile a rendere le mie negoziazioni future più efficaci; quindi, già da molti anni tutto il materiale preparatorio, gli appunti e l'analisi post negoziazione confluiscono in un unico archivio digitale, strutturato per essere facilmente consultato (fase sette del mio metodo).

- Se si presta molta attenzione a tutto ciò che si fa, si ha la possibilità di imparare sempre, qualunque sia l'esito.
- In molte organizzazioni le difficoltà nascono dal fatto che chi le guida affronta un gioco infinito con una mentalità finita; così facendo le opportunità d'innovazione, la motivazione e le performance si rivelano inadeguate.
- Comunque sia finita la negoziazione, una volta che si è conclusa hai la possibilità di riflettere e di imparare, per poi mettere in pratica quanto appreso nel momento in cui dovrai affrontare situazioni, scenari e contesti simili.
- La verità è che sono in pochi a essere consapevoli del potenziale di apprendimento che hanno a disposizione: terminata la trattativa, questa conoscenza è fresca, limpida e ricca; poi svanisce rapidamente.
- Al termine di ogni trattativa mi prendo almeno trenta minuti (di più, se necessario) e rimango da solo o con tutta la squadra che ne è stata coinvolta.
- Abituati a svolgere il debriefing anche da solo. Non rinunciarci mai. E ricorda che deve essere un momento di critica: una critica meditata, articolata e neutra.
- Lo scopo ultimo è criticare il processo, non le persone.
- Cerco sempre di distinguere le due situazioni: cosa potevo fare e cosa potrò fare; cosa potevamo fare e cosa potremo fare. Dal passato (che ormai non si cambia) si impara, in modo da poter incidere sul futuro!
- Avere fiducia nella propria preparazione è fondamentale, è una delle chiavi per un esito positivo.
- Molte negoziazioni concluse, indipendentemente dall'accordo raggiunto, contengono ancora del valore. Questa è già da sola una validissima ragione per dedicare del tempo al debrief.

La leadership consiste per tre quarti nell'indicare la strada e per un quarto nel follow-up.

James E. Faust

CAPITOLO **8**

FOLLOW-UP

È stato bello, sentiamoci

La chiusura di una trattativa o il raggiungimento di un accordo non sono la fine del processo negoziale, che prosegue in una serie di attività il cui scopo è di rafforzare e confermare quanto raggiunto.

Il follow-up è un elemento delicato del processo di negoziazione.

Se sei arrivato all'accordo sei a buon punto, ma ancora non puoi rilassarti: non sei arrivato alla fine del percorso, perché devi completare alcune attività altrettanto critiche per il processo negoziale.

Personalmente trovo utile (se non necessario) dare seguito in modo tempestivo a quanto ottenuto durante la negoziazione, perché questo atteggiamento mantiene viva la relazione e riduce il rischio di ripensamenti.

Ricordo ancora una transazione importante con la Nan-Ya Plastic Corporation (divisione del conglomerato Formosa Plastics) a cui ho assistito come spettatore; la proprietà era giunta all'accordo per un importo prossimo ai 100 milioni di euro. Il gruppo di Taiwan era entusiasta per quell'acquisto strategico, che gli avrebbe permesso di acquisire alcuni siti produttivi in Europa; altrettanto contento era il venditore, che vedeva materializzarsi il lavoro di una vita e la tranquillità di lasciare l'azienda, i dipendenti e il business in buone mani.

Dopo essersi stretti la mano, le parti si sarebbero riviste il giorno seguente per i passi successivi, cosa che non avvenne perché il proprietario, nella notte, ci ripensò. Gli asiatici, informati del cambiamento, le provarono tutte per convincere l'imprenditore a tornare sui suoi passi, ma non ci fu nulla da fare.

Anche in questa fase è fondamentale l'utilizzo del Terms Sheet da condividere a fine riunione; può essere riletto, meglio ancora se proiettato nella sala riunioni o condiviso in meeting da remoto. A questo documento centrale aggiungi i tuoi appunti, le foto di quanto scritto su lavagne a fogli mobili o digitali da condividere via e-mail il giorno stesso, o al più tardi il giorno dopo, con richiesta di revisione e accordo.

Fidati: il mondo è pieno di Guillaume Carpentier e Yannick Carton, di smemorati e di furbetti.

L'utilizzo del Terms Sheet è valido per qualsiasi negoziazione, non solo per quelle che richiedono la stesura di un accordo formale, perché costituisce la traccia dei termini concordati, degli impegni reciproci.

Risulta utile per essere condiviso non solo con il partner negoziale, ma anche con qualsiasi altra parte interessata. Costituisce un buon promemoria anche nel caso in cui sarai tu solo a dar seguito agli accordi, e sarà sempre utile come punto di partenza per condividere con altri le attività, definendo tempi e responsabilità.

Meglio chiarire per iscritto che, a beneficio delle parti, stai condividendo i vari documenti che riflettono fedelmente quanto è stato discusso e concordato durante la negoziazione; è anche opportuno, nello stesso messaggio, ringraziare il partner negoziale e la sua squadra.

Anche in questo caso (come per l'agenda, la prima offerta eccetera) è sempre meglio che sia tu ad avere il controllo della situazione.

Se la negoziazione è complessa, è molto probabile che tu abbia tenuto aggiornati i colleghi non presenti al tavolo della negoziazione riguardo all'evoluzione della trattativa. Avrai ragguagliato azionisti, Consiglio di amministrazione, CFO, COO, studi legali e le altre parti interessate. Ad accordo raggiunto, è opportuno fare un passaggio formale affinché tutti possano dire la loro.

A questo punto, tutta la documentazione utilizzata durante la negoziazione ti sarà preziosa per spiegare l'accordo e i suoi termini, focalizzandoti sugli interessi e sugli standard di riferimento. Molto probabilmente dovrai rispondere a una serie di domande; nella maggior parte dei casi è un passaggio "di rito", puramente formale; a volte, invece, dovrai vendere l'accordo, e potrebbe essere necessario trovare il modo per convincerli (e, sebbene accada raramente, addirittura di modificarlo).

Mi rendo conto che spesso utilizzo i termini accordo e contratto come sinonimi, e in effetti sono sostanzialmente la stessa cosa, perché alla base di entrambi c'è l'incontro tra due o più volontà che convengono di seguire un determinato comportamento nel reciproco interesse, allo scopo di raggiungere un fine comune o per compiere insieme un'azione o un'impresa.

Il contratto è più formale, e viene tipicamente scritto utilizzando modelli e un linguaggio proprio dei contratti legali.

Io non sono un avvocato, e il mio scopo quando negozio è sviluppare e raggiungere l'accordo, lasciando poi agli avvocati e agli specialisti il compito di redigere il contratto.

Per me la sequenza è chiara: trattativa, accordo e contratto. Per questo scopo, l'utilizzo del Terms Sheet è efficace per qualsiasi negoziazione, e a maggior ragione per contratti complessi e corposi, dove si prevede l'imprevedibile e già solo le pagine dedicate a premesse e definizioni sono molte.

Proprio mentre scrivevo queste pagine, ho ricevuto da un mio cliente un contratto di quarantasei facciate, ed era molto simile a un contratto che avevo rivisto solo qualche giorno prima, che di pagine ne aveva solo sedici.

Penso che questi documenti dovrebbero essere sintetici e dovrebbero coprire i punti principali dell'accordo, né più né meno. Il mio contratto di lavoro con il conglomerato Charoen Pokphand Group era di due pagine scarse con interlinea 1.5; pochi paragrafi che hanno sicuramente assolto lo scopo per cui era stato redatto e firmato: rendere giuridicamente vincolate le parti, assicurarsi che le aspettative fossero chiare e che fossero disponibili rimedi, nel caso in cui determinati termini non fossero stati rispettati.

Spesso, le persone provano timore nei confronti dei contratti, percependoli come un impegno gravoso. I contratti possono essere visti come spaventosi, travolgenti, tecnici, noiosi e costosi, così molti cercano di evitarli, e preferiscono concludere affari alla vecchia maniera, come faceva mio nonno Ferrante (classe 1899) che comprava appezzamenti agricoli semplicemente con una stretta di mano e un buon bicchiere di Sangiovese.

Alcuni imprenditori utilizzano i contratti solo come tecnicismi: è più per dire di averlo, indipendentemente da ciò che effettivamente c'è scritto su. Altri pensano che un accordo scritto sia importante solo se le cose vanno male.

In realtà, i contratti sono strumenti da utilizzare in modo strategico e ponderato: sono relazioni tra clienti, dipendenti e appaltatori, venditori e fornitori, partner commerciali e fornitori di servizi.

Io penso ai documenti con cui due o più parti costituiscono un rapporto giuridico come "relazioni scritte". Devono essere buoni, anzi ottimi e ben redatti, e dovrebbero stabilire qual è la relazione, spiegare le aspettative, definire gli obblighi e aiutare a evitare malintesi.

A tutti piace sapere cosa aspettarsi da una relazione, e un accordo ben scritto può aiutare a mettere le parti a proprio agio: stabilire i dettagli della relazione può aiutare a costruire la fiducia fin dall'inizio.

Personalmente, diffido sempre dell'interlocutore che insiste nell'inserire una clausola e al contempo prova a rassicurarmi dicendo che, anche se appare gravosa e asimmetrica, devo stare tranquillo, perché non verrà mai utilizzata. Voglio dire... se è così e non verrà mai utilizzata, e quindi non serve, allora perché inserirla? Non prevediamola neanche, no?

Se ti interessa avere successo nelle negoziazioni, mantieni sempre delle buone relazioni, e cerca anzi di migliorarle. E ricorda che se ritieni più opportuno scrivere due righe anche per accordi semplici e poco significativi in termini di valore, vuol dire che quella relazione così buona non è.

In ogni contesto (e le negoziazioni non sono un'eccezione) costruire e mantenere buoni rapporti con le persone è la chiave del successo.

«Dottor Parmeggiani, non capisco quello che mi sta chiedendo: questo è un contratto standard» mi dice spazientita Maria, dell'agenzia immobiliare. La maggior parte degli agenti immobiliari (o altre agenzie di servizi) usano dei contratti standard per ogni cliente. In essi sono indicate le condizioni e le limitazioni, e vengono compilati solo i campi vuoti, per riflettere gli elementi specifici e unici del contratto che viene proposto.

L'impostazione rigida di tali contratti conferisce un carattere intimidatorio; in realtà, è possibile modificare il modulo, per aggiungere o eliminare elementi secondo necessità, a condizione che entrambe le parti raggiungano un accordo e accettino le modifiche (di solito siglando a margine).

Indipendentemente dalla trattativa, dalla condivisione e dal coinvolgimento delle parti interessate, a mano a mano che l'accordo prende forma aumentano significativamente le probabilità che esso abbia successo.

Il passaggio successivo è altrettanto delicato, e non puoi ancora cantare vittoria: è richiesta l'implementazione di quanto pattuito, e c'è da definire cosa verrà fatto da chi, quando e come. Detto così, sembra poca cosa, ma in realtà questo passaggio comprende l'essenza di ciò che ti sei dannato di negoziare.

Per garantire il successo pieno dell'accordo, devi informare tutte le persone coinvolte nella sua esecuzione riguardo a ciò che è stato negoziato e alle motivazioni dietro all'intesa raggiunta, senza trascurare ciò che hai appreso del tuo partner negoziale, in particolare i suoi interessi.

Non devi necessariamente condividere il documento, perché potrebbe contenere elementi sensibili (inoltre, per alcuni potrebbe essere molto complesso seguirlo). È sufficiente e funzionale spiegarlo per punti. Dedica del tempo a chiarire i punti critici del processo di negoziazione che hai appena completato, perché a te e ad altri potrebbe fornire elementi utili per evidenziare e gestire le criticità.

Rispondi a tutte le domande, su qualsiasi argomento; resta aperto alle osservazioni e alle critiche che altri solleveranno, perché sono sempre preziose; ti dirò di più: arriva addirittura a provocare la critica. Se, ad esempio, alla tua richiesta di penali per ritardi sulle consegne hai trovato un muro, molto probabilmente il fornitore teme di non essere in grado di rispettare le scadenze pattuite.

Se sei bravo devi analizzare anche possibili rischi e difficoltà, e introdurre un piano che ti permetta di mitigarli: devi saper gestire gli imprevisti e anticipare i problemi futuri.

Potrebbe risultare utile presentare le persone della tua organizzazione che dovranno interagire con le persone attive dell'altra organizzazione, e magari definire degli incontri per analizzare l'evoluzione del contratto.

- Il follow-up è un elemento critico del processo di negoziazione.
- È utile (se non necessario) dare seguito in modo tempestivo a quanto ottenuto durante la negoziazione.
- L'utilizzo del Terms Sheet è valido per qualsiasi negoziazione.
- La sequenza è chiara: trattativa, accordo e contratto. In questo, l'utilizzo del Terms Sheet è efficace per qualsiasi negoziazione.
- Se ti interessa avere successo nelle negoziazioni, mantieni sempre delle buone relazioni e cerca anzi di migliorarle.
- Per garantire il successo pieno dell'accordo, devi informare tutte le persone coinvolte nella sua esecuzione riguardo a ciò che è stato negoziato e alle motivazioni dietro all'intesa raggiunta.
- Devi saper gestire gli imprevisti e anticipare i problemi futuri.

Penso che gli archivi esistano per mantenere le cose al sicuro, ma non segrete.

Kevin Young

CAPITOLO 9

IMPARA AD ARCHIVIARE

Archiviazione

Dopo i trenta o più minuti dedicati all'analisi della negoziazione (da solo o con la tua squadra) giunge il momento di archiviare tutte le informazioni in un database.

È forse il momento meno piacevole del metodo, quello probabilmente più burocratico, ma è una prassi che nel tempo troverai molto utile, perché ti permetterà di preparare le future negoziazioni con più rigore e risparmiando tempo, proprio perché avrai accesso immediato a una serie di informazioni utili.

Accedere in fase di preparazione al tuo archivio di "negoziazioni di successo" (che io ritengo tali anche quando non si arriva all'accordo) ti aiuterà a raggiungere i tuoi obiettivi e a comportarti al meglio. Inoltre, avrai molta più fiducia in te stesso, sarai più efficace e soddisfatto.

Non esiste un sistema migliore o peggiore; l'importante è che tu scelga un metodo di archiviazione… quello che preferisci. Personalmente, trovo congeniale un sistema che mi consenta di aggiungere facilmente la negoziazione appena conclusa al database, così da archiviarla.

Il mio consiglio è di utilizzare tutto il materiale preparatorio e quanto emerso nell'analisi post negoziazione; l'archiviazione è più funzionale se viene impostata con riferimenti incrociati a sezioni, in modo tale che sia possibile utilizzare criteri e parole chiave per l'estrazione di idee rapide, quando sarà necessario consultare il database per le future trattative.

Immagina di utilizzare un sistema che ti permetta di consultare le negoziazioni pregresse, che contenga tutte le informazioni in merito: potresti recuperare in un attimo tutto ciò che riguarda il partner negoziale che si siederà al tavolo, comprese le informazioni sulla sua personalità, il suo vissuto, gli hobbies, gli interessi, il suo stile di negoziazione, le strategie utilizzate, le emozioni, le cinque esigenze primarie e tanto altro... potresti addirittura avere in archivio una foto, per ricordarti subito di lui.

Pensa a un archivio che contenga le domande che hai utilizzato e quelle che ti sono state rivolte per comprendere interessi, necessità e opzioni, oppure gli strumenti che hai utilizzato per stimolare creatività e brainstorming.

E, ancora, prova a immaginare un luogo dove custodisci con cura tutti i tuoi Terms Sheet, consultabili e utilizzabili come punto di partenza per la preparazione di nuove negoziazioni.

Io trovo questo sistema molto funzionale, a maggior ragione se considero che può essere un sistema condiviso, e quindi fruibile da tutti i partecipanti alla negoziazione, o dai colleghi. Inoltre, riduce sensibilmente gli sprechi di carta e le spese necessarie per la stampa e l'archiviazione dei documenti (basti pensare all'annullamento dei costi dello spazio fisico necessario per costruire un archivio tradizionale). C'è poi una netta diminuzione del tempo necessario per gestire la classificazione del materiale e, ovviamente, per ricercarlo e consultarlo.

Un archivio di questo tipo gestito in cloud elimina la necessità di acquistare e controllare la propria infrastruttura di archiviazione di dati e offre agilità, scalabilità e durata, permettendo l'accesso ai dati ovunque e in qualsiasi momento.

- Archiviare tutte le informazioni raccolte in un database può risultare una pratica un po' noiosa, ma è una prassi importantissima e dovresti abituarti a farlo sempre.
- Ti consiglio di utilizzare un sistema di archiviazione che possa essere condiviso e quindi fruibile da tutti i partecipanti alla negoziazione, o dai colleghi.
- Un archivio di questo tipo gestito in cloud elimina la necessità di acquistare e controllare la propria infrastruttura di archiviazione di dati e offre agilità, scalabilità e durata, permettendo l'accesso ai dati ovunque e in qualsiasi momento.

La fortuna non esiste, esiste solo il momento in cui il talento incontra l'opportunità.

Seneca

Capitolo 10

NEGOZIARE IL PROPRIO STIPENDIO

Sei abbastanza coraggioso?

Il miglior regalo che puoi fare al tuo partner negoziale è donargli questo libro.

Mal che vada, avrai innescato il principio psicologico fondamentale alla base della negoziazione: a fronte di una tua concessione, il partner negoziale si sentirà in obbligo di contraccambiare con un'altra.

Se invece ti dovesse andare meglio, utilizzerete entrambi lo stesso metodo. A quel punto la negoziazione (qualunque sia la posta in gioco) sarà sicuramente più efficiente, perché sarete in possesso degli stessi strumenti, e questo aumenterà esponenzialmente le probabilità di portare la trattativa al successo.

Avendo a disposizione lo stesso metodo seguirete la stessa routine vincente, capace di generare idee per risolvere controversie, superare situazioni di stallo e raggiungere accordi e intese sempre migliori.

Come avrai capito leggendo questo libro, io sono un grande sostenitore della preparazione e della consapevolezza; inoltre, sono fermamente convinto che sia sempre necessario dare piena centralità a prospettiva ed emozioni.

La preparazione è parte del processo della negoziazione, dove il tutto è nella parte e la parte conserva il tutto, anche se il tutto cambia. Ogni negoziazione è diversa, ma le negoziazioni sono tutte uguali, dal punto di vista metodologico.

Facciamo un esempio pratico di quanto detto finora, prendendo come esempio la *trattativa dello stipendio* che è forse la più comune tipologia di negoziazione (solo per il fatto che riguarda almeno tre miliardi e trecento venti milioni di persone... tanti erano i lavoratori alla fine del 2022 secondo International Labour Organization).

Discutere il proprio pacchetto retributivo può generare terrore, lo so bene: io stesso, come ho già spiegato, nella mia carriera lavorativa ho perso ben quattro opportunità per negoziare il mio stipendio!

Qual è la motivazione principale che ci spinge a non negoziare, a non chiedere di più?

La paura. Si tratta solo di paura.

Negoziare il prezzo d'acquisto di una casa o le condizioni economiche di un divorzio non fa così paura come affrontare una discussione sul proprio stipendio.

Non importa se porti la gonna o i pantaloni; non importa se tu sia al tuo primo lavoro o al tuo quinto... è tempo di imparare a negoziare, e di farlo applicando il mio metodo.

Non è mia intenzione (non ne sarei neanche capace) passarti la ricetta su *cosa dire* e *cosa fare* per avere successo: ribadisco che in questo libro non ci sono delle "formule magiche". C'è invece un metodo; un metodo valido e rodato che mi ha accompagnato negli anni e che condivido volentieri con chiunque voglia apprenderlo. Un metodo che, se seguito, ti aiuterà a ottenere ciò che meriti.

Non credo che negoziatori migliori producano necessariamente dipendenti migliori, ma oggi (salvo rare eccezioni come Skillshare, Reddit, Jet e Buffer, che applicano una politica per cui gli stipendi non sono negoziabili) la realtà coincide con il titolo: *In Business As in Life, You Don't Get What You Deserve, You Get What You Negotiate* di Chester L. Karrass.

Sebbene io creda nei sistemi meritocratici, mi trovo a constatare che, oggi, molto di ciò che si ottiene è il risultato di un processo negoziale. Quindi, non hai alternative: se vuoi ottenere di più e vuoi ottenerlo nel modo migliore, devi saper negoziare.

Ricorda sempre che in ogni fase del processo di negoziazione ti è richiesta una dose importante di disciplina, a partire dalla preparazione della trattativa, e poi in ogni fase del processo.

Non confondere mai lo scopo con il mezzo, e tieni separato il tuo comportamento dai tuoi sentimenti e dalle tue emozioni.

Questo ti permetterà di essere ciò che devi essere e ciò che la situazione richiede da te, piuttosto che comportarti in un modo che soddisfi le tue stesse emozioni.

Non devi essere (e non devi importi di essere) una persona diversa: devi solo soddisfare i requisiti richiesti dal tuo ruolo in quello specifico momento.

L'esperienza mi conferma che nelle negoziazioni c'è la netta tendenza ad aspettare che qualcuno faccia la prima mossa, per poi fare la seconda. Se non fosse vietato dalle regole del gioco degli scacchi, ti direi di muovere per primo un pezzo nero.

Evita di seguire il tuo partner negoziale lungo un percorso a te non congeniale; cerca piuttosto di controllare sempre la situazione sfruttando al meglio comunicazione e relazione.

Molte aziende si concentrano troppo sul valore che possono ottenere oggi, perdendo di vista le opportunità di maggior valore che potrebbero cogliere in futuro; questo è vero tanto per il business quanto per la gestione dei collaboratori.

Ricorda che una relazione ha successo quando si fonda sull'uguaglianza; se offri qualcosa al partner negoziale, puoi aspettarti di ricevere qualcosa di equivalente o di maggior valore in cambio.

Le relazioni fondate sulla fiducia ti consentono di evitare di dover dedicare risorse al controllo per garantire che i termini del contratto siano rispettati. Il negoziatore che non pone alcuna enfasi sulla relazione negozierà da una prospettiva distributiva, cercando di guadagnare il *più possibile* di *quanto disponibile*; chi desidera formare una relazione a lungo termine, cercherà invece di aggiungere valore alla trattativa… un valore che sia vantaggioso per entrambe le parti!

Torniamo alla tua negoziazione salariale.

Ora ti sei preparato molto bene e hai una scaletta di punti che vuoi affrontare. Se il tuo interesse è ottenere lo stipendio che ti meriti, è fondamentale conoscere quali sono i livelli retributivi per una posizione equivalente alla tua tenendo conto del tuo settore specifico e dell'area geografica in cui si trova l'azienda, in relazione a realtà di dimensioni simili; senza un numero abbastanza preciso in mente, sarai alla mercé di un esperto e scaltro Responsabile delle risorse umane.

Ricerca online, su siti web o report, e informati con altri lavoratori nel tuo campo; meglio domandare sia a uomini sia a donne, per evitare di cadere vittima del divario retributivo di genere che, ahimè, esiste.

Potresti ottenere un numero non specifico, ma anche un intervallo è utile, perché in entrambi i casi la tua pretesa acquisterà legittimità.

Questo è un concetto importante: prima di sollecitare un aumento, verificane sempre la legittimità. Da quanti anni sei in azienda? Hai assunto nuove responsabilità? Hai eseguito solamente i compiti che ti sono stati assegnati o sei andato oltre, superando le aspettative?

Se le risposte a queste domande sono positive, sei già a buon punto.

Per avere successo nel tuo tentativo, devi prendere la rincorsa: indicativamente, devi iniziare a tenere traccia del tuo contributo al successo dell'azienda almeno tre mesi prima di avanzare la tua richiesta.

Mostra i frutti del tuo lavoro, dati alla mano: da lì deriva la tua pretesa di essere ricompensato equamente. Raccogli le evidenze di quanto sei fantastico come dipendente. Prepara una lista di miglioramenti apportati e di risultati conseguiti, a cui aggiungere quello che clienti e colleghi dicono di te. Lo scopo ultimo è dimostrare con solidi argomenti ed evidenze il tuo valore al capo.

Non puoi domandare più soldi perché ti sono aumentate le spese: si tratterebbe di una posizione. È più opportuno seguire il ragionamento che giustifica la tua rivendicazione, la logica.

Considera i problemi presenti in azienda, cioè gli interessi del tuo datore di lavoro, e individua le possibili soluzioni per risolverli; se lo fai bene, sarai in grado di identificare tutte le aree in cui puoi apportare valore. Non ha alcun senso offrire elementi poco interessanti o inutili.

Quando analizzi i tuoi interessi e quelli del tuo partner negoziale, sicuramente conosci la gerarchia delle tue richieste e preferenze, ma devi anche comprendere le sue.

Un pacchetto retributivo (per un nuovo lavoro o per una revisione periodica che sia) prevede lo stipendio, il luogo di lavoro, le ferie, i bonus, l'autovettura, i benefit e tanto altro: il mix retributivo è utile anche per predisporre le offerte multiple equivalenti simultanee.

Chiedi al tuo partner negoziale di condividere le sue priorità ed esplora opportunità per compromessi reciprocamente vantaggiosi, in modo che entrambe le parti ottengano ciò che desiderano sulle questioni più importanti. E cerca di essere propositivo e creativo.

Quando ti prepari per la negoziazione, impiega del tempo per entrare nel modo di pensare alla situazione dal punto di vista dell'altro: ogni volta che consideri i suoi pensieri e interessi è più probabile trovare soluzioni che funzionino bene per entrambi.

A volte simulo di negoziare per qualcun altro, e le performance migliorano; questo perché cerco di ottenere ciò che voglio quando non sono io a essere in gioco.

Lo stesso avviene quando negozi per la tua azienda anziché per una tua causa: ti appare tutto più semplice e psicologicamente funziona, perché il risultato impatta sull'intera compagine societaria.

Durante la preparazione pensa a cosa chiederai, e a come impatterà sul tuo interlocutore, sulla tua famiglia e sul tuo futuro.

Dopotutto, se sei più soddisfatto della tua posizione e del tuo compenso è più probabile che il tuo lavorare sodo porti a maggiore successo.

Una volta che hai determinato il tuo valore, ti renderai conto che questo potrebbe essere stimato in un intervallo; se così fosse, tieni sempre a mente che non c'è nulla di sbagliato ad ambire alla retribuzione più alta dell'estremo superiore, in quanto il tuo datore di lavoro negozierà.

Hai bisogno di spazio di manovra, per finire comunque con uno stipendio di cui ti senta soddisfatto; per ottenerlo, devi chiedere più di quello che vuoi ottenere. Così facendo otterrai due risultati: un valore più alto per te e la soddisfazione del tuo partner negoziale, che penserà di aver raggiunto un accordo migliore grazie all'eventuale negoziazione al ribasso.

E non temere di chiedere troppo! Se parti da un numero troppo alto è probabile che chi hai davanti ti faccia una controfferta, ma il peggio che può accaderti se non negozi è... che non otterrai nulla!

Ti consiglio di essere sempre tu ad avanzare la prima richiesta, facendo riferimento a un numero specifico. Piuttosto che 65.000 euro, meglio chiederne 66.800: darai l'impressione di avere svolto delle ricerche e delle analisi approfondite sul tuo valore di mercato, per arrivare a proporre quel numero così particolare.

Ricorda anche di non accettare mai la prima offerta del partner negoziale: prenditi il tempo che serve e usa in modo strategico il silenzio, perché nel "vuoto" che crea il silenzio è molto probabile che l'altro migliori la sua offerta, in un modo o in un altro. Lo stesso vale nei momenti di stallo o di impasse: non avere fretta, sii freddo e aspetta; il primo che si muove fa una concessione senza richiedere di contraccambiare, senza nesso di reciprocità.

Negoziare è un meccanismo decisionale di ripartizione di risorse e di risoluzione di conflitti virtuoso ed efficiente, l'unico in grado di generare valore incrementale per tutte le parti e mantenere o migliorare la relazione.

Ricorda che esistono sempre dei modi creativi per affrontare i conflitti, e che c'è più spazio per l'accordo di quanto si creda.

Oltre al silenzio, esiste poi l'uso delle pause, utili per riflettere, o parlare con altri; ricorri a questa tattica ogni qualvolta lo ritieni necessario prima di avanzare nella trattativa e prenderti un impegno. Non c'è una lunghezza standard: una pausa può durare da qualche minuto a un weekend o più. Ricevuta un'offerta che merita di essere approfondita, puoi e devi poter prendere il tempo che ti serve.

Evita di usare un intervallo, quando negozi: ad esempio, non proporre mai tra i 63.000 e 68.000 euro, perché indica chiaramente la tua disponibilità ad accettare il limite inferiore.

Se, invece, originariamente hai chiesto 66.800 euro e poi scendi a 62.000 euro, hai fatto una concessione. E, a tal proposito, tieni a mente che non devi mai accordare qualcosa senza aver ottenuto un equo corrispettivo. Ogni volta che sei generoso senza ottenere nulla in cambio stai regalando qualcosa, pensando (erroneamente) che l'altro sarà riconoscente. Quando ci comportiamo così, non stiamo negoziando, ma stiamo rischiando di scatenare l'avidità della controparte e addirittura di mettere a repentaglio la nostra credibilità, creando pericolosi precedenti.

Ti invito a ragionare su questo concetto: se tu stesso non attribuisci valore a ciò che stai concedendo, perché dovrebbero farlo gli altri?

Non fare mai confusione: nella negoziazione ci deve essere lo scambio. Un meccanismo virtuoso in cui diamo agli altri ciò che ha valore per loro e che per noi non comporta un sacrificio, e viceversa.

Quando si negozia lo stipendio, ricorda che equivale al prezzo che il datore di lavoro deve pagare per assicurarsi le tue prestazioni lavorative. Un bravo negoziatore è abile nello spostare l'attenzione dal prezzo al valore, che in questo caso è il pacchetto retributivo. Quanto vale avere un orario di lavoro flessibile, l'auto aziendale, l'iscrizione alla palestra o un'assicurazione medica supplementare?

Il passaggio successivo è cercare d'incrociare i tuoi interessi con quelli dell'azienda, elencando le opzioni per un possibile accordo e abbandonando la visione limitante che ci sia un solo accordo possibile e accettabile.

La cosa più intelligente e utile per affrontare una trattativa è pensare a tutte le possibili opzioni che ci sono per te e per la controparte e incrociarle in modo che siano tutti soddisfatti; questo è possibile proprio perché tu e il tuo partner negoziale siete mossi da interessi diversi.

Quando fai le tue valutazioni, dedica del tempo a costruire delle alternative, nel caso in cui il valore dell'offerta massima sia così basso da costringerti a rifiutarla. Le motivazioni possono essere varie e diverse, dalle tue esigenze finanziarie al valore di mercato per mansioni paragonabili; oppure, semplicemente, per sentirti bene hai bisogno di considerarti valorizzato con uno stipendio che ritieni adeguato.

Il risultato della tua analisi sulle alternative che hai dovrebbe essere un elenco ordinato per valore; selezionando la migliore ottieni la BATNA (migliore alternativa all'accordo negoziato).

Certo, allontanarsi da un'offerta non sarà mai facile, ma è importante sapere quando farlo, ed è altrettanto "potente" essere anche nella condizione di poter dire di no.

E ricorda sempre che dire di no (o sentirsi dire di no) non è nulla di grave; non c'è nulla da temere, perché anche il rifiuto fa parte della negoziazione. Anzi... spesso le negoziazioni iniziano proprio quando qualcuno dice questo monosillabo, cui spesso viene associata una valenza negativa.

Un altro accorgimento è quello di "provare la parte" come se fossi sul palco di un teatro, finché non ti senti a tuo agio nella conversazione. È d'aiuto, ma sarebbe un errore pensare di scrivere un copione. Tanti lo fanno, sprecando le loro energie e il loro tempo alla ricerca di sicurezza; in realtà, concentrandoti su quello che hai intenzione di dire, tenderai a limitare la tua capacità di ascolto attivo (che oltre nell'ascoltare le parole dette consiste nell'osservare i messaggi verbali e non verbali inviati, la cui somma ti permette comprendere meglio la situazione).

Prestare attenzione all'altra parte durante una negoziazione è importante, perché così puoi interpretare i suoi bisogni e integrarli nella ricerca di una soluzione che renda entrambi soddisfatti.

Se devi chiedere un aumento di stipendio pianifica con tempismo il momento in cui avanzare la tua richiesta. La maggior parte delle persone aspetta la fine dell'esercizio, pensando che quello sia il momento migliore perché l'anno è ormai alla conclusione, ed è tempo di consuntivi. Questo è sbagliato, per molteplici motivi.

Innanzi tutto, in quel periodo le aziende elaborano i loro budget per l'anno successivo, quindi la tua richiesta deve avvenire prima. A budget finalizzato, o verso la sua stesura definitiva, sarà molto più difficile convincere chicchessia a togliere soldi a qualcuno/qualcosa per darli a te. Sembra un ragionamento spietato, ma è così che funziona.

Per evitare questa spiacevole situazione, perdere l'opportunità e aspettare un altro anno, non attendere che sia il tuo capo a definire l'aumento: anticipalo. Dimenticati di chiedere qualcosa a gennaio o a febbraio, e tieni conto della fine dell'esercizio sociale che per alcune aziende, specialmente le multinazionali straniere, coincide con l'anno solare. Se puoi, cerca di chiedere l'aumento verso la fine della settimana, idealmente negli ultimi due giorni, perché in quei giorni sono tutti più morbidi e accondiscendenti, mentre a inizio settimana si tende a essere più rigidi.

Non sottovalutare il luogo, uno degli aspetti più importanti di qualsiasi negoziazione. Il luogo può influenzare la disponibilità di spazio, il "clima psicologico", i limiti di tempo, il flusso di informazioni, la gestione dello stress e la selezione dei canali di comunicazione.

La negoziazione dello stipendio non è altro che una discussione tra individui per giungere a un accordo soddisfacente per entrambi; la comunicazione è il mezzo che utilizziamo per renderla efficace, e più la comunicazione è efficace, più lo sarà la negoziazione.

Discutere va benissimo, in quanto si instaura un flusso di informazioni di varia natura; non va invece bene litigare, perché questo interrompe il fluire di idee, pensieri e opinioni.

Per negoziare devi sviluppare le tue capacità comunicative, in modo che la discussione sia sana ed efficace.

Se negozi il tuo stipendio è fuori dubbio che tu abbia l'autorità per farlo, ma non è altrettanto vero che il tuo partner negoziale sia nella stessa situazione. Magari stai negoziando con il tuo capo, ma la parola ultima spetta alla Direzione generale; oppure stai negoziando con l'Amministratore delegato e la massima autorità è il CEO del gruppo. Lo stesso vale quando negozi il tuo pacchetto retributivo: è importante capire il processo, quanti incontri devi fare prima della fine e chi ha l'autorità decisionale.

Prima di affrontare una negoziazione, assicurati di essere riposato e lucido: in questo modo ti sarà più facile adottare le diverse strategie che ti serviranno a metterti in uno stato mentale funzionale alla trattativa. Se la cosa può aiutarti ad aumentare la fiducia nelle tue capacità e a ridurre i livelli di stress, puoi lavorare sulla tua mente, concentrando la tua attenzione su modelli di pensiero positivi, orientati al successo. Questa tecnica stimola la produzione di testosterone (un ormone che influisce positivamente sulla fiducia) ed elimina il cortisolo, (l'ormone dello stress), ed è utile per mantenere la calma anche in situazioni di tensione.

Quando decidi di affrontare la negoziazione del tuo pacchetto retributivo, è importante che all'inizio dell'incontro ci sia un'atmosfera positiva: ricorda che l'atmosfera può condizionare il resto dell'interazione.

Ricorda di prestare attenzione alla postura e a tutto quanto è riconducibile al linguaggio non verbale, compresi sorriso e tono della voce.

Dopo aver rotto il ghiaccio, non c'è motivo di avere paura: ti sei preparato, e se tieni la conversazione su toni positivi, la negoziazione non è così spaventosa.

Dovresti iniziare la conversazione negoziale ponendo domande (alcune chiuse, ma principalmente aperte) per capire meglio quelli che sono i veri interessi, bisogni, desideri, paure, preferenze e priorità di chi hai di fronte.

Le domande influenzano in modo positivo l'esito dei negoziati, perché permettono di capire meglio le logiche del tuo partner negoziale e a elaborare soluzioni che ti aiuteranno a raggiungere l'obiettivo che ti sei prefissato.

Non dovresti mai iniziare a parlare di numeri; meglio parlare di ciò che hai fatto e, cosa più importante, di ciò che potrai fare in futuro. Puoi evidenziare in modo specifico i momenti in cui sei andato ben oltre il tuo ruolo, in modo da supportare di meritarti un aumento. Mostra tutto il tuo entusiasmo riguardo le attività che vorresti intraprendere in futuro (come alleggerire il carico di lavoro di altri colleghi e del tuo capo) o proponendo una nuova idea sviluppata di recente.

Ogni negoziazione conclusa implica un impegno reciproco, derivante dagli accordi presi; valuta sempre quello che presenti, offri, chiedi o ti viene promesso, perché chiuso l'accordo verrà il momento di dare corso a quanto detto prima della stretta di mano; in quest'ottica, considera le necessità di formalizzazione.

Altra cosa da tenere sempre a mente: quando arrivi alla fine dei vari colloqui per un nuovo lavoro e sei entrato nella lista dei potenziali candidati, è frequente che l'azienda (o la società di ricerca e selezione di personale) ti chieda informazioni sul tuo attuale stipendio (anche se in molti Stati degli Stati Uniti e in alcuni Paesi del mondo non è legale farlo).

La situazione potrebbe farsi delicata; si può perfino trasformare in complicata, e causare una potenziale impasse, soprattutto se in quel momento il tuo stipendio è molto più basso dello standard, o stai cercando di guadagnare molto di più.

La soluzione è dire sempre la verità.

Rivela la tua retribuzione attuale, comprensiva di bonus, benefit o altro, e poi sposta ad arte la conversazione su argomenti diversi, a te più congeniali. Torna ad articolare la richiesta che hai fatto focalizzandoti sulle tue capacità, sul valore che il mercato ti riconosce (e che pensi di meritare) e di come stai cercando di crescere professionalmente.

Se veramente vuoi lavorare, o continuare il tuo rapporto di lavoro, è importante mantenere una conversazione positiva; qualunque cosa succeda, non minacciare mai di andartene, se non ottieni l'aumento: non porta a nulla. Non dovresti neppure nominare in modo strumentale altre offerte di lavoro o conversazioni con società di ricerca e selezione di personale, o (ancor peggio) con concorrenti.

In qualsiasi negoziazione concentrati sul futuro, mai sul passato.

Personalmente, trovo utile trattare nuove condizioni senza fare esplicito riferimento a ciò che si guadagna ora.

Cerca di mantenere la conversazione focalizzata su quanto il mercato sta pagando per professionalità equivalenti, se esistono, e impegnati per riformulare qualsiasi metrica utilizzata dal partner negoziale, come le differenze percentuali, concentrando sempre e costantemente la discussione sul valore.

Sei stato tu a chiedere l'incontro, e devi essere tu a fare la prima proposta, sia che si tratti di un aumento sia che si tratti di un nuovo lavoro. E non inserire mai tutto nella proposta iniziale: è facile incorrere in questo errore, ma ricorda che così facendo metti sul tavolo tutte le tue carte, e ti resta ben poco da negoziare. Se lo fai, da quel punto in poi ti troverai a fare solo concessioni su concessioni.

La prima proposta ha un potere forte. Quando viene espressa diventa un'ancora, l'elemento di partenza da cui dipende tutta la negoziazione. È quindi molto importante il suo valore, e chi la propone. È un pregiudizio cognitivo (una deviazione del normale processo del pensiero che implica una distorsione) che porta a dare troppo rilevanza al primo numero proposto, indipendentemente dalla sua solidità e/o fondatezza.

Se il valore è troppo basso, ti ritroverai con un'offerta finale inferiore a quella che probabilmente desideri. Dovresti sempre essere tu a fare la prima proposta in modo che sia tu e non il tuo partner negoziale, a controllare la negoziazione.

Non scoraggiarti se la reazione al numero proposto è negativa e va nella direzione opposta, se insomma il tuo partner negoziale tenta di contro ancorare la negoziazione: sii brillante, fai domande aperte per mantenere viva la conversazione e mostra di essere disposto a collaborare con lui per trovare una soluzione che soddisfi gli interessi di entrambi.

Anche in questo caso una risposta negativa non implica la fine della negoziazione; anzi, ti offre opportunità straordinarie, che devi essere in grado di cogliere.

Sii sempre morbido, elegante e gentile con le persone, ma fermo e deciso con i problemi. Tieni sempre disgiunte le due cose: non coincidono mai. Questo è il miglior approccio possibile, perché è più strategico e più funzionale, anche quando ti trovi di fronte a difficoltà e a situazioni complesse.

Ricorri alla tua abilità di risolvere problemi, coinvolgendo il partner negoziale. Mostra la tua adattabilità relazionale e le tue doti comunicative con le persone in modo strategico e quindi efficace, efficiente ed elegante: dimostrerai di saper fare squadra nella gestione delle problematiche e di saper costruire un'alleanza nel cercare di risolvere insieme le questioni individuali e organizzative che meritano attenzione.

Dopo aver venduto i tuoi vantaggi, argomentato il tuo valore e avanzata la tua richiesta, è il momento di giocare sulle emozioni, che sono comunque il filo conduttore di ogni negoziazione. E quindi coinvolgi l'altro; con lusinghe, ad esempio, dato che a ognuno di noi piace essere considerato e ascoltato.

Fai leva su tutte le cinque esigenze primarie (apprezzamento, affiliazione, autonomia, status e ruolo); sarà molto più facile quando dovrai affrontare il Responsabile delle risorse umane della tua azienda o il tuo capo. Se si tratta di una nuova azienda è un po' più complesso, ma non impossibile.

Se proprio non riesci a sbloccare la situazione, prova a introdurre nuovi elementi e a negoziare la flessibilità del lavoro, le ferie, un titolo migliore o progetti più sfidanti, magari ricorrendo alle offerte condizionate. Queste offerte sono utili quando una condizione specifica viene soddisfatta in futuro, ad esempio al raggiungimento di un obiettivo commerciale, all'acquisizione della conoscenza approfondita di un nuovo software gestionale, all'implementazione di un progetto. L'azienda non corre rischi, perché all'aumento di stipendio avverrà solo al verificarsi puntuale della condizione.

Se negozi tramite e-mail o in videoconferenza, cerca di utilizzare quanta più empatia possibile, imitando una conversazione di persona; quindi fai in modo che il tuo messaggio trasmetta un'apertura affabile, e rendi la conversazione piacevole.

A volte affronterai negoziazioni che perdono man mano di energia e imboccano un vicolo cieco. Alcuni colloqui di lavoro terminano senza aver raggiunto un accordo, perché una o entrambe le parti preferiscono non trovarlo o perché non sono riuscite a raggiungerlo, nonostante ci fossero evidenti vantaggi per entrambi. Il trucco per uscire da un'impasse di questo tipo è saper riaprire i colloqui con garbo, senza perdere la faccia e la forza contrattuale.

Tecniche di negoziazione efficaci fanno appello all'interesse personale di entrambe le parti e consentono loro di trovare un modo per continuare una discussione coinvolgendo nuove idee e nuove soluzioni.

Se invece non riesci a risolvere l'impasse, ricorda che non c'è nulla di male nel non arrivare a un'intesa, specialmente se hai lavorato bene in fase preparatoria e se quindi hai a tua disposizione un'ottima alternativa all'accordo negoziato, come una migliore proposta di lavoro (applicabile nel caso di una nuova posizione, un po' meno per una richiesta di miglioramento dello stipendio).

Per diventare un negoziatore efficace, la pazienza potrebbe essere il tuo attributo principale. La pazienza richiede tempo, ma disporne può significare raggiungere risultati migliori. Spesso potresti aver bisogno di riflettere per capire cosa viene offerto esattamente e quali sono i rischi.

Una volta che tu e il tuo partner negoziale siete contenti e soddisfatti dei risultati, è il momento di concludere la trattativa.

È il raggiungimento di un accordo che formalmente viene congelato in forma di un contratto verbale o scritto, tipico in materia di lavoro, in quanto definisce chiaramente la posizione di ciascuna parte coinvolta.

Sebbene sia raro, è possibile ricorrere al Post Settlement Settlement anche in questa tipologia di negoziazione. Anziché attenersi pedissequamente all'accordo originale, puoi provare a rinegoziarne uno che sia migliore per tutti, a maggior ragione se durante la negoziazione hai raccolto informazioni aggiuntive.

- Ciò che si ottiene oggi è il risultato di un processo negoziale. Quindi non hai alternative: se vuoi ottenere di più e vuoi ottenerlo meglio, devi saper negoziare.
- Non confondere mai lo scopo con il mezzo, e tieni separato il tuo comportamento dai tuoi sentimenti e dalle tue emozioni.
- Le relazioni fondate sulla fiducia hanno innumerevoli vantaggi.
- Quando negozi il tuo stipendio devi sempre avere un numero preciso in mente.
- Un bravo negoziatore è abile nello spostare l'attenzione dal prezzo al valore, che nel caso della negoziazione salariale è il pacchetto retributivo.
- Prima di affrontare una negoziazione, assicurati di essere riposato e lucido.
- Le domande influenzano in modo positivo l'esito dei negoziati, perché permettono di capire meglio le logiche del tuo partner negoziale e a elaborare soluzioni che ti aiuteranno a raggiungere l'obiettivo che ti sei prefissato.
- Quando arrivi alla fine dei vari colloqui per un nuovo lavoro è frequente che l'azienda ti chieda informazioni sul tuo attuale stipendio; è bene dire sempre la verità.
- Se veramente vuoi lavorare, o continuare il tuo rapporto di lavoro, è importante mantenere una conversazione positiva; qualunque cosa succeda, non minacciare mai di andartene, se non ottieni l'aumento: non porta a nulla.
- In qualsiasi negoziazione concentrati sul futuro, mai sul passato.
- Non inserire mai tutto nella proposta iniziale: è facile incorrere in questo errore, ma ricorda che così facendo metti sul tavolo tutte le tue carte, e ti resta ben poco da negoziare.
- Sii sempre morbido, elegante e gentile con le persone, ma fermo e deciso con i problemi.
- Gioca sempre sulle emozioni e coinvolgi l'altro, facendo leva su tutte le cinque esigenze primarie.

- Se necessario, ricorri a offerte condizionate.
- Per diventare un negoziatore efficace, la pazienza potrebbe essere il tuo attributo principale.

Se dentro di te ascolti una voce che ti dice che non puoi dipingere, allora mettiti subito a farlo e quella voce si spegnerà.

Vincent Van Gogh

Capitolo 11

IL FASCINO DELLA NEGOZIAZIONE

Segui i tuoi sogni

Quante volte hai negoziato, oggi?

Scommetto che non lo sai.

Magari sei appena arrivato in azienda e lo hai già fatto parecchie volte, senza neanche accorgertene. Non lo trovi pazzesco?

Tutti noi negoziamo molte volte al giorno, di continuo.

Alcune persone ricordano momenti speciali dell'infanzia, ad esempio quando hanno tolto le rotelle alla bicicletta per andare autonomamente, o il primo giorno di scuola, o la caduta del primo dente… oppure una sensazione particolare, regalata da un momento speciale.

Della prima negoziazione, però, nella memoria non c'è traccia, perché è avvenuta molto prima.

In effetti, negoziamo fin dall'infanzia per ricevere maggiori attenzioni dai nostri genitori, o per essere trattati in modo speciale; poi, man mano che cresciamo, la vita ci porta a gestire trattative per desideri altrettanto importanti, sebbene più complessi.

Generalmente si crede che le negoziazioni corrispondano a quegli eventi in cui sono coinvolti personaggi di una certa importanza, come uomini d'affari, sportivi, politici, attori o diplomatici. Ebbene, ricorda sempre che le loro negoziazioni non sono poi così differenti da quelle in cui sei impegnato tu quotidianamente; forse le tue sono negoziazioni di risonanza minore, ma sono altrettanto degne di attenzione.

Io mi sono avvicinato a questa materia per necessità, perché avevo compreso quanto fosse cruciale per me diventarne sempre più esperto e capirne di più, così da raggiungere gli obiettivi che mi ero prefissato in ambito lavorativo, familiare e sociale. E poi…

poi ne sono rimasto affascinato. Ne sono stato letteralmente rapito.

Non ho mai smesso di impegnarmi per migliorare, ben cosciente di non essere Henry A. Kissinger (considerato da molti uno dei più abili negoziatori di sempre), che ho avuto il privilegio di ascoltare a Rimini nel 1991.

Nonostante non abbia mai raggiunto il suo livello (e abbia la piena consapevolezza di come ciò sia quasi impossibile), non ho mai interrotto il mio percorso di crescita e spero che anche tu faccia lo stesso. Segui il mio esempio, perché non avrebbe senso arrendersi prima: sarebbe come dire che non vale la pena iniziare a dipingere perché tanto non si diventerà mai come Vincent Van Gogh, o che è inutile giocare a calcio perché tanto non si sarà mai all'altezza di Lionel Messi.

La negoziazione è scienza, ed è arte.
La negoziazione è la scienza per ottenere ciò che vuoi.
La negoziazione è l'arte per ottenere ciò che vuoi.

Certo, non è una scienza esatta, e non è neppure puro "intuito artistico". È, semmai, un sapiente mix di queste due cose!

Personalmente, sono sempre alla ricerca di nuovi stili e nuove tecniche di negoziazione. Le persone che osservo quando negozio, gli autori di cui divoro i libri, i professori che incontro nelle più prestigiose università del mondo… tutti questi sono per me dei validi modelli di riferimento, delle fonti di ispirazione.

Non penso di imitarli o di paragonarmi a loro, ma voglio mettermi in gioco: mi piace, è una cosa che non mi ha mai fatto paura. Cambiare il proprio atteggiamento mentale, cercare di utilizzare la strategia più idonea e la migliore tattica da attuare… quando ti metti in gioco avvengono cose straordinarie, la maggior parte delle quali sono anche piacevoli.

Ci ho messo un po' a rendermi conto che, durante le trattative, il mio peggior nemico ero io stesso. Nel momento in cui sono riuscito a superare le mie barriere mentali e a liberarmi da alcuni equivoci, però, mi sono sentito pronto ad affrontare qualsiasi negoziazione.

«Signore si nasce… e io lo nacqui, modestamente!»

La ricordi? È una frase del celebre Totò.

Nessuno di noi nasce come grande negoziatore, ed è proprio la convinzione che "ci si nasca" a ostacolare, a volte, l'apprendimento.

Ognuno di noi conosce di sicuro qualcuno che sembra "naturalmente bravo" a negoziare, che si tratti di persuadere il capo ad aumentargli lo stipendio, di passare avanti in una fila ai controlli di sicurezza per non perdere un aereo o di ottenere un robusto sconto per l'acquisto della nuova cucina.

E gli altri? Dovrebbero forse arrendersi e lasciare che siano questi pochi fortunati, nati con un talento naturale, a fare il bello e il cattivo tempo?

No. Ho già detto e ripetuto (e non lo ripeterò mai abbastanza) che la negoziazione è un'abilità, e come tale può essere appresa. Certo, alcune persone hanno un'attitudine naturale per la negoziazione (in fondo… è anche un'arte, no?), ma chiunque può diventare un negoziatore migliore, con la giusta formazione.

Il nostro contesto sociale, il nostro percorso educativo e le persone che incontriamo hanno un impatto enorme su quanto riusciamo a ottenere da noi e dagli altri.

Prepararsi, capire cosa ottenere e ascoltare altri punti di vista sono tutti elementi essenziali per negoziare, e possono aiutarti a ottenere il risultato migliore sia per te sia per le persone con cui lavori e vivi.

Leggendo questo libro hai fatto un passo (forse non il primo e molto probabilmente neanche l'ultimo) per sfatare l'idea che buoni negoziatori si nasce e avvalorare la mia tesi che, piuttosto, ci si diventa.

Tu, infatti, sei già la prova provata di quanto sto dicendo, perché rappresenti le fondamenta su cui costruire un'abilità che con la pratica puoi solo migliorare.

Gli studiosi hanno stabilito che i geni umani sono più di ventimila, e nessuno è associabile alla negoziazione. Tuttavia, se disponi di alcune caratteristiche come curiosità, creatività, autocontrollo, pazienza, resilienza, ascolto, acume, memoria, logica e dimestichezza con i numeri, potresti avere dei vantaggi. I primi tre attributi sono più importanti degli altri, ma puoi comunque lavorare su tutti, per migliorarli.

La curiosità ti è utile solo se ascolti e osservi. La creatività richiede memoria, abilità nella logica e nel calcolo. Se sai attendere, riesci a tollerare l'ambiguità e a gestire i conflitti con calma, mostrando autocontrollo.

I migliori negoziatori hanno avuto successo nella parte avanzata della loro carriera, arrivando al livello cui sono giunti grazie alla conoscenza, alla perseveranza e a migliaia di ore di pratica.

I bravi negoziatori si affidano al loro intuito, ma se è vero che l'intuizione è in grado di generare nuove idee e nuove tattiche, non è altrettanto saggio e prudente affidarsi al proprio istinto in modo incondizionato.

La negoziazione ha una componente meccanica e una componente umana.

La prima è quella in cui il negoziatore esperto ha già predisposto ogni cosa in anticipo, e contiene tutte le risorse per fornire e gestire le informazioni, per elaborare offerte, contro proposte e concessioni.

La componente umana è molto più complessa, in quanto spesso è condizionata da pregiudizi; il negoziatore saggio ed esperto confronta continuamente quanto suggerito dal suo istinto con i dati oggettivi. Si confronta con la sua squadra e con gli esperti, e riflette a lungo prima di prendere una decisione.

Se ci affidassimo alla sola intuizione, se agissimo solo seguendo l'istinto, eseguiremmo un esercizio che potrebbe rivelarsi molto oneroso.

Chi ha intuito sembra avere un superpotere: sa qualcosa senza sapere consapevolmente il perché lo sa. Arriva addirittura a farti arrabbiare, perché quando gli chiedi spiegazioni non è in grado di dartele, e tu magari pensi che non te lo voglia dire.

Alcuni si riferiscono all'intuito definendolo come una "sensazione di pancia". Non c'è nulla di magico, o di fantastico... e non è neppure istinto. In realtà, nella negoziazione si tratta di una combinazione di conoscenza ed esperienza. La conoscenza deriva dalla preparazione, e l'esperienza viene dal farlo con passione e curiosità.

In ultima analisi, non si può imparare a negoziare da un libro. Si deve negoziare nella realtà.

Quanta verità nelle parole di James C. Freund, nel suo *Anathomy of A Merger.*

Ogni libro, ogni corso e ogni insegnamento rappresentano una guida per affrontare le negoziazioni in un modo migliore; tuttavia, queste cose non sostituiscono la pratica.

Ribadisco che la negoziazione non è uno scontro, e la persona dall'altra parte del tavolo non è un nemico.

Forse sarebbe utile produrre più tavoli tondi e meno tavoli rettangolari. La negoziazione, in effetti, deve essere vista e interpretata come un momento piacevole in cui più parti con interessi diversi si siedono allo stesso tavolo con spirito cooperativo, per arrivare a un accordo che renda soddisfatti tutti.

Sembra impossibile, ma ti assicuro che non è così: non è necessario prevaricare chi hai di fronte per ottenere ciò che vuoi. Si ottiene molto di più se ognuno fa un passo verso l'altro, per trovare un nuovo equilibrio che soddisfi entrambi. Sebbene l'obiettivo della negoziazione sia quello di ottenere ciò che desideri, i migliori accordi contengono condizioni, implicano idee e proposte di entrambe le parti. E un buon accordo, per essere tale, deve essere eseguibile. A cosa serve un accordo che una delle parti non riesce a rispettare perché troppo oneroso? A ben poco. E voler ottenere troppo è troppo rischioso.

Ogni negoziazione cui partecipiamo comporta dei rischi. Tuttavia, troppo spesso i negoziatori giustificano l'assumere rischi in contesti difficili, nella speranza che l'altra parte ceda; questo approccio non funziona, anche perché se dovesse succedere davvero che la controparte ceda (e non è detto), a lungo andare rischieresti di incrinare o rovinare la relazione.

In questi casi, il partner negoziale potrebbe diventare a sua volta tenace e prendersi rischi eccessivi. In una situazione del genere entrambe le parti perderebbero delle buone opportunità di fare scambi vantaggiosi.

La regola è che i negoziatori dovrebbero assumersi rischi ben calcolati e ponderati, e solo quando i benefici superano sicuramente (e abbondantemente) i costi.

Anche le piccole trattative richiedono preparazione e creatività. In un mondo altamente competitivo, non è permesso sbagliare.

Oggi le informazioni sono ampiamente disponibili, ci sono meno possibilità di fare affari, e quando queste possibilità si concretizzano la concorrenza è elevata, i margini di profitto si riducono; diventa sempre più importante concentrarsi su affari rilevanti e fare le scelte giuste.

Per il successo della negoziazione, assicurati non solo di entrare in tutte le trattative ben preparato e pronto per ciò che potrebbe accadere, ma anche di avere a tua disposizione le competenze e le tecniche che ti garantiranno di essere in grado di gestire il processo per ottenere il miglior risultato possibile.

Io credo fermamente nell'importanza di prepararsi al meglio per un negoziato, e una volta preparate strategie, tattiche e obiettivi non ascolto chi giustifica il suo essere arrabbiato sostenendo che reagire emotivamente è parte integrante dei negoziati.

Nulla di più sbagliato. Capita di trovarsi con chi urla, piange e ride in situazioni in cui tali atteggiamenti risultano fuori luogo. È sempre un'idea sbagliata mescolare troppi ingredienti in una buona ricetta, e lo stesso vale per le emozioni durante la negoziazione.

È buona regola avere coscienza delle emozioni e tenerle sotto controllo, durante le trattative. Quindi, mantieni sempre la calma, mostra passione quando fai un'offerta, o hai bisogno di aumentare di ritmo, o di prendere una decisione.

Nelle mie considerazioni lascio sempre le emozioni per ultime, perché sono le prime, le più importanti.

Non prendiamoci in giro. Abbiamo mai provato ansia, rabbia, delusione e gioia, ovvero le quattro emozioni più frequenti? Chiediamocelo.

Se la risposta è no, forse vuol dire che non siamo così disposti a rispettare noi stessi; così facendo non impareremo mai ad ascoltare le nostre emozioni e quelle dell'altro, in modo da acquisire informazioni aggiuntive su come gestire strategicamente la dinamica negoziale.

Se la risposta è sì, dobbiamo invece migliorare sempre più, per capire e controllare le nostre reazioni emotive e quelle dell'altro, perché così facendo migliorerà anche la nostra capacità negoziale.

Ansia, rabbia, delusione e gioia.

Non c'è nulla di male nel provare emozioni!

Uno dei miei migliori amici, Paolo, è un entusiasta della vita. È sempre sorridente e positivo, e questo lo porta a gioire quando sta per chiudere un accordo che ritiene favorevole. Io continuo a ripetergli (senza grandi risultati, a onor del vero) che questa è la peggiore delle strategie che può applicare, perché l'eccesso di sicurezza potrebbe abbassare la sua soglia di attenzione, che invece deve rimanere sempre alta; inoltre, un atteggiamento di questo tipo potrebbe indurre il partner negoziale a pensare che ci siamo avvantaggiati su di lui, provocando reazioni di rivalsa.

Paolo fa fatica a mostrarsi "strategicamente deluso". Gli ho spiegato che otterrebbe risultati migliori se solo abbandonasse quel "senso di gioia", utile solo a far mettere sulla difensiva e a portare al contrattacco il partner negoziale.

La delusione, invece, spinge gli altri a comportarsi in modo diverso, per affievolire quel sentimento che ritengono aver provocato.

Considerare le emozioni e gestirle non è un trucco al pari degli inganni, degli artifici, degli espedienti abili e astuti per mezzo dei quali si riesce a far vedere una cosa per un'altra, a nascondere o a falsare la realtà.

E, purtroppo, i trucchi sono abbastanza comuni nella negoziazione. Negli anni ne ho riscontrati anche in persone che ritenevo credibili e affidabili.

Ricorrere a mosse non etiche è sempre negativo, perché a lungo termine può avere un impatto negativo anche sulla relazione. Il mio suggerimento è di non utilizzarle; e semmai ti dovessi trovare davanti a una situazione non propriamente giusta, ricorda che c'è sempre l'opzione di abbandonare o non affrontare la trattativa.

Un abile negoziatore non ha bisogno di ricorrere a trucchi, perché è in grado di scegliere e di utilizzare gli strumenti più idonei al contesto per raggiungere un accordo.

Al posto dei trucchi, io preferisco ricorrere a un piccolo segreto, che può rendermi più abile in tutte le negoziazioni. È legato a un libro di sole sessanta pagine, dalla copertina verde e dal titolo curioso quanto intrigante: *L'Arte di Tacere,* che acquistai almeno trent'anni fa. L'abate Joseph A. Dinouart nel 1771 scrisse che: "il silenzio è necessario in molte occasioni, ma bisogna sempre essere sinceri: è possibile tenere per sé certi pensieri, ma non fingerli. Esistono delle maniere di tacere senza chiudere il proprio cuore, di essere discreto senza essere cupo e taciturno, di nascondere alcune verità senza coprirle con menzogne".

Esistono tante tecniche e tattiche che, scelte opportunamente, risultano idonee per arrivare al successo in ogni negoziazione. Ne esiste una in particolare che può portare a un esito positivo: sapere quando stare zitti.

Il silenzio è potente. È una delle armi più potenti che un individuo possa portare al tavolo negoziale, sebbene sia poco utilizzata. Le lunghe e prolungate pause sono imbarazzanti e scomode, ed è nella natura umana voler riempire il vuoto, spesso senza pensare.

Il silenzio è una tecnica molto aggressiva. Quante trattative sono fallite perché si è parlato troppo? Sicuramente di più di quelle che sono fallite a causa del silenzio.

Il silenzio è fantastico. Il silenzio, o "assenza di reazione", crea insicurezza e stress. L'altra parte si innervosisce e procede a scavarsi una buca profonda.

Il silenzio può trasmettere un senso di mistero e di potere. Può far ipotizzare la volontà di abbandonare i colloqui, piuttosto che quella di accontentarsi di qualcosa di meno del risultato sperato.

Non tutto ciò che viene detto nel corso di una trattativa richiede una risposta o un commento. L'obiettivo di un negoziato non è quello di avere ragione su ogni singolo punto (o di persuadere il partner negoziale ad abbandonare le sue opinioni), ma di trovare una soluzione che soddisfi le esigenze di entrambe le parti.

In alcuni casi, il partner negoziale può rompere il silenzio diffondendo indizi efficaci per il rafforzamento della controparte, rivelando informazioni su quanto è disposto ad accettare o sui vincoli da affrontare.

Impara a padroneggiare il silenzio e cerca di capire quando e perché l'altra parte ha scelto di tacere.

- Negoziamo fin dall'infanzia per ricevere maggiori attenzioni dai nostri genitori.
- La negoziazione è scienza ed è arte. La negoziazione è la scienza per ottenere ciò che vuoi. La negoziazione è l'arte per ottenere ciò che vuoi.
- I migliori negoziatori hanno avuto successo nella parte avanzata della loro carriera, arrivando al livello cui sono giunti grazie alla conoscenza, alla perseveranza e a migliaia di ore di pratica.
- La negoziazione ha una componente meccanica e una componente umana.
- Se ci affidassimo alla sola intuizione, se agissimo solo seguendo l'istinto, eseguiremmo un esercizio che potrebbe rivelarsi molto oneroso.
- Non è necessario prevaricare chi hai di fronte per ottenere ciò che vuoi. Si ottiene molto di più se ognuno fa un passo verso l'altro, per trovare un nuovo equilibrio che soddisfi entrambi.
- Ogni negoziazione cui partecipiamo comporta dei rischi. Tuttavia, troppo spesso i negoziatori giustificano l'assumere rischi in contesti difficili, nella speranza che l'altra parte ceda.
- La regola è che i negoziatori dovrebbero assumersi rischi ben calcolati e ponderati, e solo quando i benefici superano sicuramente (e abbondantemente) i costi.
- È buona regola avere coscienza delle emozioni e tenerle sotto controllo, durante le trattative.
- Un abile negoziatore non ha bisogno di ricorrere a trucchi, perché è in grado di scegliere e di utilizzare gli strumenti più idonei al contesto per raggiungere un accordo.
- Il silenzio è potente. È una delle armi più potenti che un individuo possa portare al tavolo negoziale, sebbene sia poco utilizzata. Impara a padroneggiare il silenzio e cerca di capire quando e perché l'altra parte ha scelto di tacere.

Il diavolo mi segue giorno e notte
perché ha paura di essere solo.

Francis Picabia

Capitolo 12

PER CONCLUDERE

Le buone abitudini

Siamo tutti consapevoli che i bambini hanno bisogno di una routine che conferisca struttura e disciplina alle loro vite.

Quando ero più giovane mia madre, Milena, mi diceva a che ora andare a letto, svegliarmi, fare i compiti, cenare, lavarmi... definiva persino un orario specifico per giocare con i miei amici. Una volta cresciuto ho mantenuto molte delle sue impostazioni, quindi si pranza alle tredici e si cena alle venti.

Le persone spesso non hanno una routine quotidiana, perché non hanno mai pensato di creare un programma cui attenersi. Di conseguenza, molte di loro si sentono stressate, ansiose, sopraffatte; non riescono a raggiungere gli obiettivi prefissi e a esprimere il loro vero potenziale.

Per le negoziazioni vale lo stesso concetto: seguire un metodo può essere noioso, può sembrare rigido e soffocante; so che in molti condividono questo punto di vista e vivono le loro negoziazioni in modo capriccioso, stravagante e creativo, credendo che questa modalità li renda liberi, in qualche modo. Queste persone non hanno ancora imparato che progettare, seguire e affinare un metodo personale è il percorso vincente non solo per effettuare trattative efficaci, ma anche per esprimere in modo completo il proprio potenziale. Il mio metodo permette di affrontare qualsiasi tipologia di negoziazione, e si compone di sette fasi: decidere se negoziare; preparazione e pianificazione; discussione, proposta e trattativa; accordo; debrief; follow-up; archiviazione. Non ci sono scorciatoie per la preparazione. Chiunque abbia mai provato a prepararsi sa che è meno complicato di quanto si possa immaginare; poi, con la pratica, tutto diventa facile e i risultati sono sempre premianti!

Sapere è potere

L'obiettivo non è di prepararsi per ogni possibile situazione in modo da sapere cosa fare, cosa dire e come reagire, ma di dedicare il tempo che serve (che spesso è più di quello che si ha a disposizione) per definire la migliore strategia e prefigurare una serie di tattiche partendo da informazioni volte a identificare con accuratezza interessi, opzioni, alternative, legittimità, impegno ed emozioni.

Le persone che decidono godono di un certo fascino, perché tutti percepiamo che essere in grado di prendere delle decisioni è un dono prezioso, oltre che un compito difficile.

Questa abilità oggi è ritenuta una delle principali competenze richieste a un manager; è fondamentale, perché comporta la responsabilità di determinare una scelta tra innumerevoli opzioni. Una scelta che può anche portare a un esito diverso rispetto a quello atteso, cioè a degli errori (che a volte si ripetono pure).

Durante l'intero processo di negoziazione vengono fatte molteplici piccole scelte e ogni scelta produrrà i propri effetti; entrano sempre in gioco fattori oggettivi, legati al contesto, e fattori soggettivi, connessi ai processi logici del decisore.

Una negoziazione è caratterizzata da complessità, incertezza, variabilità, disponibilità limitata di risorse ed elevata velocità.

Le semplificazioni peggiorano la situazione, perché inducono a sottovalutare la reale influenza degli elementi nello sviluppo degli scenari futuri.

I fattori oggettivi sono indipendenti dalle parti in gioco nella negoziazione; si tratta di informazioni fattuali, assolutamente rilevanti per ciò che dovrebbe o non dovrebbe essere concordato in quella negoziazione.

Le informazioni diventano oggettive quando sono riconducibili a fonti quanto più obiettive e credibili. Inoltre, devono essere pertinenti, semplici da elaborare e comprendere, verificabili immediatamente o in anticipo dal partner negoziale, aggiornate e, cosa più importante, devono avere potere persuasivo per te, per l'altra parte e per terzi.

Gran parte della forza dei criteri oggettivi dipende da come li utilizziamo: se lo facciamo correttamente, in una negoziazione possono dare molta fiducia e supporto.

La loro comprensione, unita alle modalità per applicarli al meglio, ti protegge dall'essere sfruttato dal tuo partner negoziale, in qualsiasi occasione. Essere preparato sui fatti ti dà anche quella fermezza che ti impedisce di apparire morbido: se sei oggettivamente ben preparato potrai essere un ottimo negoziatore e suscitare il dovuto rispetto non solo agli occhi dei tuoi colleghi e superiori, ma anche a quelli del partner negoziale.

La preparazione, tienilo sempre a mente, è uno dei migliori segnali per riconoscere un abile negoziatore.

Ma tu cosa vuoi?

L'oggettività che hai utilizzato nella fase preparatoria, quando hai esplorato i tuoi interessi, deve continuare nella definizione di ciò che vuoi ottenere.

Chiediti con onestà il perché di questa negoziazione, a cosa ambisci, cosa otterresti concludendola, come un accordo modificherebbe la tua soddisfazione… e tanto altro.

Il potere delle domande, rivolte anche a sé stessi, è straordinario.

Le negoziazioni sono affascinanti, ma devi essere consapevole che non potrai ottenere tutto e sempre. Decidi quindi a priori quali aspetti sono più importanti e su quali sei più flessibile, più disposto a concedere.

I grandi negoziatori sanno cosa vogliono prima di entrare in una discussione e stabiliscono cosa non accetteranno mai; hanno anche ben chiaro il punto in cui è più opportuno abbandonare la trattativa, ovvero il valore di riserva (RV): se non entri nell'idea di poterti comunque alzare e andartene dal tavolo negoziale quando non ritieni più vantaggioso rimanere, ti stai solo preparando a concludere un pessimo affare. Perdere un cattivo affare è sempre preferibile a concluderlo.

Quando ti alzi dal tavolo negoziale, ricorri alla miglior alternativa all'accordo negoziato, che consente a entrambe le parti di ritirarsi dai negoziati e procedere con un'opzione diversa. Questa alternativa (la più potente tra quelle che avrai preso in considerazione in fase di preparazione) può modificarsi nel corso della trattativa per effetto di nuovi elementi raccolti grazie allo scambio di informazioni (cosa che avviene nella maggior parte dei casi, soprattutto se sei un abile negoziatore e sai utilizzare domande aperte e ascolto attivo).

Una BATNA ben preparata consente a entrambe le parti di ritirarsi e procedere con l'opzione, e a un certo punto dei negoziati potrebbe rappresentare l'opzione più allettante.

Prima di iniziare, investi sempre del tempo nell'elaborazione della tua BATNA (insieme alla tua squadra di negoziazione, se presente) ed esplora diversi scenari con lo scopo di identificare e valorizzare le opzioni BATNA del partner negoziale.

E non negoziare mai se non hai un'alternativa. È fondamentale.

Disporre di un valido piano B percorribile nel caso non si arrivi a un accordo significa che sarai in grado di esercitare richieste più elevate sulla controparte.

Sebbene ricorrervi significhi, di solito, interagire con terzi non presenti al tavolo negoziale (ad esempio continuare a vivere in una casa piccola, acquistare da un altro fornitore, o accettare l'offerta di lavoro ricevuta la settimana precedente), considera sempre le conseguenze del dire di no alla proposta.

Devi poi imparare a modificare la tua prospettiva e a guardare le cose con gli occhi del tuo partner negoziale, a ragionare come lui.

È evidente che scegliere altro contribuisce maggiormente a soddisfare i tuoi interessi, ma considera sempre quale impatto ha questa scelta sugli interessi dell'altra parte. Le conseguenze, per entrambi, possono includere costi o rischi, opportunità mancate, danni alla relazione e tanto altro. Sebbene queste non siano opzioni esterne indipendenti dalla tua controparte, sono comunque importanti.

Qualche anno fa mi sono trovato a negoziare l'acquisto di una partecipazione azionaria partendo da una situazione di oggettivo svantaggio, perché in quel momento il private equity non aveva disponibilità immediata per portare a termine l'acquisizione. L'alternativa consisteva nella possibilità di acquistare altre aziende meno onerose.

C'erano alcune trattative di dismissioni avanzate che avrebbero migliorato la disponibilità finanziaria, e quindi permesso la chiusura dell'operazione. Cosa dovevo fare, quindi? Dovevo negoziare cercando di rallentare il processo, in attesa che ci fosse sufficiente disponibilità finanziaria, piuttosto che prendere in considerazione le aziende meno costose (cosa che avrei fatto solo se non fossi riuscito a rallentare il negoziato e a chiuderlo).

Ne avevo la piena coscienza, e in effetti sono riuscito a ritardare l'accordo.

Ricorda che senza un'alternativa BATNA ben definita, entrerai sempre nei colloqui con un certo timore. Di fronte all'incertezza è più probabile che tu esprima giudizi affrettati, frutto della disinformazione. E potresti trovarti costretto ad accettare le proposte che ti vengono fatte, anche se non sono il massimo, perché credi che non ci sia un'altra opzione.

Al contrario, potresti abbandonare prematuramente i negoziati, timoroso di accettare qualsiasi accordo, poiché potrebbe esserci un'alternativa migliore.

In ogni caso, la paura di "ciò che avrebbe potuto essere" non durerà così tanto, se decidi di portare a termine l'accordo negoziato.

Se scegli di andartene, avere una BATNA ben definita ti consente di sapere esattamente dove finirai: non solo ti permette di capire dove sei, ma anche dove vuoi andare.

Non mi piace ballare, e neanche danzare

Troppo spesso nelle negoziazioni le parti negoziali cercano di dividere un insieme limitato di risorse.

Può essere considerata come una contrattazione: lo scambio avanti e indietro di offerte, tipicamente offerte di prezzo, che il defunto professore di Harvard Howard Raiffa ha definito "La danza della negoziazione".

Secondo la Teoria dei giochi, queste negoziazioni sono a somma zero; significa che una parte vince e l'altra perde.

Se i guadagni di una parte sono direttamente compensati dalle perdite dell'altra, vuol dire che non stai facendo una negoziazione vera, che invece si sviluppa quando la contrattazione verte contemporaneamente su molti elementi.

Una trattativa di lavoro è un buon esempio in cui l'oggetto della negoziazione potrebbe essere il solo stipendio; oppure, potrebbe trattarsi di un mix retributivo ampio, composto da una serie di variabili quali lo stipendio, il luogo di lavoro, le ferie, i bonus, l'autovettura, i benefit e tanto altro.

Nel primo caso di negoziazione le parti sono in competizione e le tattiche utilizzate sono di forzatura e manipolazione, mentre nel secondo ognuno cerca di creare vantaggio per entrambi, ricorrendo alla collaborazione e allo scambio di informazioni di vario tipo.

La negoziazione diventa davvero efficace quando l'oggetto della trattativa è un insieme di elementi, perché ad esempio a fronte di una concessione su un benefit (la riduzione della classe dell'autovettura aziendale) si ottiene in cambio un bonus maggiore.

I negoziatori esperti prediligono queste negoziazioni, perché rappresentano un'opportunità per arrivare agli obiettivi che si sono posti in fase preparatoria. Sanno che saranno in grado di ottenere anche di più perché, trattando con il partner negoziale, verranno esplorate opzioni che aumenteranno il valore disponibile totale a disposizione di entrambi.

Questa è la forma preferita dai negoziatori capaci, perché l'integrazione delle parti costruisce relazioni a lungo termine, facilita collaborazioni future e consente a ciascun negoziatore di lasciare il tavolo delle trattative con la sensazione di aver ottenuto molto di più di quanto si aspettasse.

Cerca sempre di ottenere quante più informazioni possibili sugli interessi del tuo partner negoziale e sui suoi obiettivi. Se conosci quali sono le sue reali esigenze e/o la sua strategia, puoi anticipare e rispondere alle sue posizioni, ai suoi comportamenti.

Sebbene uno degli obiettivi sia gestire la trattativa partendo dall'agenda, dovresti essere sempre il primo a fare un'offerta, allo scopo di creare un riferimento per ogni offerta successiva. E non prendere mai troppo sul serio le offerte iniziali, perché sono solo posizioni di partenza, e a volte tendono a essere estreme, idealistiche.

Mentre offri delle alternative, concentrati sugli interessi dell'altra persona, sui suoi obiettivi, sui suoi principi.

Non perdere l'opportunità di riuscire a creare sempre situazioni di reciprocità attraverso uno scambio paritetico di concessioni, volto a soddisfare gli interessi reciproci: così facendo il valore sul tavolo aumenterà sensibilmente a vantaggio di entrambi.

Sii giusto se vuoi un accordo giusto

Quando inizi una negoziazione, cerca sin da subito di creare un'atmosfera aperta e collaborativa: è il prerequisito da preservare durante tutto il processo.

Sforzati di lavorare insieme al tuo partner negoziale in modo creativo, per elaborare insieme quelle opzioni che soddisfino gli interessi di entrambi e per aggiungere altro valore, così da arrivare all'accordo finale.

In definitiva, ciò dovrebbe creare un valore sufficiente a far ottenere a entrambe le parti qualcosa di migliore.

Assicurati che qualsiasi concessione che fai sia reciproca. Se ciò non avviene, si crea un disequilibrio che nel lungo andare genera tensioni e risentimenti: spesso una trattativa si interrompe perché una delle parti ritiene che l'altra non la stia trattando in modo equo.

Rispetta l'altra parte anche quando non sei d'accordo con quanto propone, tenendo sempre separate le persone dal problema: la negoziazione non deve diventare mai una questione personale.

Come nel basket, l'obiettivo è la palla, non il giocatore.

Non mentire e non ingannare il tuo partner negoziale. Negozia tutte le clausole che vuoi, ma prendi solo gli impegni che sarai in grado di onorare; in caso contrario, oltre alle implicazioni legali per la violazione, metterai in discussione anche la tua dignità e la tua credibilità, oltre che a mettere a repentaglio la reputazione dell'azienda che rappresenti.

Tieni poi a mente che il tempo impiegato nella preparazione e nella pianificazione, l'analisi sulle strategie e le possibili tattiche non hanno significato (e neanche valore) se non c'è un accordo che definisce gli impegni reciproci.

Una negoziazione è equa quando le parti comunicano in modo efficace per raggiungere un accordo grazie a integrità ed equilibrio, con l'obiettivo di trovare una soluzione vantaggiosa per entrambi.

Ricordati che se sarai etico e corretto, potrai tenere sempre la testa alta; soprattutto, sarai fonte d'ispirazione per altri negoziatori!

Nel mondo reale, molte volte una trattativa si interrompe perché una delle parti ritiene che l'altra non la stia trattando in modo equilibrato e onesto; nella maggior parte dei casi succede perché le emozioni hanno preso il sopravvento.

Cosa fare? Urlare, minacciare?

No. Assolutamente no.

Le emozioni non gestite rischiano di rovinare l'essenza della negoziazione, ma se tu sei ben preparato, sarai abile ad analizzare il contesto e nel gestirlo al meglio.

Mantieni sempre la calma, sii rispettoso e tratta le altre persone come vorresti essere trattato tu.

L'ascolto, l'apprendimento e l'adattamento ti consentiranno di aggirare gli ostacoli. Anche se le cose non vanno esattamente secondo i tuoi piani, con la giusta mentalità sarai comunque in grado di ottenere un risultato vantaggioso per tutti e non solo porterai a termine l'accordo, ma rafforzerai anche la tua reputazione di negoziatore leale!

- Creare una routine quotidiana e un programma a cui attenersi è importante.
- Progettare, seguire e affinare un metodo personale è il percorso vincente non solo per effettuare trattative efficaci, ma anche per esprimere in modo completo il proprio potenziale.
- Prendere decisioni è ritenuta una delle principali competenze richieste a un manager. Durante l'intero processo di negoziazione vengono fatte molteplici piccole scelte e ogni scelta produrrà i propri effetti.
- Una negoziazione è caratterizzata da complessità, incertezza, variabilità, disponibilità limitata di risorse ed elevata velocità.
- La preparazione, tienilo sempre a mente, è uno dei migliori segnali per riconoscere un abile negoziatore.
- Il potere delle domande, rivolte anche a sé stessi, è straordinario.
- Perdere un cattivo affare è sempre preferibile a concluderlo.
- Non negoziare se non hai un'alternativa.
- Devi imparare a modificare la tua prospettiva e a guardare le cose con gli occhi del tuo partner negoziale, a ragionare come lui.
- La negoziazione diventa davvero efficace quando l'oggetto della trattativa è un insieme di elementi, perché a fronte di una concessione si ottiene in cambio un bonus maggiore.
- Quando inizi una negoziazione, cerca sin da subito di creare un'atmosfera aperta e collaborativa.
- Assicurati che qualsiasi concessione che fai sia reciproca. Se ciò non avviene, si crea un disequilibrio che nel lungo andare genera tensioni e risentimenti.
- La negoziazione non deve diventare mai una questione personale.
- Mantieni sempre la calma, sii rispettoso e tratta le altre persone come vorresti essere trattato tu.

Glossario

24/7: indica la disponibilità e l'operatività continua per 24 ore al giorno, 7 giorni alla settimana. Indica quindi che un servizio o un'attività sono accessibili o disponibili senza interruzioni.

Agenda: lista degli argomenti che saranno discussi, che va inviata ai partecipanti prima dell'incontro. Può includere informazioni come luogo e orario dell'incontro stesso, e aiuta a concentrarsi sugli obiettivi chiave per una gestione più efficace della riunione.

Agente: persona che in una trattativa agisce per conto o al posto di un'altra persona (fisica o giuridica che sia) come suo rappresentante. Un agente ha *piena* o *limitata* autorità di agire per conto della parte che rappresenta.

All you can eat: formula offerta da alcuni ristoranti che, a un prezzo prestabilito, permette al cliente di mangiare tutto quello che vuole senza un limite di quantità.

Ancora: proposta iniziale (effettuata da una delle parti che siedono al tavolo negoziale) volta a fissare il punto di partenza della trattativa e a influenzare così la discussione successiva. Spesso l'ancora viene utilizzata per condizionare la controparte a spostarsi verso una soluzione più vicina alle proprie aspettative.

Arbitrato: metodo alternativo di risoluzione delle controversie in cui le parti coinvolte si sottopongono al giudizio di un terzo per raggiungere una decisione finale. Un arbitro neutrale, scelto dalle parti o designato da un'organizzazione, ascolta le argomentazioni e prende una decisione vincolante per le parti coinvolte.

Art director: responsabile della realizzazione dell'aspetto creativo di una campagna pubblicitaria. Collabora con il copywriter e supervisiona i designer grafici, gli illustratori e i fotografi per garantire un prodotto finale efficace ed esteticamente attraente.

Ascolto attivo: ascoltare attentamente le esigenze, le preoccupazioni e le prospettive del partner negoziale, dimostrando comprensione e rispondendo in modo adeguato, con l'obiettivo di raggiungere un accordo vantaggioso per entrambe le parti.

Ascolto selettivo: prestare attenzione solo a determinate informazioni o a quegli argomenti che confermano le proprie convinzioni e/o interessi, ignorando o minimizzando le altre prospettive. Durante una trattativa può influenzare negativamente la comprensione e la comunicazione.

Avversione al rischio: preferenza di evitare di assumere rischi elevati o di perdere il controllo della situazione. Tale atteggiamento può influenzare la strategia di negoziazione adottata, portando a un approccio più cauto e conservativo nella presa di decisioni.

B2B (Business-to-Business): relazioni commerciali tra aziende, ovvero la vendita di beni e servizi tra imprese. Si riferisce a un mercato in cui le aziende agiscono come clienti o fornitori di altre aziende, anziché vendere direttamente ai consumatori finali.

BATNA: acronimo di "Best Alternative to a Negotiated Agreement" (migliore alternativa a un accordo negoziato). Indica la migliore alternativa disponibile, in caso di mancato accordo e/o di accordo insoddisfacente nella trattativa in corso, che una parte può perseguire.

Bluff: tattica utilizzata per influenzare il comportamento della controparte attraverso la comunicazione di informazioni false o esagerate; lo scopo è di indurre la controparte a credere di avere meno potere di negoziazione, ottenendo quindi un vantaggio.

Brainstorming: processo creativo di generazione di idee e soluzioni, in cui i partecipanti contribuiscono liberamente con proposte e suggerimenti. Questa tecnica favorisce la diversità di pensiero e può aiutare a trovare opzioni innovative per risolvere una disputa e/o raggiungere un accordo.

Buy-in: acquisto di una partecipazione di un'azienda da parte di un investitore esterno, come un fondo di private equity o un'azienda concorrente.

Buy-out: acquisizione completa di una società da parte di un investitore esterno o del management esistente.

Carve-out: cessione o separazione di una divisione o di un'unità operativa di un'azienda da parte del suo proprietario, che consente di vendere la divisione a un acquirente interessato.

CEO (Chief Executive Officer): massimo dirigente di un'azienda, responsabile delle strategie aziendali e dell'operatività quotidiana.

CFO (Chief Financial Officer): dirigente aziendale, responsabile della gestione finanziaria di un'azienda.

Chef de partie: cuoco specializzato e responsabile di una specifica area della cucina, come ad esempio la preparazione delle salse o dei dessert.

Chef pâtissier: pasticciere di alto livello, specializzato nella preparazione di dolci, dessert e altre prelibatezze di pasticceria.

Chef saucier: cuoco specializzato nella preparazione di salse di base, stufati e guarnizioni.

Coalizione: gruppo di individui o di organizzazioni che si uniscono in una negoziazione con più parti per perseguire un obiettivo comune, il che consente loro di raggiungere obiettivi che altrimenti sarebbero difficili per loro da raggiungere agendo da soli.

Comfort zone: stato psicologico in cui ci si sente sicuri, protetti e a proprio agio, senza sperimentare quell'ansia e quello stress che impediscono la crescita personale e limitano le opportunità di apprendimento e sviluppo.

Concessione: atto di accordare qualcosa alla controparte al fine di raggiungere un compromesso e/o un accordo.

Contro ancoraggio: strategia che mira a spostare il punto di riferimento delle discussioni o delle proposte verso una posizione più favorevole alla propria parte. Con il contro ancoraggio si cerca di influenzare la percezione dell'altra parte creando un confronto con alternative meno vantaggiose o desiderabili.

Controproposta: risposta formulata da parte di chi riceve una proposta. La controproposta suggerisce modifiche o alternative alla proposta originale, nel tentativo di raggiungere un punto di accordo più favorevole a entrambe le parti coinvolte.

COO (Chief Operation Officer): dirigente aziendale che si occupa della supervisione e del coordinamento delle attività produttive. Il COO lavora a stretto contatto con la direzione esecutiva, allo scopo di garantire l'efficienza operativa e il raggiungimento degli obiettivi aziendali.

CPO (Chief Procurement Officer): dirigente aziendale che, all'interno di un'organizzazione, è il responsabile della gestione strategica degli acquisti e dell'approvvigionamento.

Copywriter: professionista che si occupa della creazione di testi pubblicitari e di marketing. Il suo lavoro consiste nel concepire e scrivere messaggi persuasivi per pubblicità, spot televisivi, annunci online, brochure e altri materiali di marketing, al fine di catturare l'attenzione del pubblico e persuaderlo a compiere un'azione specifica.

Costo totale di proprietà: ammontare complessivo dei costi associati all'acquisizione, all'utilizzo e alla manutenzione di un bene o di un servizio nel corso del suo ciclo di vita. Include i costi diretti e indiretti, come il prezzo di acquisto, le spese operative, i costi di manutenzione e i costi di sostituzione.

Covenant: accordo formale tra due o più parti che stabilisce obblighi, restrizioni o condizioni specifiche che devono essere rispettate regolando i diritti e i doveri delle parti relativamente a vari aspetti, come la fornitura di servizi, il rispetto di termini e condizioni, e altre disposizioni specifiche.

Customer service: insieme di attività e processi volti a fornire assistenza, supporto e risposte alle domande dei clienti; il servizio è volto a garantire la massima soddisfazione del cliente.

Debrief: fase in cui le parti coinvolte si riuniscono dopo la conclusione delle trattative per discutere e valutare il processo di negoziazione, condividere feedback, esaminare gli esiti raggiunti e identificare eventuali miglioramenti o lezioni apprese, a beneficio delle negoziazioni future.

Domande aperte: tipo di domande che richiedono una risposta più articolata e dettagliata di un semplice sì o no. Nella negoziazione, le domande aperte possono essere utilizzate per ottenere informazioni e comprendere i bisogni, gli interessi e le priorità della controparte, oltre che per creare un clima di maggior collaborazione e comprensione reciproca.

Domande calibrate: tipo di domande strategiche che nella negoziazione possono essere utilizzate per ottenere informazioni utili e influenzare il comportamento della controparte. Vengono formulate in modo specifico e non sono troppo dirette, allo scopo di mantenere l'apertura della conversazione e indurre la controparte a fornire risposte più dettagliate.

Domande chiuse: tipo di domande che richiedono una risposta precisa: sì o no. Nella negoziazione sono utilizzate per ottenere una conferma o un rifiuto su un determinato punto.

Domande guida: tipo di domande poste con l'intento di fornire un orientamento specifico per la risposta, aiutando a ottenere informazioni dettagliate o a stimolare il pensiero critico.

DPI (Dispositivi di Protezione Individuale): dispositivi utilizzati per proteggere la salute e la sicurezza dei lavoratori in ambienti di lavoro pericolosi. Includono maschere, occhiali protettivi, guanti, caschi e altri dispositivi, a seconda del rischio specifico al quale il lavoratore è esposto.

Emozioni: risposta psicologica e fisiologica a uno stimolo esterno o interno. Si manifestano attraverso sentimenti e sensazioni come gioia, tristezza, rabbia, paura e sorpresa, e possono influenzare il comportamento e le decisioni di un individuo. Le emozioni sono spesso soggettive e possono variare in base alle esperienze personali e culturali.

Empatia: capacità di comprendere e condividere le emozioni, i pensieri e le prospettive del partner negoziale. L'empatia favorisce la creazione di un clima di fiducia e favorisce la collaborazione nella ricerca di soluzioni mutuamente vantaggiose.

Esigenze primarie: secondo Daniel Shapiro, sono quei bisogni fondamentali che ogni individuo cerca di soddisfare attraverso la negoziazione. Includono apprezzamento, affiliazione, autonomia, status e ruolo.

Etichetta: tecnica di comunicazione che consiste nell'assegnare un'etichetta o una definizione a un determinato comportamento o aspetto della trattativa, contribuendo a influenzare la percezione della controparte e a condizionare il modo in cui viene affrontata la questione.

Executive: membri del management di un'azienda, con ruoli di responsabilità nella gestione e nella direzione dell'organizzazione. Possono includere il CEO, il CFO, il COO e altri dirigenti con ruoli specifici.

Feel, felt, found: tecnica di comunicazione utilizzata per gestire le obiezioni e/o le preoccupazioni di una persona.

Fusioni e acquisizioni: operazioni in cui due o più aziende decidono di unirsi o una azienda ne acquisisce un'altra per creare una nuova entità e/o integrarne le risorse e le attività.

Giochi a somma diversa da zero: situazioni in cui i partecipanti possono trarre vantaggio reciproco, ottenendo un risultato complessivo che superi la semplice somma dei risultati di ciascuno. In altre parole, il guadagno di un partecipante non corrisponde necessariamente alla perdita degli altri. Questo tipo di gioco è spesso usato nella Teoria dei giochi per studiare le interazioni cooperative tra i partecipanti e le strategie vincenti.

Giochi a somma zero: situazioni in cui il guadagno di un partecipante corrisponde alla perdita degli altri. In altre parole, la somma dei risultati è sempre pari a zero. Questo tipo di gioco è spesso usato nella Teoria dei giochi per studiare le interazioni tra i partecipanti e le strategie vincenti.

Impasse: situazione in cui le parti coinvolte non riescono a raggiungere un accordo. Si verifica quando le parti hanno opinioni contrastanti e non sono in grado di trovare un compromesso o una soluzione soddisfacente per entrambe. L'impasse può portare all'interruzione della negoziazione.

Intelligenza emotiva: capacità di comprendere e gestire le emozioni proprie e degli altri durante il processo di trattativa. Include l'empatia, l'autocoscienza emotiva, il controllo emotivo e l'utilizzo efficace delle emozioni per influenzare positivamente la negoziazione.

Interessi: i bisogni, le preoccupazioni e i desideri (o gli obiettivi) di una parte coinvolta nella trattativa. La comprensione degli interessi è fondamentale per identificare soluzioni che li soddisfino e per favorire la collaborazione nella ricerca di un accordo.

Just in time (JIT): approccio organizzativo e di gestione della produzione che mira a ridurre al minimo gli inventari e ad avere la disponibilità dei materiali e delle risorse necessarie esattamente al momento in cui sono richieste, per evitare sprechi e costi aggiuntivi.

KPI: acronimo di Key Performance Indicator, ovvero un indicatore chiave di prestazione. Si tratta di una metrica utilizzata per valutare il successo di un'azienda rispetto ai suoi obiettivi. I KPI sono misurabili e quantificabili e consentono alle aziende di valutare le prestazioni in modo oggettivo.

Lead-time: tempo necessario per completare un processo produttivo, dal momento in cui viene effettuato l'ordine dei materiali fino alla consegna del prodotto finito al cliente. È un indicatore importante per la gestione della catena di approvvigionamento e del controllo di produzione.

Legal director: alto dirigente in uno studio legale che si occupa della gestione e della coordinazione delle attività legali, della valutazione dei rischi, della definizione delle strategie legali e del supporto ai clienti nell'ambito delle questioni giuridiche più complesse.

Legittimità: percezione che le azioni, le richieste o le proposte di una parte siano autorevoli, ufficiali, autentiche e giustificate secondo le norme, le regole o le convenzioni socialmente accettate, o secondo documenti scritti, termini e condizioni standard, politiche aziendali e listini prezzi.

Lettera d'intenti (LOI): documento scritto che esprime l'intenzione delle parti coinvolte in una negoziazione di procedere verso un accordo formale. La LOI solitamente contiene i principali punti negoziati, le condizioni preliminari e i termini che potrebbero essere inclusi nel contratto finale.

Leva: potere, influenza o vantaggio di cui una parte dispone e che può utilizzare per ottenere concessioni e/o risultati favorevoli durante la trattativa. La leva deriva da risorse, conoscenze, alternative o posizioni di forza negoziale.

Linguaggio non verbale: insieme di segnali espressivi (come gesti, espressioni facciali, postura e prossemica) utilizzati per comunicare emozioni, intenzioni, atteggiamenti e stati d'animo senza l'uso di parole. È una componente fondamentale della comunicazione umana.

Linguaggio paraverbale: caratteristiche vocali utilizzate durante la comunicazione verbale (come tono, ritmo, volume, intonazione e pause) che possono influenzare il significato del messaggio trasmesso ed essere utilizzate per enfatizzare, sottolineare o modificare l'interpretazione del contenuto verbale.

Linguaggio verbale: uso della lingua per comunicare significato e informazioni. Include l'uso di parole, il tono in cui si pronunciano, le frasi e la struttura delle stesse. La comunicazione verbale è fondamentale nella negoziazione, dove la comprensione delle parole utilizzate è essenziale per l'esito delle trattative.

Logrolling: pratica in cui le parti coinvolte scambiano concessioni su questioni diverse per raggiungere un accordo complessivo. Si basa sul principio del "dare e avere", ossia la parte A offre al partner negoziale B qualcosa che per B ha un valore elevato (sicuramente superiore a quello che ne ha per A); in cambio, A si aspetta qualcosa che per lei abbia un valore altrettanto elevato (sicuramente superiore a quello che ne ha per B).

M&A: vedi fusioni e acquisizioni.

Mail delivery failure: messaggio di errore indicante che la e-mail non è stata consegnata al destinatario. Ci possono essere diverse ragioni per questo, come ad esempio un indirizzo e-mail errato o un server di posta in entrata non funzionante.

Managing partner: socio principale di uno studio legale, incaricato della gestione e dell'amministrazione dello studio. Il suo ruolo è quello di pianificare le strategie e le attività dello studio, supervisionare il personale, gestire le relazioni con i clienti e garantire il rispetto degli standard di qualità del lavoro svolto.

Memorandum of understanding (MOU): accordo preliminare tra le parti coinvolte che stabilisce i principi, gli obiettivi e i termini generali dell'accordo futuro; di per sé non è vincolante legalmente come un contratto.

Mergers & acquisition (M&A): vedi fusioni e acquisizioni.

MESO (Multiple Equivalent Simultaneous Offers): tecnica negoziale in cui vengono presentate diverse opzioni contemporaneamente, in modo da permettere alle parti di scegliere l'offerta più vantaggiosa per entrambe. Questo metodo favorisce la cooperazione piuttosto che la competizione tra le parti.

Negoziazione distributiva: tipo di negoziazione in cui le parti cercano di massimizzare i propri guadagni a spese della controparte. Si tratta di un approccio competitivo in cui i negoziatori cercano di ottenere il massimo vantaggio possibile per sé stessi, utilizzando tattiche di pressione e persuasione per raggiungere i propri obiettivi. In questo tipo di negoziazione non vi è interesse comune nel creare valore per entrambe le parti, ma solo la volontà di spartire la torta delle risorse disponibili.

Negoziazione integrativa: strategia negoziale in cui le parti cercano di raggiungere un accordo che soddisfi gli interessi comuni e crei valore aggiunto per entrambe, invece di concentrarsi solo sulla distribuzione di un valore fisso. Questo approccio può portare a soluzioni più creative e benefiche per entrambe le parti.

Offerta: rappresenta la proposta di un'azione o di un accordo avanzata da una parte negoziale all'altra durante la trattativa. L'offerta può riguardare un prezzo, una quantità, un termine (o qualsiasi altro aspetto negoziabile), e costituisce un passo fondamentale nella conclusione dell'accordo.

Offerta condizionata: offerta che richiede la soddisfazione di alcune condizioni specifiche per considerarsi valida. Le condizioni possono riguardare la tempistica, il prezzo, la quantità o altre variabili importanti per le parti coinvolte nella negoziazione. L'offerta viene considerata valida solo se le condizioni stabilite sono accettate da entrambe le parti.

Offerte multiple equivalenti simultanee: vedi MESO.

Opzioni: scelte disponibili dalle parti coinvolte per risolvere un problema o raggiungere un accordo. Le opzioni possono includere diverse proposte o alternative che possono essere esplorate durante il processo negoziale.

Overlay: sottile strato protettivo o decorativo applicato sulla superficie della carta di credito.

Pareto (principio di): si riferisce al fenomeno per cui il 20% delle cause genera l'80% degli effetti.

Partner: avvocato o professionista che ha raggiunto il livello più alto nella gerarchia di uno studio legale. Ha responsabilità manageriali e guida il lavoro degli altri avvocati, partecipa alla gestione dell'azienda e condivide i profitti dell'azienda con gli altri partner.

Partner negoziale: una controparte o un'organizzazione coinvolta in una negoziazione con cui si intraprendono trattative, si condividono informazioni, si negoziano termini e si cerca di raggiungere un accordo reciproco che sia vantaggioso per entrambi.

PCDA: noto anche come ciclo di Deming, è un modello di gestione ciclico utilizzato per migliorare i processi e i risultati. Comprende la pianificazione di un'azione, l'implementazione, la verifica dei risultati e l'adozione di azioni correttive per il miglioramento continuo. È spesso utilizzato per la gestione della qualità e la risoluzione dei problemi.

People & Culture Manager: dirigente aziendale che si occupa della gestione delle risorse umane all'interno dell'organizzazione. Il suo ruolo prevede la definizione e la realizzazione delle strategie per l'acquisizione, la formazione, lo sviluppo e la gestione del personale, con l'obiettivo di migliorare le prestazioni e la produttività aziendale.

Policy: insieme di regole, linee guida e/o direttive stabilite da un'organizzazione per regolare il comportamento e le azioni dei suoi membri. Le policy possono riguardare vari aspetti (come la sicurezza, l'etica, la privacy o le procedure operative), e servono a garantire la coerenza e l'aderenza agli obiettivi e ai valori dell'organizzazione.

Posizione: dichiarazione di ciò che una persona vuole in una negoziazione.

Post Settlement Settlement (PSS): processo in cui le parti, dopo aver raggiunto un accordo verbale o firmato un contratto, possono essere in grado di generare ancora più valore.

Pregiudizio cognitivo: distorsione della nostra percezione e dei nostri processi decisionali che può portare a errori di valutazione e di giudizio. Tali pregiudizi possono influenzare il modo in cui valutiamo le informazioni e prendiamo decisioni durante una trattativa.

Prezzo: valore monetario, o la compensazione richiesta o offerta per un prodotto, servizio o bene oggetto della trattativa; il prezzo è influenzato da vari fattori come la domanda, l'offerta, la concorrenza e le condizioni di mercato, ed è un tipico elemento negoziabile.

Prezzo di riserva: prezzo minimo accettabile per una trattativa. Rappresenta il limite inferiore al di sotto del quale una parte non è disposta ad accettare un accordo, e protegge i propri interessi e obiettivi.

Private equity: investimenti in società non quotate tramite l'acquisto di una partecipazione di controllo o di minoranza, con l'obiettivo di aumentarne il valore e rivenderle con profitto a investitori terzi. Gli investitori in private equity sono spesso società di investimento, fondi pensione e altre istituzioni finanziarie.

Probabilità: in statistica, è la misura numerica dell'incertezza associata a un evento.

Processo di negoziazione: insieme di passaggi strutturati e interazioni tra le parti coinvolte, finalizzati a raggiungere un accordo reciproco.

Rappresentanza: si riferisce alla capacità di agire come rappresentante di un'altra parte. Ciò significa che una persona agisce a nome e/o per conto di un'altra parte e può prendere decisioni a suo nome. La rappresentanza può essere espressa o implicita, ed è regolata dalle leggi e dalle regole dell'agenzia.

Reciprocità: principio secondo il quale le parti coinvolte tendono a rispondere positivamente a un comportamento favorevole ricevuto, restituendo un beneficio equivalente.

Regola 80/20: vedi Pareto.

Relazione: connessione interpersonale tra le parti coinvolte che comprende il grado di fiducia reciproca, la comunicazione e la comprensione reciproca. In una negoziazione, una buona relazione può favorire la collaborazione e il raggiungimento di risultati positivi.

Rischio: possibilità di subire perdite, danni o risultati indesiderati a causa delle decisioni prese durante il processo di negoziazione.

Standard: valore o insieme di valori accettati come riferimento per la valutazione o la definizione di un prodotto, servizio o contratto.

Stereotipo: generalizzazione eccessivamente semplificata e rigida su di un gruppo di persone o una situazione. Durante una negoziazione gli stereotipi possono influenzare le percezioni, le aspettative e i comportamenti, limitando la comprensione e la flessibilità delle parti coinvolte.

Strategia: piano di azione mirato al raggiungimento degli obiettivi desiderati durante una trattativa. Richiede l'analisi di informazioni, la scelta delle tattiche, la gestione delle relazioni e l'adattamento alle dinamiche della negoziazione per massimizzare i risultati.

Take-or-pay: clausola che impone all'acquirente di acquistare una quantità definita di merce da un venditore a una certa data. In caso di inadempienza, l'acquirente è costretto al pagamento di una penale fissa. La commissione è generalmente inferiore al prezzo di acquisto completo della merce.

Tattica: azione specifica utilizzata da una parte per influenzare il processo o l'esito della trattativa e raggiungere gli obiettivi prefissati.

Tender: processo formale mediante il quale un'organizzazione richiede proposte competitive da parte di fornitori interessati a fornire beni o servizi. Le proposte vengono poi valutate e selezionate in base a criteri specifici per l'assegnazione del contratto.

Terms Sheet: documento che riassume i principali punti e condizioni di un accordo. Fornisce una panoramica dei termini negoziati, degli obblighi delle parti e di altre clausole rilevanti.

Ultimatum: dichiarazione o richiesta finale presentata da una parte allo scopo di stabilire un termine limite per l'accettazione o il rifiuto di determinate condizioni, senza possibilità di ulteriori negoziati o compromessi.

Valore: indica l'utilità (o il beneficio percepito) che le parti attribuiscono agli elementi negoziati, come beni, servizi o condizioni contrattuali. Il valore è soggettivo e può includere fattori quali: qualità, prestazioni, tempestività, supporto o risparmio economico.

Valore di riserva (RV): punto al di là del quale una parte non accetterà mai un accordo. Indica il valore minimo o la migliore alternativa che una parte può ottenere in caso del mancato raggiungimento di un accordo soddisfacente.

ZOPA: acronimo di “Zone Of Possible Agreement” (zona di possibile accordo) intervallo di valori tra la miglior offerta dell'acquirente e la peggiore offerta del venditore, in cui entrambe le parti possono accettare un accordo.

Libri citati

William Ury, *Come superare il No: Negoziare con le persone difficili,* Bantam, New York, 1993.

William Ury e Roger Fisher, *Getting To Yes: Negotiating Agreement Without Giving,* Penguin Publishing Group, New York, 2011.

Robert Cialdini, *Influence: The Psychology of Persuasion,* Harperbusiness, New York, 2021.

Amos Tversky e Daniel Kahneman, *Judgment under Uncertainty: Heuristics and Biases,* Cambridge University Press, Cambridge, 1982.

William Moulton Marston, *Emotions of Normal People,* Routledge, London, 1999.

Roger Fisher e Daniel Shapiro, *Beyond Reason: Using Emotions as you Negotiate,* Penguin Books, New York, 2016.

James Surowiecki, *The Wisdom of Crowds,* Abacus, London, 2005.

Terri Morrison, *Kiss, Bow and Shake your hands,* Adams Media, Avon, 2006.

Zoe Chance, *Influence is Your Superpower: The Science of Winning Hearts, Sparkling Change, and Making Good Things Happen,* Random House Publishing Group, New York, 2022.

Dale Carnegie, *How to Win Friends and Influence People,* Simon and Schuster, New York, 2010.

Erica Dhawan, *Digital Body Language: How to Build Trust and Connection, No Matter the Distance,* St Martins Pr, New York, 2021.

Patrick King, *Read People Like a Book,* pubblicazione indipendente, 2020.

Gianfranco Denes, *La mente di Pinocchio,* Il Pensiero Scientifico, Roma, 2022.

Howard Raiffa, *The Art and Science of Negotiation: How to Resolve Conflicts and Get the Best Out of Bargaining,* Belknap Press, Cambridge, 1985.

Simon Sineek; *Il gioco infinito,* Vallardi, Milano, 2019.

Chester L. Karrass, *In Business As in Life, You Don't Get What You Deserve, You Get What You Negotiate,* Stanford Street Press, Los Angeles, 2013.

James C. Freund, *Anathomy of A Merger,* Law Journal Press, New York, 1975.

Joseph A. Dinouart, *L'Arte di Tacere,* Sellerio Editore, Palermo, 1989.

Curriculum dell'autore

Pietro Parmeggiani è un manager rinomato e un leader aziendale che, con oltre trent'anni di esperienza nel settore, si è costruito una reputazione solida come abile e attento negoziatore.

Nato a Rimini nel 1966, si è laureato presso la facoltà di Economia e Commercio dell'Università di Bologna. Dopo la laurea ha continuato a sviluppare le sue competenze partecipando a corsi di perfezionamento professionale e frequentando corsi di specializzazione in negoziazione e leadership, come quelli dell'Harvard Law School Executive Education e Yale School of Management.

Inizia come consulente strategico in Proxima, dove acquisisce una vasta conoscenza delle dinamiche aziendali. Nel 1995 entra in Lucchesi, e dopo una brillante carriera commerciale, diventa per la prima volta Direttore Generale a 32 anni. Successivamente, trascorre 8 anni in Asia, come Direttore di CPPC, divisione del conglomerato tailandese Charoen Pokphand Group. In questo ruolo impegnativo guida gli sforzi per affermare l'azienda come leader proattivo e innovativo nel settore.

Ricopre poi ruoli di leadership in aziende del settore plastico in Italia, Asia e Nord America, gestendo riorganizzazioni, fusioni, acquisizioni ed exit di successo.

Nel 2010 diventa CEO presso Bilcare Research (ora Liveo Research, di proprietà di Lindsay Goldberg), che cercava un professionista in grado di eseguire turnaround ambiziosi. Con la sua esperienza e ottimi compagni di squadra, le aziende sono tornate in carreggiata nel giro di due anni.

Pietro Parmeggiani è Direttore Generale di Spica, leader mondiale dei film per carte di credito, acquisito dal private equity Dubag.

Oggi si dedica anche ad attività di consulenza.

Abilità di analisi delle situazioni, capacità di comunicazione persuasiva, approccio strategico e competenze di analisi strategica, talento nell'identificare opportunità di crescita e capacità di costruire relazioni solide sono solo alcune delle qualità che gli hanno permesso di contribuire a creare un valore significativo per le organizzazioni con cui ha lavorato.

Il suo approccio pragmatico e orientato ai risultati gli ha consentito di negoziare accordi commerciali multimilionari, risolvendo spesso conflitti aziendali ad alta tensione.

Con la sua combinazione di competenze accademiche, esperienza pratica e un approccio carismatico alla leadership, è considerato un autentico punto di riferimento nel campo della gestione aziendale e della negoziazione.

Il suo sito **www.negoziazione.academy** è denso di utili risorse e nei suoi articoli condivide le strategie e le migliori pratiche per una negoziazione efficace.

Il suo nuovo libro, *Nero muove per primo: scienza e arte per una negoziazione di successo*, rappresenta un'opera fondamentale per coloro che desiderano sviluppare competenze di leadership e raggiungere risultati di successo nelle negoziazioni.

Rimaniamo in contatto

Caro lettore,

è con immensa gioia che mi rivolgo a te, che hai scelto di immergerti nel mondo della negoziazione navigando tra le pagine del mio libro.

Prima di tutto, vorrei ringraziarti per la fiducia e il sostegno al mio lavoro.

Mi piacerebbe mantenere il contatto creato con questo libro, e per questo motivo ho creato un sito web dedicato alla negoziazione: www.negoziazione.academy.

Sul mio sito troverai una vasta gamma di risorse inerenti alla negoziazione; al fine di continuare a sviluppare le tue conoscenze, potrai inoltre consultare una bibliografia aggiornata, che include le ultime pubblicazioni e gli ultimi studi sull'argomento.

Sul sito, inoltre, troverai materiali esclusivi e approfondimenti che non sono presenti nel libro.

Ho voluto creare un luogo unico in cui poter condividere gli sviluppi più recenti nel campo della negoziazione, offrendo un continuo aggiornamento delle migliori pratiche, delle strategie vincenti e delle nuove sfide che si presentano.

In aggiunta alle risorse appena descritte, dal sito è anche possibile richiedere i miei servizi di consulenza professionale.

Dopo aver dedicato anni alla pratica e allo studio della negoziazione, oggi sono un professionista che mette le sue competenze e la sua esperienza al servizio di chi ne ha bisogno; la mia passione per la negoziazione mi spinge a condividere le mie conoscenze e a lavorare con chiunque voglia raggiungere risultati straordinari.

Offro percorsi personalizzati a chi vuole acquisire e migliorare le proprie capacità negoziali, utili per ogni aspetto della vita e due tipologie di servizi.

Il primo è *Negoziazione 365*: sarò al fianco del cliente in modo continuativo, supportandolo in tutte le negoziazioni che deve affrontare per ottenere i migliori risultati possibili e, al contempo, per aiutarlo a sviluppare le sue competenze negoziali in modo trasversale.

Il secondo è N*egoziazione efficace*: è dedicato a chi ha una negoziazione di particolare rilevanza in vista, nella quale sarò a disposizione per fornire un supporto mirato, affiancando il cliente nell'analisi della situazione, nell'ideazione di strategie vincenti e nella gestione efficace della trattativa.

Ti invito quindi a visitare il sito **www.negoziazione.academy**, che rappresenterà un luogo di incontro dove continuare a crescere insieme e a imparare reciprocamente, per affrontare con determinazione le sfide future!

Ti invito a esplorare le risorse a disposizione dei naviganti e ad aderire alla newsletter, per rimanere sempre aggiornato sugli ultimi contenuti e le opportunità offerte.

E, per concludere, lascia che ti ringrazi ancora per avermi permesso di far parte del tuo percorso di apprendimento riguardo alla negoziazione.

Se lo vorrai, sarò felicissimo di continuare questa avventura con te!

Ringraziamenti

Grazie. Grazie davvero!

La straordinaria avventura che ha portato alla creazione del mio primo libro sulla negoziazione è terminata e desidero esprimere i miei più sinceri ringraziamenti a tutte le persone che hanno reso possibile questo risultato.

In primo luogo voglio ringraziare Caterina, che con la sua presenza e il suo supporto incondizionato mi ha sostenuto durante la stesura di questo libro; la sua pazienza, i suoi consigli e il suo amore mi hanno aiutato ad andare avanti.

Desidero poi ringraziare le mie figlie Giulia e Alessia per avermi regalato momenti magici e ricordato costantemente che, per quanto una negoziazione milionaria con *businessman* americani e asiatici possa essere complessa, non potrà mai competere con quelle che ho con loro.

Grazie a voi tre, che siete la mia famiglia. Grazie per la fiducia, grazie per avermi incoraggiato e sostenuto in ogni fase critica di questo ambizioso progetto. È grazie al vostro amore e al vostro supporto che ho potuto dedicare il tempo e l'energia necessari per portarlo a termine.

Un ringraziamento speciale va ai miei amici e colleghi Alessandra, Emanuele, Fabrizia, Federico, Francesco, Gianni, Marzia, Mirco, Patrizia, Pierluigi e Vincenzo, che mi hanno offerto consigli preziosi, incoraggiamento e supporto costante durante il processo di scrittura. Le vostre prospettive e il vostro feedback sono stati fondamentali per plasmare il contenuto e renderlo ancora più completo e rilevante.

Desidero inoltre esprimere la mia gratitudine a tutti coloro che hanno contribuito alla mia formazione e alla mia crescita come negoziatore. Grazie ai mentori Franco, Gianfranco e Marss, ai professori di Harvard e Yale e agli esperti del settore che hanno condiviso la loro saggezza e le loro esperienze con me, ho potuto affinare le mie abilità e ampliare la mia visione del mondo delle negoziazioni.

Inoltre, vorrei esprimere un profondo ringraziamento a tutti gli autori di cui ho avidamente divorato i testi, le cui opere hanno arricchito la mia conoscenza, mi hanno ispirato e mi hanno guidato lungo il percorso della crescita. Ogni autore ha contribuito, in modo unico, alla mia comprensione della scienza e dell'arte della negoziazione, e per questo gli sono sinceramente grato.

Un ringraziamento speciale va ai lettori, che sono il motivo per cui questo libro esiste. Spero che queste pagine vi abbiano fornito conoscenze preziose, ispirazione e nuove prospettive sulla negoziazione. Anche voi avete reso il mio lavoro significativo e gratificante.

Vorrei estendere la mia riconoscenza a tutti i professionisti e non che hanno condiviso con me le loro storie di successo e le lezioni apprese nel corso delle loro negoziazioni. Grazie per avermi ispirato con i vostri successi, i vostri fallimenti e le vostre esperienze uniche. Spero che le vostre voci risuonino attraverso queste pagine e che ispirino i futuri negoziatori.

Infine, un ringraziamento speciale va al team editoriale dell'Agenzia Dedalo, che ha lavorato instancabilmente per garantire che questo libro raggiungesse i suoi obiettivi. Grazie per la vostra dedizione, la vostra professionalità e la vostra attenzione ai dettagli. Con voi, questo libro è diventato una realtà.

In conclusione, vorrei ringraziare ancora una volta tutti coloro che, in un modo o in un altro, hanno contribuito a rendere possibile questo libro.

Spero davvero che sia di ispirazione per tutti coloro che desiderano iniziare un percorso di apprendimento o perfezionare le proprie capacità di negoziazione; a tutti costoro, auguro di raggiungere nuove vette di successo.

Grazie a voi per essere stati parte di questo straordinario viaggio.

Con gratitudine,

Pietro

www.ingramcontent.com/pod-product-compliance
Lightning Source LLC
LaVergne TN
LVHW091138150826
845672LV00005B/973